JN152130

中島利郎著

台湾の児童文学と日本人

日本統治期台湾文学研究

研文出版

日本統治期台湾文学研究

台湾の児童文学と日本人

目次

台湾の児童文学と日本人

日本統治期台湾文学研究

第一章　台湾最初の児童文学家・西岡英夫研究序説

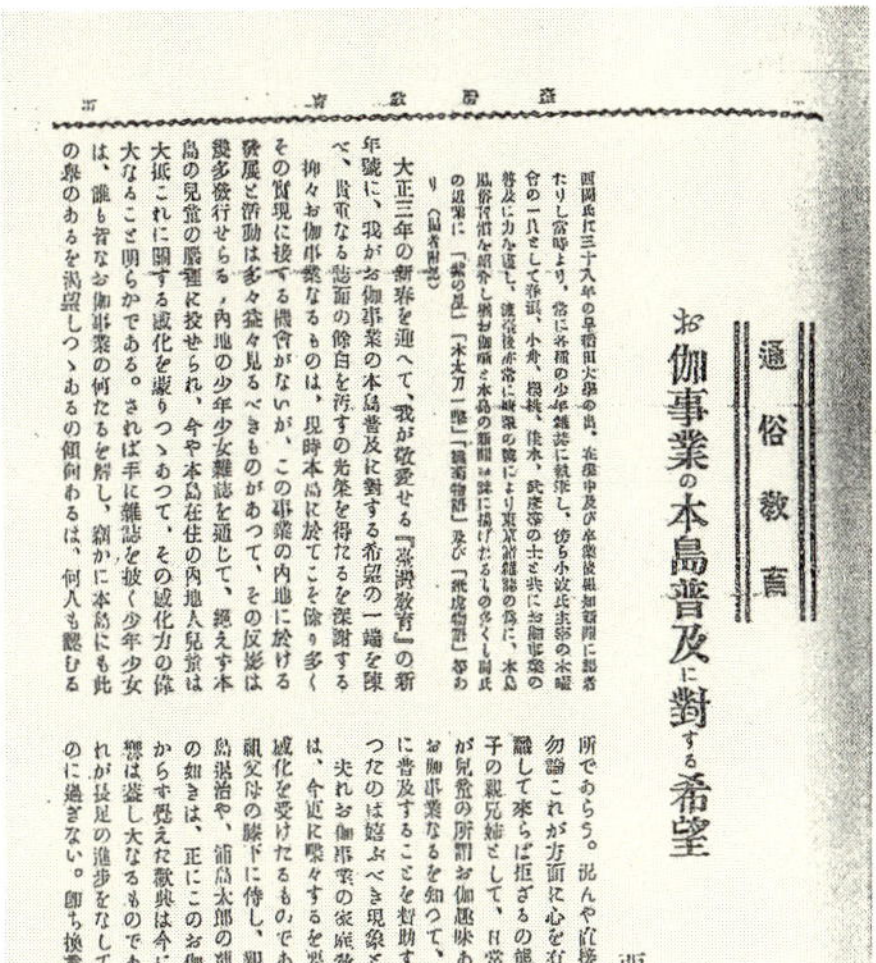

臺灣教育

通俗教育

お伽事業の本島普及に對する希望

西岡英夫

西岡氏は三十八年の早稲田大學の出、在學中及び卒業後報知新聞に記者たりし當時より、常に各種の少年雑誌に執筆し、傍ら小波氏主宰の木曜會の一員として春浪、小舟、桜桃、桂木、武彦等の士と共にお伽事業の普及に力を盡し、渡臺後亦常に蜻蛉の號により東京新雑誌の爲に、本島風俗習慣を紹介し傍らお伽噺を本島の新聞紙上に掲げたるもの多くし同氏の近著に「象の鼻」「木太刀一撃」「猿蟹物語」及び「紙虎物語」等あり（編者附記）

大正三年の新春を迎へて、我が敬愛せる『臺灣教育』の新年號に、我がお伽事業の本島普及に對する希望の一端を陳べ、貴重なる誌面の餘白を汚すの光榮を得たるを深謝する。

抑々お伽事業なるものは、現時本島に於てこそ餘り多くその實現に接する機會がないが、この事業の内地に於ける發展と活動は多々益々見るべきものがあつて、その反影は幾多發行せらる、内地の少年少女雑誌を通じて、絶えず本島の兒童の腦裡に投せられ、今や本島在住の内地人兒童は大抵これに關する感化を蒙りつゝあつて、その感化力の偉大なること明らかである。されば手に雑誌を披く少年少女は、誰も皆なお伽事業の何たるを解し、竊かに本島にも此の擧のあるを渇望しつゝあるの傾向あるは、何人も認むる所であらう。況んや直接兒童教育に從事せらるゝの士は、勿論これが方面に心を有せらるゝの人々は、孰にこれを認識して來らば拒ざるの態度にあるである。然り而して人の子の親兄姉として、日常兒童に接觸せる人々は、何れも我が兒童の所謂お伽趣味あると親、而も其の有益多趣味なるお伽事業なるを知つて、これ亦内地のそれと齊しく、本島に普及することを賛助するに躊躇しない傾向を認むるに至つたのは嬉ぶべき現象と云ふべきである

夫れお伽事業の家庭教育として絶大の功果あるものなるは、今更に喋々するを要せざるべく、既に既に我等もこの感化を受けたるものであつて、名こそ幾れ我等の幼時父母祖父母の膝下に侍し、親しく話されたるかの桃太郎の鬼ヶ島退治や、浦島太郎の龍宮物語、さては舌切雀や猿蟹合戰の如きは、正にこのお伽事業のその一つであつて、その少からず覺えた歡興は今に忘れぬ位であつて、その受けた影響は蓋し大なるものであらう。今日で云ふお伽事業は、これが長足の進歩をなして、一轉再轉數多の形式を構成したのに過ぎない。即ち換言すれば在來のものを大成進化せし

西岡英夫による台湾最初の近代児童文化に関する「お伽事業の本島普及に対する希望」（『台湾教育』第一四一号、大正三年一月一日）

第一部　大正期・台湾における「お伽事業」の創始

はじめに

二〇一五年五月二三日（土）に、仙台の東北大学川内北キャンパスで行われた日本台湾学会第一七回学術大会において台湾の児童文学について発表した。午後からの第一二分科会（文学）で、セッションタイトルは「台湾児童文学研究序説—日本統治期台湾及び戦前期『日本内地』における児童文学」である。企画責任者は河原功氏（台湾協会）、座長は下村作次郎氏（天理大学）、コメンテーターは澤井律之（光華女子大学）と藤澤太郎（桜美林大学）の両氏である。報告は中島の「日本統治期の台湾の児童文学」と河原功氏の「戦前期『日本内地』における台湾児童文学」であった。

発表の前日、偶然にも「東雲寺ブログ」の「東雲寺あれこれ」を見て、その中に「神奈川県小田原市の小田原史談会の季刊誌『小田原史談』に直江博子氏の『西岡逾明　ある文人司法官の生涯』（以下「西岡逾明」と略記）という論考がある」との一文を見つけた。「西岡逾明」とは、台湾児童文学の開祖であり、今回の学会発表中の中心的人物・西岡英夫の実父である。私のそれまでの調査では、この人物の履歴についてはよく判らず、したがって渡台までの西岡英夫の家庭環境もよく判からなかった。故にこれは是非とも読んでおかなくてはと思いながら、結局は『小田原史談』を取り寄せ、読む時間のないまま学会発表となってしまった。ところが、コメンテーターの一人である藤澤太郎氏が、発表の直前に私の発表に対する「コメント」と共に上記の直江博子氏の論考及び関重弘『わが家の歴史』（関重弘発行、昭和五四年三月）のコピーを手渡されたので、驚いた（「西岡逾明」の三女・喜美子は、関家の当時の当主・重忠の後妻となり、西岡家とは縁戚関係があった）。

帰宅後、早速『小田原史談』を読み、その論考を手がかりに直江博子氏に連絡をとることが出来た。その後、小田原市に行き直接直江博子氏にお会いして「西岡逾明」について詳細なお話を聞くことができ、また数々の資料を頂戴した。直江博子氏にお会いできたのは、藤澤太郎氏が手渡された資料のおかげであり、また「コメント」も甚だ有益であり、本稿もそれらによって補訂することができた。両氏には心から感謝の意を呈する次第である。

一　西岡英夫と巖谷小波、後宮信太郎

日本統治期に活躍した児童文学家・西岡英夫は、膨大な著作を残している（本論末尾「西岡英夫著作目録（稿）」参照）。それは児童文学に限らない。なぜならば、西岡英夫は先ず実業家として生活を支えており、その上にあって随筆家、俳人、翻訳家、口承文芸家、児童文学作家及び研究家であった。早稲田大学を卒業するやその専門性を生かして経営・経済関係の単行本を出版し、台湾に渡ってからは、原住民族を含む台湾の風土・風俗を台湾の日本人や「内地」に紹介し、俳句を詠み、仏教を含む広範な随筆類を書き、英文文芸を翻訳し、そして児童

文学に関しては、自ら学校や放送局等で童話の口演をし、且つ台湾の原住民族及び漢族の伝説を収集し、児童文学を創作し、評論し、研究し、台湾における初めての「お伽事業」を実施したのである。また、発表紙誌は台湾内に限っても、『法院月報』『台法月報』『台湾教育』『台湾時報』『台湾警察協会雑誌』『台湾警察時報』『専売通信』『社会事業の友』『黎明』『薫風』『青年之友』『台湾日日新報』『第一教育』『南国青年』『学友』『児童劇』『児童街』『婦人と家庭』『台湾婦人界』『南瀛仏教』『南瀛仏教会会報』『台湾仏教』『台湾芸術新報』等と様々である。その他に「内地」の少年向け雑誌『少年世界』（博文館、主筆・巌谷小波）や研究誌『童話研究』（日本童話協会）をはじめ多数の雑誌類に寄稿しているようである。また、「お伽事業」（現在では「児童文学」という言葉に置き換えられる。西岡英夫の「お伽事業」の内容については後出）の一環として『科外読本　台湾れきし噺』（台湾日日新報社）や「台湾童話集／生蕃童話集」（世界童話大系刊行会『世界童話大系　第一五巻　支那』）を出版している。

このように西岡英夫は多くの著述を残しているのだが、彼の生涯に渡る履歴は、それほど詳しくは判っていない。戦前に発表された西岡英夫に関する履歴をまとめたものとしては、以下の四種の資料がある。

第一種は、大正三年（一九一四）一月一日に台湾教育会『台湾教育』第一四一号に発表した西岡英夫「お伽事業の本島普及に対する希望」という一文の前に、『台湾教育』の「編者附記」として付けられた以下のような紹介である。尚、引用文末尾にある、おそらく明治末期から大正二、三年の発表と推測される西岡英夫作の「紫の星」「木太刀一撃」「雛菊物語」及び「紙虎物語」の諸作は、未だ発表紙誌も現物も発見できていない。以下「編者附記」という。（なお、引用文は、原則としてすべて新字に直してある。以下同じ）

西岡氏は三十八年の早稲田大学の出、在学中及び卒業後報知新聞に記者たりし当時より、常に各種の少年雑誌に執筆し、傍ら小波氏主宰の木曜会の一員として春浪、小舟、桜桃、佳水、武彦等の士と共にお伽事業の普及に力を尽し、渡台後亦常に塘翠の号により東京諸雑誌の為に、本島風俗習慣を紹介し猶お伽噺と本島の新聞雑誌に揚げたるもの多くも同氏の近業に「紫の星」「木太刀一撃」「雛菊物語」及び「紙虎物語」等あり（編者付記）

第二種は、昭和一一年（一九三六）一〇月七日に、当時の著名な口演童話家・久留島武彦の還暦記念を祝い、関係諸家の久留島に関する感想が『いぬはりこ』（家の教育社）と題して出版された。その中に西岡英夫の「懐しの名尾上新兵衛君」という一文と共に、西岡英夫の履歴が載っている。ただし、「明治十二年」の生年を「明治十七年」と誤記している。因みに西岡英夫の卒年は、その墓誌によれば昭和二六年（一九五一）四月一一日である（戒名は「英春院良悟塘翠居士」である）。以下「いぬはりこ」という。

明治十七年十一月四日東京市に生る、現在台北製壜株式会社常務取締、日本童話協会に参加、大阪童話教育研究会に仲間入りす。台湾にては台北童話芸術聯盟を組織し、目下会長を退き顧問となつてゐる。作品として雑誌には台湾伝説を童話化したものや童話教育声音教育に関するものを発表し纏まつたものは世界童話大系中に台湾童話集を収め最近はコロムビアレコードに台湾伝説童話を吹込む。

第三種は、昭和一二年五月一日、日本児童劇協会発行の『児童劇』第一四号の〈新会員〉紹介欄の記述で、「現住所」「生地」「現職」「履歴」の順に書かれており、西岡英夫自らが書いたものだと思われる。

一、台湾、台北市御成町四丁目二番地

二、生れたのは東京市、両親は佐賀県出身、今は転居して神奈川県小田原町
三、台北製壜株式会社常務取締役
四、東京府立一中卒業後早大政経科に学び卒業後報知記者、更に転じて函館水電株式会社に奉職、後渡台して新聞雑誌の編輯に関係し、台湾銀行に九年在職秘書調査の業務に従ひ昭和二年現在の職に在り中学校時代から故巖谷小波先生とは先考同志が同趣味で親交あり当家は非常に懇意な故、同先生の傘下に参じ『少年世界』等に寄稿、お伽文学の研究、所謂童話界に入り、その他文芸に好んで携り渡台後童話普及を始め、台湾童話界の今日あるの基をなし童話の作物発表のために、渡台以来同方面に微力を致してをります。尚ほ伝説や土俗の研究を続けてをります。略歴は近刊の『いぬはりこ』を参照されたい。日本童話協会、大阪の童話教育研究会にも関係し、台湾でも児童芸術聯盟を作つて若い人と働いてゐます。

第四種は、昭和一八年一一月帝国秘密探偵社発行の『大衆人事録外地満・支海外篇』一四版の以下の記述である。(1) 以下「大衆人事」という。

西岡英夫　台湾煉瓦　台湾証券　台湾映画電機各（株）監査　台北市御成町四ノ二　電五九一三［閲歴］佐賀県逾明の長男明治十二年十一月四日東京都京橋区に生る同卅九年早大政経科卒業報知新聞社函館水力電気台銀等に歴勤曩に台北製壜専務たり　宗教曹洞宗［家庭］妻末野後宮新太郎妹　長男達一（大五）慶大卒昭和飛行機工業勤務

以上が今知ることの出来る西岡英夫の履歴に関する資料である。(2) この他には西岡英夫が書き残した著作の中か

ら、彼に関する履歴を抜き出すことが可能である。

そして、これらの資料類を踏まえて、西岡英夫の経歴及びその台湾での児童文学普及運動の一端を明らかにしたものが、一九九九年二月に発表された游珮芸《ようぺいいん》の「台湾における童話普及運動の中心人物・西岡英夫」[3]である。游珮芸は、上記の資料に加えて、『台湾教育』や『童話研究』等に掲載された西岡英夫執筆の文中に見える履歴情報を基に「西岡英夫の経歴」を「(一)巖谷小波との縁故」及び「(二)渡台後の活動」に分けて描いている。現今ではこれが最も充実した西岡英夫の経歴だといえる。しかし、游珮芸の西岡英夫に関する上記の一文が発表されてから、すでに一五年程が経っており、この間の台湾文学の研究は、台湾における資料の開放及び日台における資料の発掘・整理からはじまり、重層する作品論、作家論の充実、台湾文学史の出版など、日本統治期に限ってみても研究環境はおおいに変化した。台湾の児童文学研究も一般の台湾文学研究ほどではないにしろ、その影響を受けて次第に、研究が拡充し深化している。そこで、本章では西岡英夫に影響のあった二人の人物、巖谷小波と台湾のある日本人実業家について考察し、游珮芸の西岡英夫の「経歴」に新たな補充を試みることにする。

先ず、二種の資料について見よう。

第一種は、巖谷小波の「丁亥日録」(明治二十年〈一八八七〉四月)の以下の記述である。この日録は『巖谷小波日記［自明治二十年至明治二十七年］翻刻と研究』の中に見える。[4]

四月八日　曇晴

教会へ行前日曜学校下読　教会へ出ル　和田垣氏来

ラズ故ニ日曜学校休ミ　青年舎へ寄ル　十二時帰ル
午后三時前上車　山城町兄公宅へ行キ　三時過ギヨリ辻
古我氏及ビ二弟ト停車場へ行ク、兄公ヲ迎ヒニ行クナリ
西岡時姉、英夫氏モ来レリ　兄公帰京　共ニ山城町（以下略）

上記の引用文に出て来る「西岡時姉」とは、西岡逾明の四女の西岡時子（あるいは「とき子」）で、「英夫」は西岡英夫である。西岡時子は英夫の姉であり、英夫は当時満八歳であった。因みに巖谷小波は一七歳。西岡家が巖谷家と交流があったのは、英夫の父の西岡逾明（号・宜軒／字・子学）と小波の父の修（号・一六居士）が文学を通じての友人だったためである。(5) 故に英夫も小学校卒業時分には頻繁に巖谷家に出入しており、その頃まだ部屋住みだった小波とも交遊があり、その影響で少年文学を好み、また小波が二〇歳の時に出版した出世作『こがね丸』（博文館、明治二四年〈一八九一〉）を著者より贈呈され、それを耽読して児童文学（当時の言葉では「お伽事業」）の道を歩むようになる。それは一一歳の巖谷小波がドイツ留学中の兄立太郎からオットーのメルヘン集を贈られたことが、後に童話創作等に没頭する遠因になったことにも似ていた。明治一九年（一八八六）、姉の喜美子（あるいは「キミ」、逾明には上から「ちね子、千萬（ちま）、喜美子、とき子（あるいは「時子」）、みや子そして英夫の一男五女がいた）が小波の兄で巖谷家の長男でドイツ留学から帰国した立太郎と結婚し縁戚となったので、関係はますます親密になったと想像できる。早稲田大学卒業後は報知新聞社に入ったが、その頃小波が主宰する「木曜会」に参加が許され、当時著名だった押川春浪、木村小舟、武田桜桃、竹貫佳水、久留島武彦等を知り、「お伽芝居とかお伽話とか、恁うした児童を相手の、文芸方面を主とした事柄に興を覚え」、その影響を大いに受けた

のである[6]。つまり、渡台以後の「お伽事業」に対する情熱は、幼少から青年期にかけて巖谷小波宅で培われたと言っても過言ではないのである。

第二種は、戦前台湾の文学界で活躍した西川満が、戦後に書いて出版した伝記『黄金の人』（新小説社　昭和三二年七月七日）で、次のような一節がある。

〜三番目の妹の末野は、もう廿二になっている。母の手を、少しでも軽くするために、信太郎は、明治四十二年七月、末野を台湾に呼びよせた。（以下略）

大正三年は、父、力の十三回忌である。命日には、そのころ西岡家に嫁いでいた末野も、詣りに来た。

西川満の『黄金の人』は、後宮信太郎という人物の伝記である。上記の短文では判りにくいので、些か解説を加えると「後宮信太郎は八人弟妹であった。信太郎は長男で、その三番目の妹の末野は二二歳になった。年老いた未亡人の母トミの労苦を軽減するために、信太郎は明治四十二年七月に末野を台湾に呼び寄せた。」次いで「大正三年（一九一四）は、信太郎の父・力の十三回忌で、命日には西岡英夫に嫁いだ末野も台北の駅前にあった後宮新太郎家にお参りに来た。」つまり、「信太郎」の妹の末野は、台湾で大正三年までに西岡英夫と結婚していたのである。上記の引用の「信太郎」が、後宮信太郎である。いま、その経歴等を台湾新民報社調査部編『台湾人士鑑』（台湾新民報社　昭和九年三月二五日）から抜き書きしてみれば、以下のようである。

府評議員　台湾土地建物会社監査役　後宮商行主　台湾煉瓦会社　北投窯業株式会社　台湾製壜株式会社

台湾製紙会社　高砂麦酒株式会社各取締社長（現　台北市明石町二ノ二）
【経歴】明治六年六月十七日京都府下桑田郡ニ生ル　明治二八年廿二才ノ時ニ渡台シ当時ハ蕃匪悪疫ノ混沌タル恐怖時代ナリシニ拘ラス氏ハ事業カ飯ヨリモ好キニテ先天的企業家タリ　爾来三十有余年台湾ノアラユル事業ニ関係シ終始一貫邁進シテ巨万ノ財産ヲ築キ上タリ嘗テハ　金爪石金鉱山社長トシテ活躍シ金山王トシテ名アリ　中央及ビ朝鮮ニ於テ雄飛セント目下準備中ト云フ

後宮信太郎は、明治六年（一八七三）六月一七日に京都府下桑田郡の神吉村の生まれ。日本が台湾を割譲された明治二八年九月一八日に渡台した。間もなく総督府文書課長であった鮫島盛と「鮫島商行」を設立し、煉瓦製造を行った。その後、鮫島が急死したので大正二年（一九一三）に「鮫島商行」を改組して台湾煉瓦株式会社の社長となった。当時、煉瓦は台北駅、鉄道ホテル、総督府などあらゆるところで使用され、後宮の会社の台湾での市場占有率は七割を占め、世間は信太郎を「煉瓦王」と呼んだ。また、松本亀太郎から買い取ったガラス業を北投窯業株式会社として発展させた。後には金爪石鉱山も買い取り、採掘に成功して「金山王」とも呼ばれた。その他に高砂麦酒、台湾瓦斯、台湾製紙、台湾製壜等一〇に余る会社の社長になった実業家であり、総督府の評議員、台湾及び台北商工会議所会頭等をも歴任した。上記の「末野」は信太郎の三番目の妹。信太郎は五男三女の長男だが、兄弟は信太郎と四男淳を除けばみな夭折している。末野は三女で姉二人はすでに嫁いでいたので、明治四二年七月に上記のような理由で台湾に来たのである。そして、西岡英夫とどのように知り合ったのかは不明であるが、末野は大正三年までには西岡家、つまり西岡英夫に嫁いだのである。(7) つまり、西岡英夫は、台湾煉瓦会社及び台湾製壜株式会社の取締社長の後宮信太郎とは縁戚関係だった。先の「いぬはりこ」が西岡英夫を

「台北製壜株式会社常務取締」であると記し、「大衆人事」が「台湾煉瓦…（株）監査」と記したのは、当然、後宮信太郎との縁戚関係がもたらした職位だったと考えられる。

西岡英夫が日本にあっては巖谷小波家と深い繋がりがあり且つ縁戚関係であったことは、彼の以後三〇年に渡る台湾での児童文学運動の基幹となった。そして、台湾においては当時の大実業家であった後宮信太郎と縁戚になったことが、西岡英夫に精神的経済的安定をもたらし、その運動を支えることになったと思う。後宮信太郎が、西岡英夫の「お伽事業」に理解を示したか否かは不明だが、縁戚に後宮信太郎がいたことや終戦間近まで後宮の会社の役員をしていたことは、その恩恵に浴していたと考えてもよいだろう。游珮芸は前述の著書で「西岡は、なぜ本職に専念せずに、台湾で童話の普及運動を展開しはじめたのだろうか」と疑問を呈しているが、当時の台湾ではすべての文芸愛好家は必ず「本職」を持っていた。たとえば、西川満は台湾日日新報社の文芸部長であり、濱田隼雄や新垣宏一は教員、中山侑は台北放送の局員、日高紅春は商工銀行台中支店勤務等等、もちろん台湾人たちも医師や銀行勤務等の職業を持っていた。台湾の文芸家たちはほとんどが「本職」を持ち、それに専念して生活を支え、多忙の中に余暇を見つけて、文芸好きの彼等は、文芸誌の編集や発行を行ったり、多くの文芸作品を各文芸誌に発表していたのである（文芸のプロはいたが、文芸では飯が喰えなかったと言うわけである）。彼らに比較すれば、西岡英夫の境遇は極めて恵まれていたと言えるであろう。以上のように、巖谷小波と後宮信太郎という二人の人物は、西岡英夫の生涯に決定的な影響を与えたと言えるし、彼らの存在がなかったならば、西岡英夫の台湾での「お伽事業」もなかったのではないかと思われる。

西岡英夫の渡台までの事跡は詳しくは判らない。『西岡逾明』等によれば、佐賀出身の司法官・西岡逾明の長男で「明治十二年十一月四日東京都京橋区に生」れた。明治三九年（一九〇五年、「編者附記」では一九〇四年）早稲田大学政経科を卒業したが、卒業後は『報知新聞』の記者になったという（在学時から記者をしていたようだ）。また卒業に前後して、実業の日本社から『立身と繁昌』『商人と文章』（共に一九〇六年）、『商賈と勘定』（〇七年）を出版している。おそらく政経科という専門性を生かしての出版だったのだろう。その後、函館水力電気勤務を経て、明治四二年（一九〇九）末までには台湾に渡ったと思われる。西岡英夫の渡台時期については、游珮芸が『植民地台湾の児童文学』の中で、西岡英夫の渡台時期を「大正初期であろう」と推測している。西岡は明治四一年（一九〇八）二月に「五稜郭」（『少年世界』第一四巻第二号）を、明治四二年（一九〇九年）六月に「北海の大公園（大沼、小沼、駒ヶ嶽）」（『少年世界』第一五巻第八号）を発表しており、これは当然北海道での自らの見聞であろうから、したがって明治四一、二年六月以前までには函館水力電気に勤めていたことが判る。(8)

そして、明治四三年一月一日発行の台湾の『法院月報』第四巻第一号に「基隆の半時間」を掲載していることから、西岡の渡台は「大正初期」ではなく、おそらく明治四三年の後半年中に行われたと推測できる。西岡の渡台の理由は定かではないが、台湾総督府法院の法務部に勤務し、(9)『法院月報』第四巻第一号以降、ほぼ一年半に渡って毎号、台湾の風物や風俗随筆を連載した。尚、これ以降執筆の際には、「西岡英夫」という実名以外に、「塘翠、塘翠生、塘翠子、英塘翠、西岡塘翠、みどり、たうすゐ、圃畔学人、塘翠迂人、西岡生、石蘭居塘翠、TOSUI、石蘭居生、石蘭居主人、にしをか・ひでを」等の筆名、号、室号を使用している。

前述したように西岡英夫は大正二年以前に、後宮信太郎の妹末野（「季野」とも記す）と結婚したようである。いつ結婚したか具体的な年月は決められないが、明治四四年には官を辞して台北から台南庁下埔里社の製糖会社に赴任しているので、(10)この転換が末野との結婚及び縁戚となった後宮信太郎の影響とも考えられるのであるが、またすぐに法務部に戻ったようでもある。(11)注（11）に挙げた大正二年（一九一三）六月一日発行の「生蕃人の舞踊と其の史的研究（文学博士久米邦武氏所説）」には、この年の二月初旬に「当時相州湯河原温泉に病痾を養はれて居らる、文学博士久米邦武博士を訪ね」たとあるので、西岡英夫がこの頃「内地」に帰っていることが判る。『岐阜聖徳学園大学紀要』第五四集所収の本稿初稿では「当時、まだ新婚旅行という言葉や習慣は定着していなかったが、「内地」に実家があれば、特に末野の場合、実家に老母トミが健在であったならば、二人は必ず結婚の報告に帰ったのではないかと思われる。故に西岡英夫のこの湯河原温泉行はその折りに行われたのではないかと推測される」と書いたが、この点については直江博子氏から「英夫が大正二年二月初旬に、湯河原温泉に久米邦武博士を訪れたことをお書きでいらしゃいます。大正元年十二月二十七日の『横浜貿易新報』に、「故西岡大審院判事葬儀」として、十二月二十七日に、仏式により葬儀が行われたことや、神奈川県知事が参向して下さる（下さった）という記事が載りましたが、この記事でも、西岡逾明は、大正元年十二月二十四日午後十一時に亡くなった、とされています。英夫の帰国が父逾明の葬儀に間に合ったかどうかは全く分かりませんが、英夫が帰国いたしましたのは、父の死のためである、というのは確かなこと」（上記「私信」）と御教示を得て、納得した（尚、久米邦武は逾明の知友で、逾明亡き後、その墓誌を書いている）。いずれにしろ、西川満の『黄金の人』の中にあるように、大正三年にはすでに二人は結婚していたということは間違いのないことだと思われる。西岡英夫と末野がどのように知り合ったのかは不明だが、この結婚は西岡英夫にとっては非常に重要であった。家庭を持つことで精神的な安定を得、そして多忙で煩瑣な役人生活からの脱却と物質的社会的な生活の安定も得た。後宮信太郎が社長である台北製壜株式会社常務取締や台湾煉瓦の監査役がそれである。そして、この安定こそが自分の夢の実現への道を歩ませたのだ。故に、来台五年目の大正三年から、「お伽事業」の開始を宣言するのである。

二　西岡英夫の「お伽事業」

来台以降の西岡英夫は、台湾総督府法院の法務部に勤務し、明治四三年（一九一〇）一月の『法院月報』第四巻第一号以降、ほぼ一年半に渡って毎号（『法院月報』は、翌明治四四年一月から『台法月報』に名称を変更した）台湾の風物紹介や風俗随筆を連載したが、その後の大正三年（一九一四）一月一日から「通俗教育」の一環として「お伽事業」関係の啓蒙的な文章を台湾教育会発行の『台湾教育』に断続的に発表した（当時の「通俗教育」という言葉は、学校教育を除き家庭教育を含む「社会教育」をいう）。その第一作が西岡英夫（塘翠）「お伽事業の本島普及に対する希望」（『台湾教育』第一四一号）であった。これは、西岡英夫個人が最初に台湾の児童文学に言及した文章に止まらず、台湾における近代児童文学研究の濫觴ともなった一文である。それまでの台湾には台湾総督府民政部総務局学務課編の日本語・台湾語並記の『昔話　第一桃太郎　第二埔里社鏡』（明治三八年〈一九〇五〉一〇月序）や平澤丁東（清七）「御伽材料　豚の番人」（『台湾教育会雑誌』第一一六号、明治四四年〈一九一一〉一一月）、それに宇井生「台湾の童話」（『台湾教育』第一二七号、大正元年〈一九一二〉一一月）、「台湾の子守歌及童謡」（『台湾教育』第一二八～一三〇号、同年一二月～大正二年〈一九一三年〉二月）等の出版があるだけであった。そして、それは単に日本の昔話や台湾の童話や歌が紹介されているだけであり、それをどのように台湾の子供に対して活用するのかという所謂「お伽事業」については皆無であった。

西岡英夫は、台湾においてなぜ「お伽事業」を行おうと考えたのだろうか。それは当然幼少時より出入りをしていた巖谷小波及びその周辺に集う文人たちの影響が極めて大きかったという以外に、「お伽事業」については西岡自身が確たる指針を持ち、子供たちに対するその効果を熟知していたからであると、先ず言えよう。その上で、台湾の大人たちの低趣味と、そしてそれに伴う台湾の子供たちの「お伽事情」空白の現状を見たので、大正三年の正月に「お伽事業の本島普及に対する希望」を発表して、台湾における「お伽事業」開始の宣言をしたのである。西岡は次のように述べている。

ところで本島に於ける内地人の趣味はと観れば、頗る低下するものが多く、高尚なる趣味は遺憾ながら得難いのである。頃日屢々新聞紙などで、趣味ある娯楽の欠乏を訴ふるの声を聞くのは、畢竟するに本島に於ける趣味の低下であると云ふ結果で、従つて内地の如くお伽事業などの児童上の問題には、漸く冷淡にされてあるかの傾向があるのは本島のため少年少女のために、誠に可憫なことであると云はねばならぬ。〜まづ例証として多くの人の家庭を視ると大抵の人々は閑余読書と云つた如き趣味の事など薬にしたくもなく、まづ寸暇あれば酒色に耽るか、さもなくば家庭にて口にすべからざる座談に時を冗費する類か、稍々高上して囲碁玉突などに耽る位である。

（『台湾教育』第一四一号）

大人の低趣味が原因で――その低趣味とは、余暇を利用しての読書等は論外で、酒色や家庭では聞くに堪えない猥雑な座談や、良いといってもせいぜい囲碁やビリヤードくらいなもので、その結果子供たちに対する家庭内教育もなく、また「お伽事業」等の子供の情操に関する問題には極めて冷淡である。そこで、西岡英夫は「内地」を参考にして「お伽事業」の台湾での普及を企画したのである。しかし、注意しなければならないのは、以上の引用文で批判されている大人は「内地人」であること。「内地人」の低趣味を批判しているのだから、ここで言う「本島のため少年少女のため」というのは、「内地人」の子供たちに限定され、西岡英夫の「お伽事業」

も在台「内地人」、つまり小学校に通う子供たちに対しての事業と理解されるのである。この一文が発表された翌大正四年の台湾の総人口は三四一万人、その中での日本語理解者率は一・六三パーセントと言われているので、[12]公学校（台湾人の子供たちの通う小学校）の生徒たちや就学前の本島人（台湾人）の子供たちについては、西岡英夫の視野にはまだ入っていないかったのかも知れない。それでは、西岡英夫における「お伽事業」の目的は何かと言えば、以下のようなものであった。

児童の□育は一面学校教育と相俟つて、家庭教育に因るを要とするは今更云ふまでもないが、家庭教育の主とするは高尚なる趣味を児童に涵養せしめ向上せしむるのである従つてこれが涵養向上せしむるには、趣味多き何物かを要求するので、お伽事業は正にこの目的に副ふるものと云ふべく、お伽事業の目的は正に此処に存せしむるを要するのである。（中略）このお伽事業なるものが、児童に高尚なる趣味を持たしめ向上せしむると云ふ上からも学校教育即ち児童教育上からも等閑視すべきものでなく、大いに鼓吹せねばならぬことゝ思ふ

（『台湾教育』第一四一号。傍点は西岡英夫。一字欠字はおそらく「教」）

学校教育はもちろん大切であるが、児童の教育で大切なことは家庭教育であり、家庭教育こそが「高尚なる趣味を児童に涵養せしめ向上せしむる」。そして児童を涵養し向上させるためには、児童たちが求める多面的な興味を満足させなくてはならない。その要求に応えるのが「お伽事業」の目的であり、その存在価値があるのだ、と西岡英夫は言っているが、より具体的には「お伽事業に対する用意と覚悟」（『台湾教育』第一四四号　大正三年四月、一字欠字）の中で、次にように述べている。

〜殊に低趣味の人の家庭では、娯楽機関の乏しき殖民地なのでは殊に然りで、実に俗悪極まる芝居にさへ競うて行き、彼是の妄評をする。これが親なり兄姉なりだけなら可いが、芝居は観るべからずと禁止を学校から受けて居る児童の面前でも敢てするばかりか、禁止を破つても我関せずとして児童を携帯して観劇に赴き一夜を娯しむの類は尠くない。かの芝居小屋で親兄姉なりに伴はれて観劇する児童の多いは、苦々しい感を起さしむる次第で、其の他小説の如きは或は講談（単行本）の如きに□がられて、児童の聞知すべからざる恋愛さへも敢てその面前でするに至つては、実に寒心に堪へざるを得ないばかりか、学校当局者の苦心の効果も大にこれが為めに削減せられて仕舞ふことになる。これは本島在住の母国人の低趣味が家庭に及ぼす悪弊の一端である。この所謂いかもの喰ひの連中はこれは論ずるまでもないことだ／畢竟ずるにお伽事業なるものは、この風潮を改善すべき手段として、児童の趣味と《ママ》向上せしむるのが目的である。

「内地」においては、巖谷小波などを中心に「お伽事業」が実施され、その影響で都会においては三越や大丸、白木屋等が子供向けの事業を展開しつつあり、「子供の日」等を土・日・祝祭日ごとに設けて少年少女のサービスに勉めていた（大正八年まで続く）。それによって「内地」児童の情操教育は向上したといわれる。しかし、台湾においては、大人と子供の楽しみはそれぞれ分離されておらず、子供に悪影響を及ぼしており、「お伽事業」こそこの風潮を改善できるとしている。それなのに、大人たちはなぜ子供たちの「趣味向上」に興味を示さないのかと言えば、以下のようであったからだ。

由来台湾の天地に活動せる人より、平々凡々たる徒輩に至るまで、まづ出稼と云ふ形である。少年少女の趣味向上などいふよりは、出でゝは権勢に媚び入つては寝酒に酔ふか、さもなくば俗悪の興業物に一夕の快を貪ふるの徒輩が多いのである。只幾年間現地位に満足し粘着して、多少の蓄財を得て故山に帰らんとする心底、非物質的のこのお伽事業など勃興……いや発芽さへまだ見ないのは、一面に於てかくある為で、殖民地に在住者の低趣味は察し得られるであらう。かゝる人の家庭にある児童を、日毎々々教導せらるゝ学校当事者の労苦や、真に同情多謝すべきである。あゝ新領土の育英事業亦た至難なるかなだ。（同前から引用）

すでに游珮芸も指摘しているように、台湾に来る「内地人」のその多くは、台湾に永住する人々ではなく、この新領土で数年間、その現況に満足し小金を貯めて（「内地人」役人なら「外地」台湾においては六割の加俸があった）「内地」に帰ろうとする出稼ぎ的考えの者が多かった。故に子供に対する家庭教育にも、また社会教育つまり「お伽事業」等に眼を向ける余裕を持ち得なかったと言えるのである。それでは西岡英夫が再三にわたって言う「高尚なる趣味を児童に涵養せしめ向上せしむる」「お伽事業」とは、具体的にどのようなものであったのか。『台湾教育』第一四二号（大正三年二月一日）において西岡自身が、以下のように説明している。

一体お伽事業なるものは、児童に娯楽を与へしめこれを利用し、快く楽しみつゝある裡に、学校以外の教育をなし、知識を補足し、趣味の高尚なるものを漸次に取得せしむのが目的なので、このお伽事業なるものが、通俗教育の一つとして、進んだる国の第二国民の教育上緊要視されるのは、実にこの点にある。（中略）まづ第一がお伽噺やお伽劇の脚本の著作、第二はお伽噺の口演、第三はお伽劇の試演である。そしてこの以外には手品がある。これをお伽手品とかお伽奇術とかいつて、お伽丸柳一がやつては喝采を博して居るのだ。其の他活動写真にもあるけれとも、これは寧ろ副産物であつて、自分はお伽事業にはこの二種は入れたくないのである。（「所謂お伽事業に就いて—お伽—お伽噺—お伽口演—お伽劇—」）

以上から、西岡英夫における「お伽事業」の範囲が明確に判る。お伽噺やお伽劇の脚本を書くこと、お伽噺の口演、お伽劇の試演という三点にしぼって「お伽事業」と言ったのである。このように西岡は「お伽事業」の普及を決意し、その後も『台湾教育』に「通俗教育より観たる蓄音機と活動写真」（第一五〇号）や「お伽噺の選択と資料」（第一五一号）等を発表したが、台湾においては児童文芸の基礎的な要件もいまだ成立していないこともあり、児童文芸の世界では無名の西岡英夫が、以上のように呼びかけても表面的な反応はあまりなかったようである。そのためか翌大正四年（一九一五）には「お伽事業」に関する西岡英夫の論考は『台湾教育』にまったく発表されず、『台湾時報』や『台法月報』等に台湾についての随筆類や英語からの翻訳を掲載しており、台湾における「お伽事業」が頓挫したかのような印象を与える。

ところが、大正五年になると「お伽事業」に対する状況が大きく変化する。西岡英夫の師であり縁戚である巖谷小波が来台したのである。

三　巖谷小波の来台と「お伽事業」

大正四年（一九一五）七月、日本統治期最後の大規模武力抵抗だった西来庵事件が決着した。その翌大正五年二月二五日、「内地」でも著名なお伽作家でお伽噺口演の大家・巖谷小波（一八七〇〜一九三三）が初めて台湾を訪れた。(13)「内地」の著名文芸家の来台は、台湾到着以前から話題となり、『台湾日日新報』をはじめとする有力紙は連日巖谷小波の動向を報道した。小波は今回の来台は、台湾各地でお伽噺の口演をするためであった。三月一三日の「内地」帰還までに、台北・基隆・淡水・台中・鹿港・彰化・嘉義・台南・阿緱・打狗（高雄）の小学校・

公学校・父兄会・愛国婦人会・医学校・各会社家族会等で口演し、約三万人の聴衆を集めたといわれる。台北以外の地には縁戚である西岡英夫が台北帰着の一一日まで同行している。尚、小波は帰国後、この台湾行きを「台湾舌栗毛日記」（五月、博文館『少年世界』第二二巻第五号）、「台湾土産噺」（六月〜九月、『少年世界』第二二巻六号〜九号）として発表している。

さて、小波が具体的にどのような場所で口演をしたのか、いま游珮芸「巖谷小波の台湾行脚」（『植民地台湾の児童文学』第一章）に付録された「表2　巖谷小波の一回目訪台の日程」から一部ではあるが抽出してみよう（以下、「表」と略称）。尚、この「表」は上記「台湾舌栗毛日記」に基づき作成したとある。

二六日：城南小学校では台北父兄会のために口演。高等女学校では台湾教育会のために講演。専売局家族会のためにお伽噺を口演。

二七日：台北お伽会発会式に臨み、お伽噺を口演。この口演には市内の小学校五年以上の生徒約百名が集まる。

二八日：二九日：（省略）

三月一日：郊外の農事試験所に赴き、講習生約二百名（台湾人）を前に口演。

二日：医学校に出演、此処の生徒約二百名皆台湾人。城西小学校に市内各学校四年以上の生徒約千名に口演。

三日：大稲埕公学校および女子部で各一回ずつ口演。艋舺の国語学校附属公学校で口演、次いで同高等女学校に出演、約二百人の台湾人の少女を対象に口演。

（以下、省略）

以上、一部を抽出しただけではあるが、今回の巖谷小波の口演は、子供たちのためだけではなく、「台北父兄会」「台湾教育会」「専売局家族会」等大人のための口演も含まれていた。この外にも「通信局の吏員会」「監獄署員の家族会」等等にも口演をしている。これは子供のための「お伽事業」の発展は、大人の理解があってこそ推進できるものだ、という認識が小波自身にあったことをうかがわせる。そして、その大人たちを一元化して「お伽事業」に向かわせる組織が、小波来台の僅か三日目の二月二七日に成立するのである。「台湾お伽会」の発足である。『台湾日日新報』大正五年二月二七・八日の「お伽会発足式」には、巌谷小波の来台を機会に、台北父母会の集会で小波立会の下「本島在住の児童の為め娯楽の裏に智徳を涵養する目的を以て随時訓育娯楽に関する事業を行ふ為め学事係者及び児童父兄等の有志を会員」とするとある（尚、「台湾お伽会」は後に「台北童話会」に改称する）。「台湾お伽会」の幹事は西岡英夫である。そして、巌谷小波の来台口演と「台湾お伽会」の発足を転機に、西岡英夫の「お伽事業」も次第に認知を受けることになるのである。また、今回の来台に際して、小波は西岡英夫に向かってある提案をしている。それは西岡英夫もお伽噺口演をするようにとの提案であった。

自画自賛で恐れ入るが、十余年前初めて台湾の土を踏んだ私は、童話普及が我使命とする仕事の一つと考へ、まだ童話の童の字も、人の口に上らなかつたので、私がこれを唱道した。殊に今日の盛を致したのは、台湾の文化の進展に伴ふ結果は無論だが、小波先生が来台された一事が、一層強い刺戟となつたのは誰しも認めるところである。私が今日臆面も無く童話普及の為め口演をするに至つたのは、小波先生が「君も一つやり給へ」と慫慂されたに因り、決心して出発したもので、全く今日の如く台湾の児童、内地人児童は勿論本島人即ち台湾人の児童が、童話を聞き童話を読み得るの幸福を享くるに至つたのは、小波先生の来台が一大因をなしたもので、この意味からして、小波先生を徳とするのである。(14)

巖谷小波が西岡に向かって、なぜこのような提案をしたかといえば、それには然るべき理由があった。今一度「表」を見ると、三月一日には農事試験所に行き、講習生約二百名に口演。講習生は台湾人である。二日は医学校で講演。生徒はすべて台湾人。三日は大稲埕公学校および女子部で口演。艋舺の国語学校附属公学校で口演し、同高等女学校でも、約二百人の台湾人の少女に口演をしている。この外にも台北以外の地の多くの公学校で台湾人の生徒に口演しているのである。前章で述べたように、資料で見る限り西岡英夫の「お伽事業」は、在台日本人向けの事業であった。ところが、誰の企画かは判らないが、巖谷小波のお伽口演の相手は、在台日本人の大人や子供の外に多くの台湾人生徒でもあったのだ。前述したように当時の台湾人の日本語理解者率は極めて低く、おそらく総督府は巖谷小波の来台を機に、お伽噺を聞かせて理解者率上昇の一助としたのかも知れない。それはさておき、台湾人相手の口演について、巖谷小波は西岡英夫に、次のように語ったと言う。

（小波）翁が最初の渡台に、公学校で台湾人児童への口演は今日の如くその当時、国語普及も国語教授の研究も不充分であつたか、翁が童話を聴いた公学校の生徒は、何れも各校四学年以上で、まづ大抵の国語は判るのだ。如何も小学校での口演のやうには行かず、翁もこの公学校での口演は、さすがに困られたもので、どうもぴんと来ない。反響がぴつたりしない。それで翁は苦笑しながら「どうも公学校で口演する、自動車で御葬式に行くやうな工合で甚だ閉口する」と、よく公学校へ口演に行かれる際に洩された。自動車で御葬式に行くの譬喩は一寸面白い。満洲でも朝鮮でも、その土地の児童に国語で口演されたらうが、台湾人の児童に口演されるのとは、大分趣きが異なると云はれ「だから台湾に居る君達は、この点を注意しなければ失敗するよ、内地から押かけて来たものは、誰でもうまく出来るものぢやない。そこで台湾は君達の領分さ、大に努力すべきだね…」と、教へられたのである。

（「台湾に於ける小波先生（一）」『童話研究』第一五巻第五号　昭和一〇年一〇月一日）

巖谷小波は、おそらく「内地」でおこなっているのと同様のお伽噺口演を、在台日本人の小学生や公学校の台湾人生徒にもおこなったのだろう。しかし、引用のように日本語理解者率の低い公学校での口演にはやはり違和感を覚えたのであろう。小波が西岡英夫に対して台湾でのお伽噺口演を「君も一つやり給へ」と慫慂したのは、もちろん台湾在住のお伽噺口演家がいなかったことに起因すると思うのだが、ここで小波が言う「台湾は君達の領分さ、大に努力すべきだね」とは、台湾人聴取者の日本語理解度に応じて、口演の難易を自在に替えることができる力量をもった口演家が台湾には必要だ、と言うのであり、それが「君も一つやり給へ」の真意だったと思う。それは台湾における「お伽事業」の普及と推進を使命とした西岡英夫には、最適なアドバイスでもあった。これ以降、西岡英夫は公学校の生徒も視野に入れて、また台湾の歴史や各民族の伝説を基に「お伽事業」を推進するようになった。

巖谷小波の来台、そして「内地」への帰還以降、その影響の下に台湾社会も次第に「通俗教育」としての「お伽事業」に注意するようになり、また西岡英夫もお伽噺口演に様々な面で苦心するようになって、次第に台湾の「お伽事業」（児童文学）の中枢を担うような存在になっていくのである。従って、大正五年の巖谷小波の来台口演は、台湾の「お伽事業」にとって画期的な影響を与えた出来事だったと言ってよいだろう。

四　「お伽噺」から「童話」そして「児童文学」

大正六年（一九一七）三月一三日、西岡英夫は画期的な出版をする。西岡英夫編著『科外読本　台湾れきし噺』（総ルビ、台湾日日新報社）である。台湾において、これ以前に台湾の歴史と銘打った書物は皆無だったし、ましてや子供用の歴史語り等も皆無であった（本格的通史である連横の『台湾通史』三巻が完成するのが、大正一〇年〈一九二一〉のことである）。「巻頭に」には、次のように子供たちに向けて歴史の必要性を説いている。

～共に未来の大国民たる少年少女の対手となり、善良な国民とする我等子供党は、口に筆に、この使命を尽す為めに微力を致さねばならぬと思ひます。それで編著者は口演に著作に少年少女の為めに適当なものと絶えず心掛けて居ました。（中略）一国一家、昔から伝はる歴史のないところはありません、六百年も経つた台湾には亦た伝へ知るべき歴史があり、忘れてはならぬ事蹟が多いのです。誰でもこの島国に住む人々は台湾の歴史を知らないで可いでせうか。ましてや、未来は大国民として、台湾の天地に活動をせねばならぬ少年少女は、一通りの台湾の歴史を知り、忘れてはならぬ事蹟を語り得ないではなりませんと思ひ、それで、少年少女が読んで判るやうに、台湾の歴史を書いて試やうと、この「台湾れきし噺」を編著ました。
（総ルビだがルビを省略したので、送り仮名に可笑しなところがある）

この『台湾れきし噺』は、「（一）幸福多き台湾人と歴史、（二）和蘭の昔を語る赤嵌楼、（三）勇胆なりし濱田弥兵衛、（四）台湾を占領した鄭成功、（五）忠君愛国の孤臣鄭成功、（六）内乱多き台湾の清時代、（七）朱衣を着た俠通事呉鳳、（八）明治七年の牡丹社征伐、（九）割譲された当時の台湾、（一〇）護国の神北白川宮殿下、（一一）尊い芝山巌の六士先生、（一二）台湾の繁栄を示す高塔」という内容で、それは日本人の眼から見た台湾の歴史となっており、それも個別の物語を時代順に並べてみたと言う程度のものではあった。しかし、このような子供用歴史語りは台湾では初めてのものだったので、人々の興味を引き起こし、僅か一〇日足らずで第五版（三月二二日）が出版された。

『台湾れきし噺』を出版した大正六年の八月二〇日、西岡英夫は高砂読書会（実体は不明）において「童話の研究に就いて」という発表をする。その発表内容は、同年九月一日の『台湾教育』第一八三号に掲載されている。この一文の趣旨は、童話と児童心理についての概要であるが、日本の昔話からグリムやアンデルセン、イソップやクルイロフ（ロシアの詩人）、『ロビンソン漂流記』『小公女』『アンクルトムスケビン』、そして北欧神話やギリシャ神話、アラビア夜話等までも読破しているようで、その当時の在台口演家として広い知識を持っていたといえよう。中でも注目に値するのは、次の一節である。

～けれども実際のところ、お伽噺（Fairy tale）とこの童話との区別は難しいもので、今日まで厳密に両者の区別を云つたものはありません。或は童話は教育的にお伽噺は世俗的に称するものだとも云ひ或は神話的の起源を有するものをお伽噺即ち Fairy tale だと云ふのだともいひますけれども、今日のところではまづ両者を区別しないで、同一物と見做す方が穏当でないかと思ひます。童話なりお伽噺なり即ち Nursery tale なり Fairy tale なり何れも純粋の童話でありますが、（中略）次に童話と小説との中間をゆく少年小説とかお伽小説とか少女小説とかの類が、当今に読まれつゝある少年少女の読物、それから童話ではないが性質が童話的なもので屢々童話として用ひられて居る伝説や神話の如きもので、これを総称して児童文学（Juvenile Literature）と云ひます。

西岡英夫のこの文章が、管見ではあるが台湾において今日的な意味で初めて「童話」及び「児童文学」という言葉を使用した最初であろうと思われる。もちろん「内地」には古くから「童話」という言葉はあったが、「昔話」の言い換え語であり、ここでいう「童話」の意味とは異なっていた（台湾でも大正三年二月の『台湾教育』第一四二号に「虎姑婆（台湾童話）」と見えるが、これも「台湾昔話」の意味である）。現代の児童文学研究者から見れば、稚拙で簡単な分析でしかないかも知れないが、巖谷小波が創出した「お伽噺」をも含めて「童話」という言葉で子供の文芸を代表させたのは、台湾では西岡英夫が最初であろう。「内地」において「お伽噺」に代わって「童話」という言葉の使用が定着するのは、後の大正七年七月、鈴木三重吉主宰の『赤い鳥』創刊以降のことであることから察しても早いといえるだろう。次いで「内地」において、その「童話」に代わって「児童文学」という言葉が使用されるのが、昭和初期である（昭和六年〈一九三一〉七月に季刊雑誌『児童文学』が創刊され、短期間文教書院から発行された）。ここで使用されている「児童文学」の意味を、童話と小説の中間及び伝説や神話の総称だとしているのは、「児童文学」という用語への大正期の西岡英夫の捉え方なのであろう。当時としては極めて新鮮な響きがあったに違いない。

上記の引用文に「少年少女の読物」という言葉が出て来るが、大正八年には西岡自身も「少女小説」を執筆している。吉川精馬という人が台湾子供世界社を創立し、大正六年（一九一七）四月に台湾初の子供向け雑誌月刊『子供世界』が創刊された。[15] 該誌は所蔵する図書館等がなく、内容は不明である。西岡英夫がこの雑誌に寄稿している可能性もある。その吉川精馬が、大正八年一月に小公学校高学年向きに月刊誌『学友』を発刊した。西岡英夫は四月から「少女小説」を寄稿している。小説の題名は「少女小説　尊き記念品」で三回の連載であった。内容は少女同士の友情を描いた小説で、その友情の象徴が学校の記念品となるという、現在から見るならばたわいない物語なのだが、よく考えるならば「少女小説」とはなっているが、その発表年次から見て、台湾のあらゆる近代小説の中で最も古いものに属すると思われる。なぜならば、現在の台湾近代文学史上で最も古い近代小説は、従来は大正一一年（一九二二）七月から一〇月にかけて雑誌『台湾』に四回に渡って連載された追風（謝春木）の「彼女は何処へ?」（日本語）か、陳萬益によると同年四月に『台湾文化叢書第一号』中の鷗の「可怕的沈黙」（中国語）だと言われている。[16]西岡英夫の小説はその出来不出来及び「少女小説」だということを除けば三年以上も以前に発表されているのだ。そして台湾では一般の文学よりは児童文学のほうが、近代文学として先に成立していたのだ、ということを西岡英夫のこれらの作品は教えてくれる。[17]

以上のように、大正五年以来、西岡英夫は台湾の地において児童文学の興隆に向けて孤軍奮闘してきた。その甲斐あって大正一〇年頃には、児童の読み物が新聞雑誌に掲載され、幼年幼女の絵雑誌や少年少女雑誌も家庭で歓迎を受けるようになり、総督府図書館には児童室が設けられ、児童の閲覧者が増加するという具合であった。そして、今までの経験と理論を注ぎ込んで書いた台湾童話の分析が「童話を通じて観たる台湾」（『台湾教育』第二四五〜二四七号　大正一一年一〇月〜一二月）で、西岡英夫の台湾童話研究も頂点を迎えるのである。そして、この頃西岡英夫に東京の世界童話刊行会から同会が刊行する「世界童話大系」第一五巻に収録する「台湾編」の編集依頼が来たのである。世界の童話の集大成で全二三巻、A5版の正装本で各巻平均七百頁という大冊で構成されており、戦前期日本の童話関係では空前の出版であった。先の単行本『台湾れきし噺』は、台湾島内のことであったが、この度は西岡英夫の台湾童話研究の成果が「内地」でも認められたということになる。台湾の童話の最初の「内地」向け単行本であり、この出版により「内地」でも台湾に童話のあることが知られるようになる。西岡は「台湾童話集」二六篇と「生蕃童話集」七篇をまとめて掲載した。該書は昭和二年三月に出版され(18)、西岡英夫の児童文学に関する活動は、その前期を終えるのである。尚、「童話を通じて観たる台湾」及び「世界童話大系」については、「第二部」の「五」以降で改めて論述する。

最後に、巌谷小波来台・帰還以降の台湾社会での「お伽事業」実施について見ておこう。ただし、その様子を語るのは、やはり西岡英夫である。

一体、共進会や博覧会などと云つたものは、実際の目学問をするに利益があるので広い意味から云ふ通俗教育の資料なのである。（中略）次に協賛会の余興として演芸館で開演した、東儀石川一座のお伽劇と家庭劇も、確に児童及び家庭の為には好個の娯楽物であつて、名ばかり聞き知つて、その実体を知らぬ本島児童の為には、このお伽劇が如何に歓迎されたかは、その所演当日の観劇児童の、嬉々として笑顔を造つて楽しく見物して居る様で、証拠立てることが出来る。健全で清新でなければ児童は勿論家庭の人々が団欒の下には芝居は愚か活動写真も見物を禁ぜねばならぬ。この意味からして我が台湾には、真面目な上品な家庭の人々のためにも、児童の為にも、一つの娯楽機関さへ備つて居ないのである。恰も共進会の開催が機となつて、この欠陥を補つたことは我等の大いに意を強くするものである。従つて一面にはこれ等の事業が本島にも必要であることを、識者の脳裡に印せしむるものがあつたらしいと思ふと、これも効果の一つとして記さねばなるまい。

（「通俗教育の立場より」『台湾教育』第一六八号　大正五年六月一日）(19)

ここで言う「共進会」とは、「台湾勧業共進会」のことで始政二〇周年記念行事として大正五年四月一〇日から五月一五日まで、台湾総督府の主催で台北で開催された。会場は第一会場として総督府新築庁舎（現在の台湾総統府）、第二会場として総督府林業試験場台北苗園があり、台湾における過去二〇年間の産業発展の成果を内外に示すために、台湾の生産品が展示され、また「支那及南洋館」「機械館」「蕃俗館」等があった。その中に余興として共進会の実施母体である協賛会が行ったのが「支那劇大合同団」「台北検番芸妓舞踊」「中野連鎖劇」「天勝一行の奇術」と並んで「御伽噺と家庭劇」が四月二〇日から二九日まで演ぜられたのである。余興ではあるにしろ総督府も通俗教育（社会教育）の一環として子供とその家庭に眼を向け始めたといえよう。ここにもおそらく巌谷小波来台の影響があったと想像できる。そして、西岡英夫は「東儀石川一座のお伽劇と家庭劇も、確に児童及び家庭の為には好個の娯楽物であつて、名ばかり聞き知つて、その実体を知らぬ本島児童の為には、このお伽劇が如何に歓迎されたかは、その所演当日の観劇児童の、嬉々として笑顔を造つて楽しく見物して居る様で、証拠立てることが出来る」との感慨を語り、そして、その後半生は児童劇とラジオ放送に邁進していくのである。

第二部　大正期より昭和期の活動

五　西岡英夫の「童話を通じて観たる台湾」をめぐって

西岡英夫は、大正一一年（一九二二）一〇月から三回にわたって「童話を通じて観たる台湾」を雑誌『台湾教育』に発表した。[20] これは、大正三年から始まった西岡英夫の「お伽事業」活動の現況や台湾の童話の価値等について論じた一文で、台湾における自らの「お伽事業」活動の一区切りをも示している。故に先ず、大正一一年当時の台湾の児童文化の上昇の気運を、第二四五号掲載の該文では、次のように述べている。

最近における台湾児童が、お伽噺の書物を読み、少年少女の雑誌、幼年幼女の絵話雑誌が、台湾の各家庭に歓迎さるゝやうになり、この種の雑誌なり書籍なりの売行きは、なかなか夥しいさうで、これは島内各雑誌販売店に就いて調べると瞭然なことであるし、台北の総督府図書館の設《ママ》けられた児童室が、昨今著しく児童の出入が増加したと云ふことでも、大約この状勢が推察されるのではないか。／殊に島内の新聞にも、童話童謡が掲載されたり、児童欄が設けられたりするに至つた一事、それは縦令内地の諸新聞が、かうした企図を実施して有効ならしめて居る例に倣つたものかも知れぬとは云へ確に児童と云ふことに、世上が注意もし研究しつゝある証拠で、児童を本位とした文芸の一発達であると共に、通俗教育の進歩なりと云ふも、敢て過言ではないと云ひ得るのである。私は以前……六七年前……本誌の余白を籍りて、お伽噺やお伽口演に就いて卑見を記述し、その振興を促した当時のことを追懐すると、更に一層その進運の著しきを見、歓喜自ら快心に堪えないものがある。

台湾のこのような児童文化の気運は、もちろん西岡英夫の地道でたゆまぬ努力があったからであり、「私は以前……六七年前……本誌の余白を籍りて、お伽噺やお伽口演に就いて卑見を記述し、その振興を促した当時のことを追懐すると、更に一層その進運の著しきを見、歓喜自ら快心に堪えないものがある」という言葉の裏には、西岡英夫の相当の自負心が隠されている（文中にある「本誌の余白を籍りて云々」とは、大正三年一月に『台湾教育』に発表した「お伽事業の本島普及に対する希望」等の文章を指している）。だが、先ず第一に台湾社会に大きな影響を残したのは、前述した巌谷小波の初来台だったといってよいだろう。そして、小波のこの来台が、その後の西岡英夫の台湾での「お伽事業」活動をも決定づけたのである。つまり、小波の「君も一つやり給へ」という指示に従い、従来の「お伽事業」にお伽話の口演を加えて台湾各地で口演し、西岡英夫は子どもたちの中では次第に知られた存在となったのである。(21) ただし、ここで注意しておかなければならないのは、上文のように児童が雑誌や書物をすぐに入手でき、図書館には児童室が整備してあるというのは、もちろん台湾第一の大都会台北であったからこそできたということだ。大正一一年当時の台湾の地方や田舎では、そのような状況が整っていたとは決して言えない。たとえば、些か時代は後のことになるが、台湾の著名な小説家・鄭清文が自分の子供時代を振り返って、次のように述べている。

子どもの読み物に限っていえば、私の子ども時代は貧弱なものでした。その頃の台湾は、まだ日本の植民地でした。台湾の生活と教育の水準はとても低く、子どもの読み物は教科書が中心でした。私個人のことを考えても、課外の本に触れる機会はありませんでした。／当時、教科書に載っていたのは、すべて日本の物語で、最も強く印象に残っているのは、「桃太郎」と「浦島太郎」です。ほかにも、「ウサギとカメ」などもありましたが、これらが「イソップ物語」など、西洋の物語から題材を取ったものだと知ったのは、ずっとあとになってからのことです。／これ以外には、戦争も末期になると、だれでもよく知っている東郷元帥や乃木大将など、軍人や戦争を賛美する文章が、子どもの読み物にも溢れるようになりました。／それにひきかえ、台湾本土の物語は、整理やいい伝えがきちんとされていないこともあって、われわれ子どもがよく知っている話といえば、「虎姑婆《ホーコーポオ》（トラばあさん）」「憨子婿《ゴンギャーサイ》（バカなおムコさん）」か、わずかな亡霊話かなどで、完全に整った形での物語はほとんどありませんでした。(22)

鄭清文は昭和七年（一九三二）、桃園生まれ、満一歳で新荘（現在の新北市）の叔父の家に養子に出されて、そこで養育された。終戦時には満一三歳である。つまり少年時代はほぼ日本統治下で過ごした。鄭清文は、西岡英夫がこの一文を発表してから約一〇年後に生まれているのだが、（回想文なので時間的退色感や且つ植民地批判を含んでいるとはいえ）台北市を一歩離れた桃園や新荘等の周辺の郷村では、公学校（や小学校）の教科書以外で、「子供の読み物」に触れるチャンスはほとんどなく、児童の文化面に関しては上文のような寂しい状況にあったことは知っておくべきだろう。

次に西岡英夫のこの一文の主眼である台湾の童話に関する記述について見てみよう。

～童話として研究すべく、現在我手許に蒐集された所謂台湾童話なるものは僅に二十有五、而も何れも支那式で、支那のそれに類して居るのが多く、生蕃の祖先とか、恒春地方の人のことを材料とした前世の報とか、大甲の人を材料に取扱つた九世唖となるとか、虎姑婆とか、白賊七仔とか云ふのは、台湾で生れた童話らしいけれども、それが果して台湾在住の作者の手になつたものか、或は支那の童話を模して作つたものか、此間の消息は判明しないのを遺憾とする次第であるが、この《ママ》以外は支那を舞台とし、支那人なり支那の地方に起つた事実なりを取材としたもので、これは一聴明瞭する所である。／かくの如く、台湾に伝はり行はるゝ童話が、支那のそれに類したものゝ多いのは、台湾の過去を考へれば領かれることで、記す迄でもなく、台湾人と云ふ民族は、南方支那民族の子孫で、福建広東の地方から移住して来た民族の子孫であるし、又た地理的関係でも、南支那地方とは所謂一葦帯水の位置にあるから、民族間に伝はり行はるゝ童話も、自然にこの関係が見らるゝので、これは寧ろ当然のことゝ思ふ。（第二四五号）

大正三年、西岡英夫は「お伽事業」開始の宣言をして以降、台湾の昔話や民話・伝説の類を蒐集したのであろう。それに協力したのが知友の宇井英《はなぶさ》や佐山融吉であった(23)。宇井英は大正四年五月に台湾日日新報社から『台湾昔噺』を編集出版していた。『台湾昔噺』は、宇井英が国語学校生徒から聞き書きした台湾の童話や伝説を、日本語で子ども向けに平易に再話したもので、宇井英の「はしがき」には次のようにある。

本島人は、申すまでもなく其のはじめ悉く対岸から移住したものですから、本島に行はれてゐる童話や伝説も、本島固有のものが尠くて、支那伝来のものが多いやうです。併しこれが本島人の間に伝へられてゐるのですから、私はそれらも併せて台湾の童話及び伝説と見做してゐるのです。／本編は前に述べたやうに、児童の読物に供する目的で書いたものですから、つとめて残酷卑猥などに渉る点を去り、多少日本的思想を加味したものです。ですから、これを純粋な台湾思想と見做すことは出来ません。

この引用から、大正四年の時点で、大陸から渡って来た漢族の「童話も伝説も、本島固有のものが尠くて、支那伝来のものが多い」と認識されていたことが判る。その内容を見ると「人参採」「李無足」「陳大愚」「張趙胡」「白賊七仔」「十二支の会」「虎姑婆」「生蕃の祖先」等が再録されており、これらは西岡英夫も言うように明らかに漢族系の話である。

そして、西岡英夫は先の引用中で、台湾の漢族に伝わる童話の類は、漢族の出自が福建や広東なので、古くから南方中国に伝わる話を、長い年月をかけて台湾風に書き換えたもので、その他は南方中国の話がそのまま伝わったものだと言い、「支那的で貧弱極まる台湾童話」と断定している。ここで注意すべきは、漢族の民話・伝説の類は元来童話として語られ、書かれているわけではなく、西岡英夫は漢族民話・伝説の中から童話的要素が濃厚なものやすでに童話化して語り継がれて来たものを指していることだ。それに反して純粋な意味で「台湾童話」といえるものは、原住民族（西岡英夫は「生蕃」という大正期の言い方を使用している。尚、この頃「台湾人」とは原住民族を除いた大陸から移住した所謂「支那人」の子孫を指していた）の伝承には、独特の童話や伝説が数多く残っており、それを最も重要視すべきであると述べている。

台湾に於ける童話として最も重要視すべきものは、今は中央山脈の群峯中、山深き処に拠居して居る生蕃人の間に伝はり現存して居るそれである。彼等生蕃人は野蛮な原始的生活を営んで居る人種であるけれども、その生蕃人の間に伝へられ、現に存在して居る幾多の童話こそ、或る意味から云へばこれが台湾にある童話であると云ひ得のである。／生活の程度極めて低く、人文の進み頗る遅々として、彼等のこの生活振りが原始的である生蕃人こそ、三百年来の歴史を有する、支那移住民たる台湾人よりも、既に古くこの島に居拠し部落を作り、その間に児童を育て、来た人類として、それが縦令幼稚ではあるとしても、児童に話をして聴かせ、それをその児童の子孫に伝へ、今日に及んで居る所謂童話を、彼等は所有して居るのみではなく、その種類も亦た多く、奇想珍想の話材を取扱つて居るにしろ、全く彼等特有のもので、全然その趣を異にして居るのは、一つは土着の民族であり他は移住して来た民族である関係に起因するのは、誰とて否認せぬことであらうと思ふ。（中略）台湾人間のこれ等の話が、多く彼等祖先の出生地たる、広東福建地方さては広く支那と云ふ土地に生まれたものやこれに模した類の話であるのに反して、全く生蕃人が祖先伝来のものであるだけ、童話としての価値は認めらるゝので、この生蕃人間の童話を有することは、台湾に於ける一収穫で、地方的色彩が見らるゝも嬉しい次第と云ふべしである。（第二四六号）

台湾の児童文学草創期において、台湾漢族の童話のオリジナルな作が少ないとは、宇井英がすでに言及するところであるが、童話という観点から、漢族のものよりも原住民族の神話や伝説のオリジナル性を最重要視したのは、西岡英夫のこの一文が最初であり、この一文の最も重要な部分である。では、何故西岡英夫がこのような視点を持ち得たのかといえば、おそらく知友である佐山融吉等からの影響を受けていたと推量される。前述したように（注（23））佐山融吉は西岡英夫がこの一文を発表した翌年に大西吉寿と共著で『生蕃伝説集』（杉田重蔵書店）を出版した。この本は、佐山融吉の『蕃族調査報告書』（全八冊、臨時台湾旧慣調査会、大正二年〜一〇年）をベースにして、原住民族の伝説を細かく分類配列した成人向けの本格的な原住民族伝説集であった。その巻頭の大西吉寿の「はしがき」には「生蕃」について、次のように書かれている。

生蕃の伝説を通観しますと、実にプリミテイヴなとでもいひますか、ナイイヴなとでもいひますか、兎に角野趣津々としていひ知れぬ懐しさを感じるのです。併し同じく生蕃といつても南蕃と北蕃とにより、又は土人文化に接する程度の如何によつて多少趣を異にしてゐます。例へばタイヤルやサゼクのものに万葉の直截雄勁な趣があるとすると、パイワンやアミには新古今の華麗巧緻な風があり、ソオやブヌンのものには古今の優雅平明の調があるのです。八族それぞれ繚乱たる説話の花を咲かせ宛然として生蕃文化の花園にあるの観があります。そこに遊ぶ私共は花の美しいのや香の高いのを悉く集めようとしました。併し中には凋れたものや蕾みのまゝで摘み取ったものも可なり多い事と思ひます。仮令そこには幾多の杜撰があらうとも集め成した花筐は何人かの観賞に値するものがあるかも知れません。／私は生蕃の伝説は実に世界のどの国の神話伝説よりも面白いと思ひます。それは悉く天真爛漫なそして一点斧鑿の跡がないからです。無邪気な彼等は時に思ひ切つて露骨な表現をしました。が併しそれは彼等の伴らない真情の発露であるだけ真剣な響を立てゝゐるのです。そして我等はそこに単に蕃人としてばかりなく広く人間性の何物かを摑む事が出来る。つまり「人」といふものを十分深く考察する事が出来ると思ふのです。

以上のように実に細やかに各種族のそれぞれの個性に言及し、且つ人間を考察する上で活用できるとまで言っている。そして、その個性的な輝きを万人に知ってもらおうと意図したのがこの『生蕃伝説集』出版の理由だと思うが、上記引用で大西吉寿がその神話伝説を「実に世界のどの国の神話伝説よりも面白い」と述べているのと、先の引用で西岡英夫が原住民族の童話を「全く彼等特有のもので、全然その趣を異にして居る」と言うのは、そのオリジナル性に関して相通ずる心情だと考えてもよいだろう。恐らく西岡英夫がこのような考えに至った背景は、西岡英夫自身の資料蒐集の努力もあっただろうが、前述したように知友の佐山融吉あるいは大西吉寿からの影響が、最も大きかったのではないかと推測される。特に佐山融吉は長年「蕃地」に関わっており、大正期の一〇年間を『蕃族調査報告書』編纂に費やし完成させたのであって、この度の出版の『生蕃伝説集』も主要部分はこの報告書から採取しているのである。故に、西岡英夫は佐山融吉の影響とこれまでの自らの研究蓄積から、「台湾人童話」よりも「生蕃人童話」を最重要視すべしという結論を得たのである。

そして、西岡英夫はこのような観点で、前章でも述べたように「世界童話大系」第一五冊の編輯に参加することになる。「世界童話大系」とは、当時『童話教育新論』や『童話及び児童の研究』(共に培風館)の執筆で著名な神話学者・松村武雄と演劇界の重鎮・小山内薫が監修し、大正一三年から昭和三年にかけて世界童話大系刊行会(発行・近代社)から刊行された、全二三冊の童話叢書であった。『日本児童文学大事典』第三巻には「世界各国の名作古典、寓話、民話、神話、童話などを国別、分野別に系統立てて集大成した全集。その規模、質の点でも翻訳児童文学史上、画期的な出版である。主に松村武雄が中心となって編輯の指揮を取る一方、金田鬼一、竹友藻風、米川正夫、日夏耿之介など、当時一流の文学者が翻訳にあたった。グリム、ハウフの作品をはじめロシア児童文学などを除き、英語圏以外の作品は英訳本が底本となったが、ハウフ、イエイツ、グレイヴスの童話集、アラビアンナイト等々は本大系によって初めて全訳により日本に紹介された」(24)とあるような空前の大系であった。その大系の第一五冊目(昭和二年三月一九日発行)「支那・台湾篇」の「台湾篇」の「台湾童話集」「生蕃童話集」の編輯を、当時の「内地」の一流文学者と共に西岡英夫が任されたのである。もちろん西岡正夫は「童話を通じて観たる台湾」で述べた視点で編輯をしようとした。故に「台湾人の風俗習慣や童話の類が、余り台湾特有な色彩を認め得るものがない(中略)然し生蕃人は、先住民だけに、既に久しい間彼等の郷土が作成され、風俗習慣はさては童話の類にも、彼等特有な色彩を表示して居る。或意味から云へば、台湾の郷土的色彩は、生蕃人に依つて現表されて居るとも云ひ得る。＊」という持論を大系第一五冊の「台湾篇・序説」で述べており、そのような視点で臨もうとしたのである。ところが、実際に大系第一五冊を見ると、「台湾篇」は「台湾童話集」（台湾漢族童話集）と「生蕃童話集」（原住民族童話集）に分かれており、前者が二六篇、後者が七篇の収録となっていて、圧倒的に「台湾童話集」の採録数が多いのである。そこで、再度「台湾篇」の「序説」を読むと、先ほどの引用の後の＊部分に「が新附の民として生活せる、三百万の支那民族を顧みぬわけにはいかない。」との一文が前後の脈絡無く挿入されていた。「台湾篇・序説」全体は、「童話を通じて観たる台湾」と同様に「生蕃人の童話」を絶賛し、「支那人の童話」を「余り台湾特有な色彩を認め得るものがない」としている事には変化は見られない。つまり「が新附の民云々」のみが、後から加えたように浮き上がって見えるのだ。想像であるが、西岡英夫は当然「生蕃童話集」を主にして編輯しようとした。しかし、九〇数パーセントの人口を占める台湾漢族の童話を無視するわけにはいかない。なぜならば、ほとんどの台湾住民の子女が知っているのは伝統的な「台湾人童話集」の中の話であって、「生蕃童話集」ではない。「生蕃童話集」は、そのほとんどが日本統治期になって発掘され日本語化されたものであって、「台湾特有の色彩」があったとしても、大多数を占める台湾漢族をないがしろにはできない、という政治的な圧力が編集者か刊行会から出たのかも知れない。もちろん、これは推量であるが、しかし、そうでなければ「が新附の民云々」との一文挿入の意味が説明できないからである。

それでは西岡英夫の「世界童話大系」版の「台湾篇」の「生蕃童話集」が、原住民族の童話を（台湾を含む）「国内」最初に紹介したものであったかといえば、そうではない。(25) 西岡英夫より早く大正一五年（一九一六）九月五日に『台湾童話五十篇』（第一出版社）を東京で刊行した人物がいた。編者（本人は著とする）は、「内地」の童話作家・澁澤青花（寿三郎一八八九～一九八三）である。『台湾童話五十篇』は二部構成で、第一部は「生蕃人の童話」四〇篇、第二部は「台湾人の童話」一〇篇を収録している。その「はしがき」には次のようにある。

本書は第一部を「生蕃人の童話」、第二部を「台湾人の童話」として、二つに分けました。台湾人といつても、もともと福建、広東あたりから移住して来た人たちで、云はゞ支那人にすぎません。土着の台湾人といふ意味では、むしろ生蕃人をこそ台湾人と云ふべきであるかも知れません。それ故本書に於ては、「生蕃人の童話」を主として、ほんの附けたりの程度に於て、「台湾人の童話」を添へました。台湾人の童話といふのみ、移住以来歴史の浅いこととて、台湾本島で生れた固有の童話は少く、多くは福建広東附近に行はれてゐる、支那童話と共通であることはやむを得ません。／生蕃人の童話は主として大西吉寿氏の「生蕃伝説集」から材料を取りました。（中略）本書の童話を読んでみても、彼等の生活が我々の生活と少しもちがはぬといふことが分ります。たゞ規模が小さいといふだけで、道徳もあれば、宗教もあり、また新しい人情もあるのです。「太陽征伐」の話のごときものを読んでは、その想像力の大きなことに、たゞたゞ驚くの外はありません。恐らくこれだけの雄大な想像力を持つた話は、世界の何処の童話、又文学にも求めることは出来ないでせう。

この文を一読して、前半部分が西岡英夫の観点とまったく同様なことに驚いた。澁澤青花は、童話作家、児童雑誌編集者。東京生まれで東京府立第三中から早稲田大学英文科に学び、卒業後の大正元年（一九一二）に実業之日本社に就職した。大正三年から同社で『少女の友』『日本少年』『小学男生』の編輯に関わり、「大正期の少年少女誌にひとつの方向を打ち出した」(26)と評されている。大正一二年（一九二三）の関東大震災を機に実業之日本社を退社し、作家活動に入った。澁澤青花については上記のような文学大事典類の記述や注（26）に挙げた尾崎秀樹の一文を知っているだけであるが、早稲田卒業後は実業之日本社において雑誌編集で多忙な毎日を送っているので、その期間に台湾に行ったとは思えないし、また大正一五年九月に『台湾童話五十篇』を出版するためには相当以前からその準備が必要であるが、関東大震災の直後に台湾に渡ったとも思えない。つまり、上記引用のような観点は、澁澤青花が台湾で実感したことではなく、何かを参考にして書いたとしか思われないのである。もちろん「生蕃人の童話は主として大西吉寿氏の『生蕃伝説集』から材料を取りました」とあるが、「台湾人といつても、もともと福建、広東あたりから移住して来た人たちで、云はゞ支那人にすぎません。土着の台湾人といふ意味では、むしろ生蕃人をこそ台湾人と云ふべきであるかも知れません」及び「台湾人の童話といふのみ、移住以来歴史の浅いこととて、台湾本島で生れた固有の童話は少く、多くは福建広東附近に行はれてゐる、支那童話と共通であることはやむを得ません」という件《くだり》は、いまのところ西岡英夫の「童話を通じて観たる台湾」を読んでの記述ではないかと想定する以外にない。何故ならば前述したように、童話という観点から、漢族のものよりも原住民族の神話や伝説のオリジナル性を最重要視したのは、西岡英夫のこの一文が最初だと思うからである。尚、『台湾童話五十篇』中、第二部の「台湾人の童話」一〇篇は、宇井英の『台湾昔噺』及び台湾総督府法院通訳・片岡巌『台湾風俗誌』第六集第三章「台湾人の伽話」から主に採取したようである。

六　口演童話及び放送童話

大正五年（一九一六）二月、巖谷小波が来台し、彼に台湾での「お伽口演」を「君も一つやり給へ」と勧められて以来西岡英夫は、小学校や公学校を主に、かなり熱心にお伽口演（のちに「口演童話」）を行ったようである。

だが、資料類を博捜してはいるが、現在に至るまで西岡英夫の大正期から昭和初期までの具体的な口演記録をほとんど見つけることができない。内山憲尚（日本童話協会会長）編『日本口演童話史』（文化書房博文社、一九七二年三月）は、植民地を除いているためか、まったく記述がない。ただ昭和期に入ってのことになるが、西岡英夫自身が書き残した以下の二つの資料によって、彼の口演の実体が判る。

第一は、塘翠子「童話行脚所感　台中州下を旅して（上）（中）（下）」で、『第一教育』第一一巻第六号～第八号（昭和七年〈一九三二〉六月～九月）に発表された。その中に次のようにある。

今年も例に依つて夏五月文教局の社会課長の江藤さんと社会教育係長の佐々木さんとの御諒解御賛助後援の下に、台中州教育課長の山口さんに御依頼して、台中州下各地へ童話行脚を試み十二日台北を後にして翌十三日から台中市を振出しに、豊原、東勢、西屯、潭子、大甲、清水、南投、草屯、竹山、埔里、烏牛欄、魚池、集々、二水、北斗、渓湖、南郭、彰化、鹿港、新庄子、花壇と各校を巡回し、約三週間膝栗毛ならぬ舌栗毛に鞭打つて飛び廻り、而も霧社を訪ねて豪雨に悩まされて、日月潭の湖畔に夕立の壮観を嘆賞し、降雨の中を濡れての旅行、疲れもしたり、風邪の気味に声を嗄らしたものゝ、同志の歓迎会や句会に愉快な夜を過すこと幾度更に童話を聴いて嬉しがる児童殊に公学校生徒に対して、私は人知れず嬉涙を拭ふて旅の苦を忘れ感喜《ママ》したことは今に忘れ得ぬ深い好印象である。（上）

この一文から西岡英夫の口演童話実施に関して、次のようなことが判る。先ず、西岡英夫は毎年台湾各地に定期的に口演童話のために赴いていたということだ。「童心運動童話普及と云ふ看板をかけての旅行」であり、この年は七年ぶりに台中州を訪れたようだ。(27)

「童心運動」は「童心主義」に由来する。大正後半期から児童文学の主流になった思想で、子どもの無邪気で純真多感な心を「童心」と呼び、「子どもには大人と違った子ども独自の心の世界がある」ことを新たな発見とし、封建的な童話や文部省唱歌などを批判した。そして童話や童謡の新たな創作を目指して『赤い鳥』、『金の船』、『童話』などの雑誌が創刊され、北原白秋、西条八十、野口雨情などの童謡や小川未明、浜田廣介などの童話が、童心芸術の理念の下に創作された。つまり、童話や童謡を作るにあたって大人の作家や作詞家は「童心」を持って作るべし、ということでもあった。これには大正デモクラシーという自由思潮が大きな影響を与えていた。(28) 西岡英夫はこの「童心主義」には心を動かされたようで、自らが会長をする「台北児童芸術聯盟」の機関誌を『童心』と名付けているほどである。(29)

そしてこのような定期的な口演を行うにあたっては、西岡英夫は台湾総督府文教局社会課及び社会教育係の「御諒解御賛助後援下に」、台中州の教育課に連絡をするという手続をとった上で実施していたことが判る。西岡英夫は自分自身が各学校に出かけて直接談判するようなことはせず、学校の割り振りもすべて教育当局に任せての口演童話行脚であった。それは当時において「童話やお伽噺を口演させて呉れと申込まれ、壇上に立たせると話す内容も何等考慮研究もせず、その態度も下品で唯だしやべる一方、口演料を得る目的のみに口演する」(30) という輩が非常に多かったからで、西岡英夫はそれらとの区別もあって公的機関の協力を得ていたのであり、台湾童話界では著名であった西岡英夫でさえ、小公学校の校長には押し売り口演家と同等に見られることもあった。

また、この度は期間は三週間という長期間であり、二一校という多くの小公学校を巡回して、それもかなり交通の不便な田舎の学校にも童話の口演に行っている。これについては西岡英夫自身が、次のように語っている。

～童話口演家はその多くの誰もが巡回する場合多くは、鉄道沿線而も台北、基隆を初め、新竹、台中、嘉義、台南、高雄、屏東と云つた主要市街地だけで、（中略）これでは前記の市街地にある小公学校の児童は童話の口演、大好きなお話を聴かせて貰へるしまた恁うした場合が多いから、一面からと云ふ恵《ママ》まれると云ふことになるけれどもこの他の地方田舎の学校に通つて居る児童は、恁うした機会が極めて尠く、殆んど皆無と云つて可い、即ち学校の先生以外に童話の口演を聴くことがないと云ふ結果を見る。考へれば恵まれて居ない気の毒な次第である。（中略）であるからこの意味から童話普及と童心運動の促進旺盛を遂げる上から、童話口演行脚を試みて居るのである。／加之更に一方国語普及の上にも、この私の試みが功果《ママ》あると信ずるのである。これは主として公学校児童に就いてゞある（上）

つまり、西岡英夫の口演童話の目的は、台湾の隅々までに「童話普及と童心運動の促進旺盛」をはかることであった。そして、更に公学校の児童に対しては口演童話を通しての国語（日本語）普及も目的の一つであったことも、この一文から判る。また、このような地方巡回の中で、その地方で活躍する童話童謡運動家との交流も深めていたようだ。

台中市や彰化街には童心運動が盛に行はれ、童話や童謡舞踊と云つた。《ママ》所謂童心芸術が熱心な童心を持つ子供党の人々に依つて行はれ、功果《ママ》があると聞いて居た。もう台中市の日高氏の日高児童楽園（?）《ママ》とか、坂本氏の台中児童劇協会（?）《ママ》とか、台中童話倶楽部とかあるのは、今更に云ふを要しない。今回の旅行も恁うした童心を持つ童心芸術を理解し精進し奨励普及に熱心家の好意ある勧めもあり、かたがた旅行したいために行脚を試みたので、旅中は尠からずお世辞（話）になつたものでその御好意は感謝するに辞なく持つべきものは友なりの感を深くして今に忘れないのである。親友砥上君の熱心振には敬意を表する以外何と云つて可いか判らない。君の熱心の結果は君の校長たる幸公学校で見られた。台中等の日曜学校や同等《ママ》が催されたお伽会にも、砥上君の努力が現はれ、台中童話倶楽部の人々の熱心さが見られて嬉しい。（下）

この引用から察するに、この度の口演では「日高児童楽園」の日高氏、「台中児童劇協会」の坂本氏の世話になり、親友で「台中児童倶楽部」の砥上氏にはとくに世話になったようだ。台中は地方都市としては比較的児童文化の盛んな所であったのは、これら諸氏が活躍していたからである。「日高氏」とは昭和五年（一九三〇）に台中で「日高児童楽園」を開設した日高紅椿のことである。日高氏については本書第三章に詳述したので、以下、坂本・砥上氏について筆者の知るところを記せば、次のようになる。

「台中児童劇協会」（これは「台中童謡劇協会」が正しい名称）の「坂本氏」については詳しくは知らないが、大正一四年（一説に昭和三年〈一九二八〉）に「坂本登氏」を会長とし小川平次郎、田中春雄其他の諸氏によりて「台中童謡劇協会」が起され、童謡と児童劇の研究に努めた。機関誌として雑誌『三日月』を発行したことが種々の資料から判るだけである。

「台中児童倶楽部」の「砥上氏」とは、砥上種樹のことである。游珮芸『植民地台湾の児童文化』等によれば、明治二一年（一八八八）三月一八日、福岡県の生まれ。号は如山。台湾総督府国語学校卒業後、大稲埕公学校や蘭陽礁渓公学校、彰化高等女学校附属公学校を経て、昭和五年（一九三〇）頃に台中女子公学校長となり、後に台中州視学となった。昭和七年一一月成立した「台中児童倶楽部」の代表者。台湾発行の『台湾教育』や『第一教育』等、及び「内地」の日本童話協会の機関誌『童話研究』に児童文化に関する文章を発表した。昭和一〇年前後に上京し、成城小学校に勤務する傍ら、日本童話協会常務理事となって、各地に赴き、講演を通して児童文化の喧伝に努め、『童話研究』に童話口演の実演指導的な文章を始めとする巾広い業績を残している。戦後は大阪府の和泉乳児院の院長となった。昭和四六年（一九七一）一二月一日死去。

その他に西岡英夫は、口演童話の合間に霧社へ日月潭へと観光もし、俳句を得意としていたので句会の友人の歓迎を受けたり、また自ら俳句を詠んだりしている。(31) そして、何といっても、西岡英夫の口演童話に喜ぶ児童の姿に感涙を催したことが、この旅行最大の喜びであったようだ。西岡英夫は師の巖谷小波の言葉を忠実に守り、特に公学校の児童に向けての口演童話に情熱を傾けていたようである。

以上のように西岡英夫のこの一文を通して、台湾の当時の口演童話家の活動概要を察することができると思う。

そして、第二の口演に関する資料は、西岡英夫「話術に関する一考察（一）～（三九）」（『第一教育』第九巻第一号～第一三巻第二号、昭和五年一月～昭和九年二月）である。口演童話を行うにあたっての技術指導が、話者の心構えをも含めて三九回に分けて懇切丁寧に語られている。これこそ西岡英夫の口演童話実践の長い経験が生み出したもので、西岡英夫は如何に細心の配慮をもって口演童話に情熱を捧げてきたかが如実に理解できる。いまいちいち紹介・解説はできないので、第一回の巻頭に挙げられた「西岡英夫紹介」と連載三九回分の細目を以下に書き出しておく（未見の部分もある）。

今回市《ママ》の西岡英夫氏にお願《ママ》して、「話術に関《ママ》る一考察」を毎号御寄稿下さる事になりました。氏は御承知の通り台湾に於ける童話探題として知られ、巖谷小波、久留島武彦、岸邊磯《ママ》雄とも古くから提携されてゐる童話研究に深き御造詣を有せられる方です。先日は台北州下青年指導員講習会講師として話術に関する講演を試みくれました。其他各地で口演、実演等なされてゐる方です。以下号を逐うて興味深く氏の御発表を伺ふ事にしませう。

（一）話術の三要件と心の態度／（二）聴衆の研究と理解が肝要／（三）話の扱法と予備条件二三／（四）話者の用意と黒板の利用／（五）話術の方法と話者の態度／（六）話者の態度と三必要条件／（七）説話取扱と注意の研究／（八）話の形式と其取扱の方法／（九）寓話伝説神話及びその他／（九《ママ》）優秀なる話を得る方法手段／（十）話者の注意すべき聴衆者／（十一）話術必要な音声と言葉遣／（十二）使ふ音声の区別と緩急／（十三）話に大切な音声の応用／（十四）音声の練習と其保護法／（十五）言語の考究とその用意／（十六）判らしめる方法と考究／（十七）酔はす法と見せる方法／（十八）話術の上に必要なる語法／（十九）叙述体疑問体と其使用／（二十）必要な命令体と感嘆体／（二十一）修辞学的辞様とその使用／（二十二）（二十三）この二冊は未見／（二十四）態度は話術の重要要項／（二十五）態度の目的とその用途／（二十六）態度に自然が大要件／（二十八《ママ》）態度の静と動の研究／（二十九）頭と顔と態度の関係／（三十）ゼスチユアと目と口／（三十一）大切な手と指及び腰／（三十三《ママ》）足の動と背面側面／（三十三）挨拶と挿話及び教訓／（三十三《ママ》）まくらとやまとたに／（三十四）教訓及び本話の注意／（三十五）やまとたにとむすび／（三十六）話の組立とその応用／（三十七）練習と実演上の注意／（三十八）出演当日と登壇前後／（三十九）ラヂオの放送と話術

これらを見ると、当時の台湾童話界における西岡英夫の立ち位置が判る。「童話探題」とは、遠隔地台湾において童話界のすべてを取り仕切る人物との意味であろうし、「巖谷小波、久留島武彦、岸邊磯《ママ》雄(32)とも古くから提携され」とは、「内地」の三大口演童話家とも古くからの知り合いであることを強調し、西岡英夫の威光を高めているのだが、この三九回に渡る「話術に関する一考察」を読むならば、西岡英夫がいかに口演童話に苦心してきたかがよく判るし、また台湾童話界の第一人者だということも判る。以上の二点の資料から、巖谷小波の指示以来、師の慫慂をしっかりと守り、西岡英夫は常に倦まず撓まず口演童話の発展に様々な工夫を凝らし、あらゆる努力を続けてきたことがよく理解できる。

昭和六年（一九三一）二月一日、社団法人台湾放送協会が発足し、台北放送局は正式に「本放送」を開始した。台湾放送協会の発足当時の台湾の人口は約五〇〇万人で日本人が二七万人、ラジオ聴取加入者は総数四〇〇〇という少なさであった。また、聴取者のうち日本人と台湾人の比率は四対一であった。「本放送」は昭和六年からではあったが、実際にはこれ以前に「試験放送」は行われていた。大正一四年（一九二五）六月一七日から一〇日間、台湾総督府は、「台湾始政三〇年記念展覧会」を台北で開催し、この時栄町の台湾総督府旧庁舎内に設けられた展覧会第三会場から、ラジオの「試験放送」が行われ、これが台湾での放送の始まりであったと共に、童話のラジオ放送もこの時に始まったのである。その後、昭和三年一月二二日に台北放送局が開局し、「実験放送」が始まり、昭和六年の本放送へと続くのである。(33) そして、大正一四年の試験放送で、台湾で初めてマイクを通して童話を放送したのが、西岡英夫であった。昭和七年五月発行の『第一教育』第一一巻第五号に掲載された塘翠子（西岡英夫の筆号）「童話の放送と私の思ひ出」には、次のようにある。

私が台湾でマイクロフオンの前に立つて放送しましたのは、もう可なり古い時で、大正十四年六月の始政三十年記念として展覧会が開かれ、逓信部の催で旧総督府の庁舎の一隅、倉庫を放送室にして臨時仮設されたその時で、お伽噺を約三十分ばかり放送しました。題は『人参採り』と云ふ台湾の昔噺の一つです。これには今の逓信部長の深川さんや鉄道部の戸水さんのお力添へで実現されたもので、童話を台湾で放送したのは、これが最初です。

『人参採り』とは、宇井英の『台湾昔噺』の巻頭に収録された「よくばり爺さん」的な話である。「深川さん」は、後の台湾放送協会常務理事の深川繁治である。本放送が始まった後も西岡英夫は、しばしば台北放送局（JFAK）から童話を放送したり、童話劇などへの協力をしている。以下、西岡英夫の放送で判明しているものを列挙すれば、次のようなものがある。

○昭和七年一一月三日、西岡塘翠「お話『お歌の力』（ラジオ）」（『台湾日日新報』）
○昭和八年四月一七日、西岡塘翠「童話　心の鍵と尺八（ラジオ）」（『台湾日日新報』）
○昭和八年四月一八日、西岡塘翠「尺八を持つた謎の若者　童話　心の鍵と尺八（その二）（ラジオ）」（『台湾日日新報』）

ただし、これらは『台湾日日新報』に載った日であって、放送日はそれ以前だったと思われる。
○昭和九年五月一八日、西岡英夫「軍用犬『ペス』の話（昭和九年一月一日JFAKにて放送）」（『第一教育』第一三巻第四号）

巻頭に「お話の資料提供に就て」という短文がついており「童話やその他所謂お話が、小公学校児童の喜ぶ所で、課外教育の上に有益なことは、今更云ふまでもありません。小公学校の先生方は、常に種々な機会で、お話をされるでせう。而も職業柄資料は多い筈ですが、私の経験だと、何れも資料に就て、その尠いのを嘆息して、好い資料はないかと注文されることが多い。これは実に可笑しいこと、思ひまするが、畢竟いろいろの事情が、かくせしめると考へ、敢てその事情を云々せず、私が資料を提供しやうと決心しました」とあり、臨機応変に取捨改更してよいとの前提で、話の種提供の第一作となっている。その後、同誌に「児童童話資料」として「植ゑた白薔薇（上）（下）」（『第一教育』第一四巻第一・二号、昭和一〇年一月・二月）などが提供されている。

○昭和一三年六月六日、夜七時の「子供の時間」に台北放送局（ＪＦＡＫ）から西岡英夫口演のお伽噺「鬼だまし」を放送した。当日の『台湾日日新報』「ラヂオ」欄（西岡の写真入）には「今日は明治大正時代のお伽噺の大先生として御存じの巖谷小波先生の誕生日に当るので、それにちなんで同先生と親交のあった西岡先生が巖谷先生の作『鬼だまし』をお話下さいます。ちなみに巖谷先生は昭和八年九月五日六十六でなくなられました」とある。尚、同時間に台中放送局では「童話『豆太郎』渡辺忠雄」、台南放送局では「お話『小使さんの応召』郭孟揚」が放送されている。

○昭和一五年二月一八日、台北放送局が放送童話劇『鯨祭』（原作・西岡英夫〈塘翠〉／脚色・中山侑）を「子供の時間」に「内地」も含めた全国中継をした。アミ族の「里壠と云ふ蕃社」に伝わった話を西岡英夫が童話化し、中山侑が放送用に劇化したもので、この年の三月には小冊子も出た（三八頁立の脚本）。

この他にも『台湾日日新報』の「ラジオ欄」を丹念に調査すれば、西岡英夫自身の放送記録や放送原作などが出てくるかも知れないが、以上のように西岡英夫は「お話」や「童話」を放送するだけではなく、「児童童話資料」としての「お話」の提供や、原住民族の伝説の童話化などにも及んでいる。また先に掲げた「話術に関する一考察」の最終第三九回の「ラヂオの放送と話術」の中で、西岡英夫はラジオ放送経験者として、聴取者の有無、音声の異なった使用方法、放送時間への配慮などラジオ放送に対する注意点を掲げており、台湾童話界の長老でありながらも新しい方式を取り入れて、台湾の童話の喧伝と拡充に努めようとする姿が見て取れるのである。

七　西岡英夫と台湾の児童劇・童話劇

以前は台湾でも「お伽芝居」と呼ばれていたものが、大正末期から昭和期にかけては、「台中童謡劇協会」の日高紅椿、「台北童話劇研究会」等の活動により、近代的な児童劇や童話劇へと発展してきた。日本で最初の「お伽芝居」の脚本を書いたのが巖谷小波なのだから、当然その縁戚関係にあった西岡英夫にも、児童劇や童話劇に関する文章が多いと思っていたが、意外なことに非常に少ない。その理由は、当時の児童劇や童話劇のある傾向に些か危惧を抱いていたためにあまり観劇はしなかったようで、あるアンケート[34]に答えて「余り児童劇を見ませんし、脚本も読みません。殊に台湾に居るので内地のそれに接しませず、僅にラヂオ放送などを時々聴取する位です」と述べている。西岡英夫の児童劇・童話劇について語った文章は、現在確認したものに、次の二種がある。

○「近頃考へさせたこと＝児童劇、童話劇に就いて」（日本児童劇協会『児童劇』第二〇・二一号、昭和一二年一一月一日・一二月一五日）[35]

○「お伽芝居の話」（『児童劇』第二九・三〇・三一号、昭和一三年八月一日・九月一〇日・一〇月一五日）[36]

前者「近頃考へさせたこと」では、昔の「お伽芝居」が、時代の進展と文化の向上と人々の不断の努力や研究により、児童劇（児童が演じ児童が観劇する）や童話劇（大人が演じ児童が観劇する）[37]となり、児童芸術として児童の情操教育の上で役に立つことを認めた上で、次のような点を批難している。

主として児童劇上演の場合だが、上場する人物の児童が、余りにも俳優化して居て、童心と云ふものを欠いて居ることで、うまく芝居をして子供らしくないのであるし、放送でも殆んど同様である。その昔少年俳優に依つて演ぜられた子供芝居と同じで、恁うした児童劇を見物して、その技巧の見事なことや、上演劇の成功を賞賛する前に、これは児童教育上考へねばならない。情操教育として扱ふのに、斯の如くして可いかと疑問が出て、折角の劇を見物する勇気が挫かれる事が多い。（中略）芝居化したとも云ふべきか、恁うした傾向は果して好いであらうか、或は児童の芸術としては進歩したものであり、実演や放送の上効果に於ては良好であらうが、童心を失つたこの演じ方や放送が、児童芸術として児童の情操教育に果して資することがあらうか。（中略）而してこの新傾向を生んだには、指導者の精神と指導方法に依つて生まれたものであり、心なき指導者は、上演放送の成功を希望するため、出来得る限り有効な方法を以て指導し、努力するからで、それがために超ゆるべからざるものを超えたものと思ふ、されば恁うした指導者は、結果のみに趨つて大切な児童教育とか、童心とか云ふことを閑却してしまつて、単に劇を演じ放送すると云ふ考へになるのではあるまいか、それならば大なる錯誤であり、大切な人の子を害するもので、その罪亦大にして宥し難いものがある。

児童劇に登場する子どもの俳優の演技が非常に技巧的で上手い。しかし、演じる児童があまりにも職業俳優化していて、大人のミニチュアのようである。ラジオ放送における児童劇においても、まったく同様なことが起こっている。この点に西岡英夫はおおきな疑問を持つのである。こうした児童劇は、技術的には確かに進歩したと言えるであろうし、観客や聴取者にとっては見やすく聞きやすいかもしれないが、そこには子どもだけが持つ純真性＝「童心」は無く、そのような児童劇を情操教育の一環と考えてよいのか。そして、このような俳優化した子どもの演技者は、「指導者の精神と指導方法に」依って生まれたのだ。その指導者は、劇や放送の成功のためにあらゆる有効な手段を駆使し、その結果、演技者の「童心」喪失という「超ゆるべからざるものを超え」てしまったのである。これこそ子どもを害する許しがたい行為なのである、と西岡英夫は考えた。以上のように、この頃の西岡英夫が、いかに「童心」ということを児童に対する情操教育の第一に考えていたかが判る。つまり、西岡英夫は「童心」を失った子どもが演じる児童劇などをあまり見る気がしなかったのである。「童心」を重要視したことについては、些か方向性は異なっているが、同時期に台北放送局に勤めていた中山侑も、次にようなことを言っている。

　先づ、脚本の選択が不用意である点を指さねばならない。子供が喜べば善いからと言つて、世俗的な落語を焼直した様なものを放送したり、さうかと言つて大人が聞いても一寸受けとれない様な地名人名に外国の固有名詞のふんだんに現はれる翻訳ものも無茶である。教育的な立場を強調して、折角の寛ろいだ子供の心と、今更教室の中に閉ぢこめようとする教訓劇も困りものだ。子供を楽しませながら、知らず知らずの中にその汚れない童心に深く印象づける何物かがなければならない。(38)

　中山侑は、西岡英夫とは異なり、子どもを喜ばせるために大人たちの配慮に欠けた脚本の杜撰さを批難し、放送脚本とは子どもを楽しませながら、その「童心」に印象づけるものがなければいけないと述べている。両者共に子どもたちの「童心」をいかに大切なものと考えていたことが判るし、台北の童話界においても「童心主義」が重視されていたことが理解できる。

後者の「お伽芝居の話」は、台湾の児童文学や児童劇には直接にはほとんど関係のない内容である。「内地」の草創期の「お伽芝居」（＝児童劇・童話劇）がドイツから帰朝した巖谷小波によってもたらされたことや木葉会[39]において永井荷風や西岡英夫の前で、小波が尾崎紅葉に向かって「時にね、例の川上音次《ママ》（二）郎と細君の貞奴が相談したい事があるから訪問すると云つて来たよ。何に多分一座に何か脚本をと云ふのだらうさ。で、僕は川上夫妻に例のお伽芝居をやらせたらと考へたのさ。うむ、お伽芝居と云ふことにしよう。お伽噺を芝居にするんだ。お伽芝居が可い名ぢやないか……」と述べたと臨場感のある巖谷小波の言葉が、同席した西岡英夫の記憶から紡ぎ出されていて、資料的な価値がある。そして、それが具体化して明治三六年一〇月、本邦初の童話劇「狐の裁判」「浮かれ胡弓」となり、川上一座によって本郷座で上演されるのである。そして、その上演時の観客である子どもたちに対する細々とした配慮が、西岡英夫の眼を通して次のように綴られており、これについては寡聞にも他に替わる資料を知らない。

> 而して何しろ児童に見物させる芝居と云ふので見物は児童が本位、同席で見物する大人はまアお供衆格の附随者と云ふことで、興行方法も全然従来とは異なつて、座蒲団や茶菓子と云つた類は勿論、大人には煙草盆だけは許したが、場内での喫煙は遠慮されたいと云ふことにし、座蒲団代も出方衆の祝儀や心付は一切不要で入場料だけにして、その入場料も児童に見物させると云ふので、児童は一名十銭と記憶して居るが、或は二十銭だつたかも知れない。これに反して大人の入場料は、大人は附随格だし、高いから見物しないと云ふなら、大人の看客が主でないから、見物しなくとも結構と、高飛車に出ると云ふ寸法で、思ひ切り高く一名一円と云ふことにした。それに出演の諸俳優と芝居が芝居だけに、児童のためと云ふので、今の言葉で云ふ

と非常なサービス振で、報酬はまづ各自が受けるのが車賃だけ。殆んど無報酬と云つて可いほど犠牲的の上演と云ふことでした。かうした方法は総て川上が例の気質で、勇断的に敢行したもので、こんな事は川上ぢやないと一寸他では出来ない。従つて俳優連中も芝居方の劇物関係者も、この川上の意気に異議の申出でなく、万事ＯＫで順調に準備が進められたものだ。

西岡英夫は、台湾における口演童話の第一人者であり、且つ口演童話のため話の種まで提供し、またラジオ放送という新たなシステムをも活用して、台湾童話界のために貢献してきたと言えるが、以上のように児童劇に関しては発言も少ないし、現在のところそれに言及する資料もあまり見当たらず、今後も資料の探索に努めていきたいと思っている。

八　昭和期の西岡英夫

最後に昭和期の西岡英夫の活動を記しておこう。大正末期から昭和期になると、西岡英夫以外にも恒常的に児童文化に興味をもつ人々が出てきた。台北在住の童謡詩人・宮尾進は、大正一四年（一九二五）一一月に童謡と民謡の雑誌『パパヤ』（台北市錦町七十七番地　台湾芸術協会）を創刊した。執筆者には、みやきよし、北ひろし、保坂瀧雄、野村四郎、渡邊むつを等がいたが、第五号で廃刊した。また、宮尾進は、台湾日日新報社で『台日コドモ新聞』の編輯をしていた関係から、過去五年間の台湾の小学生・公学生の作品で、『台日コドモ新聞』等に掲載された童謡七百余篇を収録した『童謡傑作選集』を、昭和五年五月に主宰する台湾芸術協会から刊行している。日高紅椿については本書第三章で詳述したが、今些か補足すれば、大正一四年の一〇月頃、「子供たちによき童心を植え付けようと、わたしたち（日高紅椿）は台中童謡劇協会を創設し、子供の童謡独唱・合唱や童謡舞踊・児童劇の講演を行った。／ところが、子供をステージで歌わせ、踊らせ、芝居をさせることは、かわらこじきの行為だと、老骨校長に反対されたり、新聞紙上でも多くの非難を受けたり、さんざんな目にあっていた」(40)と当時の児童文化事情を語っている。他にも『マヤ子』（台湾日日新報社、大正一四年一〇月、「ミツバチマーヤ」の原作）を翻訳した内田隆や総督府図書館の上森大輔、文教局社会課勤務で古くからの詩人保坂瀧雄や文芸家の西川満（次章参照）なども児童文学に興味を示して童話等を書いていた。また、台湾人児童文学研究家としては、台北師範学校の教諭であった張耀堂がおり、『台湾教育』に「新興児童文学たる童話の価値探求」（全五回）を連載しているのが注意を引く。そして、更に台北等都市には様々な児童文化組織が形成されていく。設立年代は正確ではないと思うが、昭和二年には「台南童話倶楽部」（後の台南童話協会）、同三年には「台中童謡劇協会」、また台北商業学校に「北商童話会」、そして「台北童話会」が設立された。大正末期から昭和にかけて台湾の童話界にも、人的にも組織的にも大きな変化が現れてきたのである。そして、このような大正末から昭和初期への変化が台湾の大衆に与える影響は大きかった。たとえば、先の日高紅椿が昭和五年一二月二五日の『童話研究』第九巻第一二号に「日高児童楽園　第二回童謡楽劇大会」の報告を載せているが、それは次のようなものであった。

台湾で相変らず真面目に児童芸術の為に活動してゐる。十一月七日、八日両日間台中座で第二回童謡楽劇大会を開催した。丁度台中州下桜で名高い霧社で生蕃が多くの内地人の首を取つた大騒の際に不拘両夜とも大入満員を見た。アンコールが出て大好評を受けたものは第一部の「毬と殿様」「手の鳴る方へ」「タムバリン」「チユンチユン雀」「須坂小唄」「森の鍛冶屋」第三部の「大きくなるよ」「お通りぢや」「スキーダンス」等で児童劇「ボタモチ事件」及び第二部の大がかりな童謡楽劇「孫悟空」も大拍手を受けた。日高児童楽園では東勢、中寮、月眉、新竹、の各地へも各教育者主催で招聘されて公開して台湾各地の子供を喜ばしてゐる。目下新生徒募集中で十二月から更に研究を続けて来年四五月には第三回を開催する予定。

上文の「日高児童楽園では東勢、中寮、月眉、新竹、の各地へも各教育者主催で招聘されて公開して台湾各地の子供を喜ばしてゐる」との記述を、五年前の日高紅椿の「子供をステージで歌わせ、踊らせ、芝居をさせることは、かわらこじきの行為だと、老骨校長に反対されたり、新聞紙上でも多くの非難を受けたり、さんざんな目にあっていた」という記述と比較してみれば、大正から昭和へのこの五年間の児童文化に対する台湾の大衆感覚の変化が大きかったことが想像できる。その変化の一端は日高紅椿の師・野口雨情の来台も影響したと思われる。野口雨情は昭和二年四月四日に作曲家・中山晋平と歌手の佐藤千夜子と共に来台し、台北、新竹、台中、彰化、嘉義、台南、高雄、屏東、基隆で講演や実演をし、一八日帰日した。日高紅椿は先の「台湾講演旅行」の中で、「台中での二日間主催をわたしたちで引き受け、そして各地の催しにも、台中に本社のあった台湾新聞社の後援を得て、毎日のように新聞で報道されたため、全島にわかに童・民謡熱をあげ、わたしたちは以来順調に童謡運動に精進できたのも、全く雨情先生のおかげだと、四十余年経た今日でも忘れられず、更にわたしをして童謡一路に走らせた原動力ともなっている」と述べている。

さて、昭和二年に『世界童話大系「台湾童話集／生蕃童話集」』を出して以降の西岡英夫は、このような大きな変化があったのに関わらず『第一教育』に「話術に関する一考察」を連載し、口演童話をする以外には児童文化や文学に関する発言はそれほど多くはなく、また目立った発言はなかった。たとえば昭和三年は『台湾教育』に発表した「天才童話作家『ハウフ』（上）（下）」、昭和四年にはやはり同誌に「童話『桃太郎』と桃太郎本（一）～（三）」を発表しただけで、その後も児童文化関係は年に数本の発表であった。逆に俳句、随筆、台湾風俗や民俗、歴史、伝記、伝説研究、小説を毎月のように精力的に発表している（拙編「西岡英夫著作目録」を参照）。しかし、昭和期になって盛んになる様々な童話組織には「童話採題」と言われるように、必ず会長や別格顧問という名で登場している。たとえば、次のようである。

昭和三年（一九二八）末「台北童話会」が創立し、西岡英夫氏は会長となっている。これは、大正五年二月に、巖谷小波の訪台を機会に「本島在住の児童の為め娯楽の裏に智徳を涵養する目的を以て随時訓育娯楽に関する事業を行ふ為め学事係者及び児童父兄等の有志を会員」として発足した「台湾お伽会」の発展的改称団体である。

昭和六年一〇月には「台北童話劇研究会」顧問となる。該会は「台北童話会」の一員であった新原保宏が東京の学校から台北に帰り、彼を中心にして「台北童話会」及び「赤づきん社」のメンバーが集まり、組織した。西岡英夫が顧問となったほかには、吉川省三（顧問）、新原保宏、岩石まさを、大西由枝、行成弘三、長船正人、塚本外茂、柴田関也、安武薫、中島俊男、新原すみ子、行成清子が会員となった。年末に発会記念として台湾日日新報社講堂で、童話と紙芝居と童謡舞踊の「子供大会」を開催。会誌は『童劇』。

昭和九年（一九三四）五月、「台北児童芸術聯盟」の会長及び顧問となる。会員には吉川省三（顧問）、城戸直之、水田敏夫、川平朝申、中島俊男、佐々木亀夫、伊藤健一、安武薫、鶴丸資光、行成弘三、行成清子、木浦直之等がおり、翌年二月機関誌『童心』を創刊した。

昭和一四年（一九三九）六月一〇日、「台北児童芸術協会」の機関誌『児童街』が創刊された（台北市表町子供世界社内）。その「台北児童芸術協会」の顧問（この年西岡英夫は六〇歳）となる。編輯・発行人は吉川省三。構成会員は西岡英夫の他に山口充一（賛助員）、吉鹿則行（同前）、吉川省三（同前）、村上勇（同前）、中山侑（同前）、小原伊登子（同前）、川平朝申（銀の光子供楽園）、川平朝甫（銀の光）、川平朝宜（銀の光）、日高紅椿（日高児童楽園）、福田九十九（日高）、竹内治（ねむの木子供倶楽部）、行成弘三（ねむの木）、内田貞三（ねむの木）、鶴丸資光（日の丸児童会）、相馬森一（南の星子供サークル）、吉川誠一（南の星）、上田稔（愛国児童会）、横尾イマ（なでしこ児童楽園）、行成清子（行成舞踊研究会）、中島俊男（パパヤノ木オハナシクラブ）。尚、「川平朝申（銀の光子供楽園）」以下の（ ）内は、台北にあった児童劇サークルの名称である。

これらの会が西岡英夫を会長や顧問としたのは、台湾の童話界への最大の功労者であった彼への敬意を示したのであり、それは自他共に認めたところでもあった。昭和四年五月発行の『童話研究』第八巻第三号に掲載された蘆谷蘆村(41)への書信には、次のようにある。

台湾に於ける童話の普及と云ふことも、漸く近来その微光が認められて来ました。思ふにもう十余年前微力童話の普及を唱へてから今日まで、唯自己一人のみが働いて居ましただけです。輿論時勢の力が大きいものですが、一面には巌谷久留島の各大家が、遠い所を来台されて、童話の口演に尽された結果で、大に感謝して居ます。御蔭で昨今は先づ学校方面で童話が漸く取扱はれるし、家庭でも童話を児童に読ませたり、聴かせたりするやうになりました。これは台湾の一進歩で、またかくなる所以は、各家庭が領台当時から幾年の如き、植民地人の気質から真面目に家庭と云ふものを理解したからでせう、また台湾生れの児童が多く、父兄母姉が児童の教育に心をそゝぐやうになつたからです。その証拠には学校ではお伽会があり、また小生の如き連中が主催の童話会にも児童も喜んで集まるし、父兄母姉も喜んで出して呉れるしもう今では各家庭で苟くも児童のある所には必ず幾冊かの童話の本があります。

この文章は、第一章の最初に掲げた「童話を通じて観たる台湾」の中の引用と同様な内容に思われるかも知れない。しかし、大きく異なることは、「学校方面で童話が漸く取扱はれ」たことであり「学校ではお伽会があ」るという件《くだり》である。前述したように、大正一四年、日高紅椿が児童を舞台に上げて童謡を踊らせようとしたところ「子供をステージで歌わせ、踊らせ、芝居をさせることは、かわらこじきの行為だと、老骨校長に反対されたり、新聞紙上でも多くの非難を受けたり、さんざんな目にあっ」た。しかし、その後の西岡英夫の努力や宮尾進や日高紅椿等新たに台湾の児童文化に加担する人々が次第に多くなり、台湾の新聞等にも「内地」の有名童話作家の童話が掲載されるようになり、また西岡英夫や日高紅椿の作品が「内地」の童話研究誌に掲載されるという「輿論時勢の力」もあり、学校も門戸を開き、児童たちを「舞台」に上げるようになり、父兄たちも次第にそれを受け入れたのである。したがって、昭和四年前後は、西岡英夫が「童話を通じて観たる台湾」を書いた大正一一年とは大いに異なり、台湾においても児童文化が全面的に認められた時期だと言ってよいだろう。

以上のように西岡英夫は、大正三年の「お伽事業」の創始以来、大正五年の巖谷小波の来台を転機として台湾の児童文学・文化発展のための主導的役割を果たしてきた。大正末期から昭和期にかけて、西岡英夫の影響や「輿論時勢の力」もあって、台湾において児童文学に従事する人々も増え、未だ嘗てない興隆期を迎えたのである。しかし、その興隆期も束の間で、日本の戦時期突入の余波を受けて、台湾も当然戦時期となり、最も歪めてはならない児童文学・文化界も歪められてしまうのである。次の一文は、昭和一五年（一九四〇）五月一日、西岡英夫が『台湾教育』第四五四号に発表した「最近の国語問題について」中の「皇民化と日本語」部分の一節である。

> 今次の支那事変を契機に、我台湾では島民に即ち台湾人の皇民化と云ふことが高唱強調され、その運動が起り、提唱されている。台湾人が日本国民である以上、今更皇民化と云ふのも異な感を抱かしめるが、然し台湾が帝国の新領土であり、台湾人が新附の民であり、風習に言語に旧態が持続されて居る今日、この運動が起ることは蓋し当然のこと〻も云ひ得やう。（中略）国語即ち日本の言葉は、日本精神を表現するものであり、万邦無比の我国体の一顕現であるからである。だから皇民化と云ふことを高唱強調するのも結構だが、それと共に国語と云ふものを、彼等に解せしめ、使用せしめねばならないし、それと同時に国語の力で、皇民とならしめねばならない。（中略）況んや国語を解さけれ《ママ》ば、真の日本人の心意が判るものではない。国語は彼等が日常の生活に便利なためとか、自己の利得のためと云ふならば、その国語では日本人たり得ないのである。況んやかう云ふ目的で国語を修得しては、皇民化は到底望めない。然らば如何にするかと云ふと、至極簡単に答へ得るのである。即ち皇民化運動には、国語力を利用することが効果が多いことは多言を要しない。国語を解すれば、日本人の云ふことがよく了解し得るから、皇民化と云ふことも合点するし、方法も会得することが出来る。

西岡英夫の「お伽事業」は、最初は在台日本人の子弟子女が対象であった。しかし、大正五年、巌谷小波が来台した折りの「君も一つやり給へ」という指示に従い、従来の「お伽事業」に口演童話を加え、台湾人の子弟子女に対する、公学校への口演童話にも力を入れるようになった。それは口演童話を通して国語（日本語）能力の向上を目指すことが目的であったが、また子どもの心にしか持ち得ない「童心」を大切にしてゆこうと考えも合わせてあった。ところが皇民化期に発表された上文では「即ち皇民化運動には、国語力を利用することが効果が多いことは多言を要しない。国語を解すれば、日本人の云ふことがよく了解し得るから、皇民化と云ふことも合点するし、方法も会得することが出来る」と発言している。勿論、時勢ということも考慮の上での発言とは思うが、もしこの言葉が、台湾人の子どもたちに向けて発せられたのなら、西岡英夫があれほど大切に考えていた「童心」や「童心主義」は崩壊し、また口演童話に喜ぶ台湾人児童の姿に感涙を催すことが口演旅行の最大の喜びという感激も無に帰してしまうであろう。

注

（1）昭和一五年の第一三版にも「西岡英夫」の名が見えるが、記述は若干異なっている。

（2）尚、戦後では、大阪国際児童文学館編『日本児童文学大事典』第二巻（大日本図書株式会社発行、一九九三年一〇月三一日）中に、上田信道執筆「西岡　英夫　にしおか　ひでお」があり、次のように記すが、依拠文献は不明。「一八七九（明一二）年一一月四日～没年不明。実業家、口承文芸研究家。東京生まれ。早稲田大学政経科卒。塘翠と号す。報知新聞などを経て台湾銀行、台湾煉瓦など台湾の実業界で活躍。傍ら台湾に住む漢民族や少数民族の風習・伝承に興味を持ち、民俗学的立場からの研究を行う。著書に『世界童話大系15』（二七）中の「台湾童話集」など。「教育行童話研究」などにも執筆した。また、口演童話家としても活動。台湾における童話運動の開拓者と言われた。」

（3）游珮芸『植民地台湾の児童文学』（明石書店　一九九九年二月）「第Ⅱ部　台湾在住〈内地人〉による児童文学運動」の第二章。尚、該書は日本統治期の児童文学の台湾での発展を、主に在台日本人を中心に解き明かした研究書。この分野では最初のものである。

（4）「白百合（女子大学）児童文化研究センター叢書」として慶應義塾大学出版株式会社から刊行された（一九九八年三月二十日）。尚、一月五日の項にも「西岡 Zeit 並びに Hideo 氏」と両名の名前が出ている。「Zeit」はドイツ語で「時」の意味で「西岡時子」のこと。

（5）西岡逾明（天保八年～大正元年〈一八三七～一九一二〉）については、直江博子氏の「西岡逾明　ある文人司法官の生涯」（『小田原史談』第二一二～二一五、二一七、二一八号　小田原史談会　二〇〇八年一月～一〇月、二〇〇九年三月、七月）が最も詳しい。それにより、西岡逾明について記しておく。逾明は、佐賀藩鍋島氏の御殿医であった西岡春益の長男として産まれた。佐賀藩の弘道館（江藤新平、大隈重信、副島種臣などを輩出）を経て、明治政府の文官（左院小議官・左院中議官・左院二等議官）となり、欧州の議事・立法を学ぶため明治五年（一八七二）一月から同六年九月までフランスに官費留学。帰国後は東京では大審院判事（現在の最高裁判所）を、地方では宮城控訴裁判所長、長崎控訴院長、函館控訴院院長（現在の高等裁判所）等をつとめた。函館控訴院長時代は明治二三年（一八九〇年）八月二一日から同二六年一一月二四日までで、西岡英夫は一一歳から一四歳頃であった。逾明は一男五女、西岡英夫は逾明が四二歳という晩年に産まれた六番目の子供で長男であった。逾明は東京に居宅（『改正官員録』によれば「大審院」時代は、東京の「京橋区山下町十二番地」）があったが、晩年には小田原の十字町八八に別宅を構え、風月や文筆を友として過ごしたと言われているので、英夫も父の影響を受けたのかもしれない。没後は、長男の英夫と並んで小田原市早川の海蔵寺に眠っている。ただ、どのような理由で逾明と一六居士が友人となったのかは、現在のところ不明である。尚、直江博子氏は西岡逾明の六代目の子孫にあたる。

（6）この段落に記述は、直江博子氏の『西岡逾明』以外に、次の資料に拠る。
西岡塘翠「小波先生と私」（日本童話協会『童話研究』第九巻第一〇号、昭和五年一〇月五日）／西岡英夫「名家感想集」（木村定次郎〈小舟〉編輯発行『還暦記念　小波先生』　昭和五年一一月一八日）／塘翠西岡英夫「懐しの名尾上新兵衛君」（家の教育社『いぬはりこ』　昭和一一年一〇月七日）／巖谷大四『波の跫音――巖谷小波伝』（新潮社　昭和四九年一二月一〇日）

（7）本文前出、西川満『黄金の人』に拠る。尚、西川満がこの小説執筆時期には、まだ後宮信太郎は健在であり、不明箇所は聞き書きして正確を期した、という。また余談ではあるが、後宮家の隣に住んでいた菊田一夫は、戦後に「君の名は」でその姓を使用して主人公を「後宮《あとみや》春樹」とした。「末野」は昭和三四年六月八日に六九歳で没した。墓誌には「季野」とあり、小田原市海蔵寺の西岡家の墓に英夫と共に眠っている。尚、「後宮」は、生まれ故郷の京都府桑田郡（現・京都府南丹市）では「うしろく」と読むのが正しい。しかし、正しく読んでくれる人はほとんどおらず、台湾では「あとみや」で通したとのこと（『黄金の人』「煉瓦王八」）。

（8）「函館水力電気」勤務に関して、直江博子氏は「父逾明は函館控訴院長を務めましたので、おそらくは逾明のかつての勤務地であったという縁で、その会社に勤めることとなったのではなかろうか」と推測されている（平成二七年七月一八日付私信）。また、藤澤太郎氏は「逾明の従兄弟の牟田口元学は函館水電の取締役であった。西岡英夫が函館水電に勤務したのもその関係であると思われる。（〜みや子が嫁いだ山本源太も長く函館水電に勤めた）」と述べている（二〇一五年五月二三日日本台湾学会第17回学術大会・第12分科会　中島利郎氏報告「台湾最初の児童文学家・西岡英夫研究序説―大正期より昭和期の活動」コメント）。尚、文中の牟田口元学（一八四四〜一九二〇）も佐賀藩士であり、維新後は、政府の高官となった。後に立憲改進党の創設に参加したが、更に実業界に転じた。西岡逾明の妻は、牟田口喜勢子といい元学の妹であった（『西岡逾明』に拠る）。

（9）直江博子氏は先の私信中で「（逾明は）函館控訴院長になります前まで、大審院第一局局長をつとめておりました。そうしたことから、英夫も台湾で法務部に勤務することができたのではなかろうか」と推測し、藤澤太郎氏も同様の推測している。ただ、何故渡台したのかは、現在のところ判然とはしない。

（10）岡本真希子「東アジア地域における早稲田大学校友会」（『早稲田大学史紀要』四四　早稲田大学大学史資料センター　二〇一三年二月二八日）に収録された一覧表「東アジア地域における早稲田大学校友会の活動（一八九八―一九四二年）」の「明治四四年（一九一一年）八月一四日」の項に「台北校友会。台北在住校友・永田善三郎（『台湾日日新報』記者）が『満洲日日新聞』社入社、西岡英夫が官を辞して台南庁下埔里社製糖会社に赴任のため、送別会。参加人数二〇名、古亭庄〈新茶屋〉鮎料理」とある。ただし、注（11）にあるようには大正二年六月発行の一文の肩書は「法務部勤務」となっている。元の肩書がそのまま使われたのか、すでに埔里社の製糖会社はやめて台北に舞い戻って復職したのか、その間の事情は不明である。ただ埔里に赴いたことは、明治四四年の『法院月報』三月号から「南台湾一瞥通信」が断続連載されることから間違いない。

(11) 大正二年（一九一三）六月一日発行の西岡英夫「生蕃人の舞踊と其の史的研究（文学博士久米邦武氏所説）」（台湾教育会『台湾教育』第一三四号）に「法務部勤務」とある。

(12) 藤井省三『現代中国文化探検―四つの都市の物語』「第四章　台北」（岩波新書　一九九九年一一月、一九三頁）

(13) 巖谷小波の渡台口演については、游珮芸「巖谷小波の台湾行脚」（『植民地台湾の児童文学』第一章）に詳しい。以下、『台湾日日新報』からの引用等も、游氏の書の第一章に拠る。

(14) 西岡英夫「名家感想集」（木村定次郎〈小舟〉編集発行『小波先生』　昭和五年一一月一八日）

(15) 注（3）に引く游珮芸の著書の第Ⅱ部第三章に「吉川精馬と児童雑誌『学友』」があり、『子供世界』について「現時点での文献調査の結果、この雑誌が植民地台湾における最初の子ども向けの雑誌のようである。現物が図書館に所蔵されていないため、内容の詳細は不明である。当初は小公学校の全児童向けだったが、一九一九年一月からは四年生以上の小公学生向けの姉妹誌『学友』が発刊されたため、それ以降は、低学年向けの雑誌として発行されたようである。ところが、同年十二月に『学友』が『婦人と家庭』と改題されたため、『学友』の読者を吸収する形で再出発した。」とある。

(16) 陳萬益『于無声処聴驚雷』（台南市立文化中心　一九九六年五月）

(17) この外に七月からは「少女小説　人ちがひ」を四回に渡って連載している。尚、未完に終わったが、一般小説としてこの年の一二月一日から「椰子の葉蔭（長編小説）」を『学友』の改題誌『婦人と家庭』第一号に発表している。しかし、いずれにしろ日本人の創作は「台湾文学史」の範疇に入らないというのが台湾人文学研究者の考えのようだ。

(18) 日本児童文学会編『児童文学事典』には「その後、構成と判型を変えたその普及版が近代社から『世界童話全集』として刊行されたが、三一年誠文堂（編集者、松元竹二）から『世界童話大系普及版』として構成を変えて出版されている」（宍戸寛）とある。尚、筆者が見たものとして「世界童話大系普及版　日本童話集下巻」（編輯者　松元竹二、発行者　小川良雄、発行所　金正堂、昭和九年一月二十日発行〈昭和十三年五月一日十版発行〉）という版もある。

(19) この外に西岡英夫が台湾勧業共進会を全体的に扱ったものに「台湾勧業共進会印象記（上）（下）」（『台湾時報』第八一・八三号、六月一五日・八月一五日）がある。尚、「台湾勧業共進会」については、山路勝彦『近代日本の殖民地博覧会』（風響社　二〇〇八年一月二五日）を参考にした。

(20)「童話を通じて観たる台湾」は、次の三号に発表された。大正一一年一〇月一日、西岡英夫（『台湾教育』第二四五号）／一一月一日、西岡塘翠（『台湾教育』第二四六号）／一二月一日、西岡塘翠（『台湾教育』第二四七号）

(21) 大正九年（一九二〇）五月一日発行の台湾子供世界社『婦人と家庭』第二巻第五号に西岡塘翠の「家庭雑話　小父《おぢ》さんが申《まを》します（一）」が掲載されているが、その「はしがき」に「〜私は児童と云ふものを研究し、所謂子供のお友達になつて、難しく云ふと、通俗教育の方面に微力を尽したいとは、終始考へて居ますので、誤つて世間の人々から小父さんなぞと云はれるやうになつたのです。▲小父さん！結構な綽名です。嬉しく受けて居ます、これと云ふのも、子供のお友達になつて、お伽噺を創作したり、お伽口演をやつたからで、まア私の道楽……もと《ママ》見られる、半面の事業から来た一つの結晶で、微力を尽した報酬だと思つて、自ら喜んで居ます」とあることから、子供たちには「小父さん」と呼ばれ親しまれたことが判る。

(22) 鄭清文著・岡崎郁子編訳『阿里山の神木』（研文出版　一九九三年五月）に収録された鄭清文「日本語訳の出版によせて」から。

(23) 宇井英や佐山融吉が知友であったことは、西岡英夫自身が「童話を通じて観たる台湾」の中で述べている。宇井英は当時、台湾総督府国語学校助教授。他に『国民読本のアクセント』（新高堂書店　大正八年）や『国語入門』（出版社出版年不明）等の著があり、また台湾の「鉄道唱歌」といわれる「台湾周遊唱歌」（明治四三年二月二〇日発行）全九〇番の作詞者でもある（片倉佳史『台湾鉄路と日本人』交通新聞社　二〇一〇年二月）。佐山融吉は西岡英夫が「童話を通じて観たる台湾」を発表した翌大正一二年（一九二三）一一月二〇日に、台北の杉田重蔵書店から大西吉寿と共著で『生蕃伝説集』を出したことは知られている。ただし、「凡例」に「本書は主として生蕃の説話を蒐め、それに平埔蕃及び南洋諸島の伝説を加へたもので」「生蕃伝説の大部は佐山融吉蕃族調査報告書に是を採り」とあるように、特に児童を意識しての出版では無い。他に大正年間に出版した『蕃族調査報告書』（全八冊、臨時台湾旧慣調査会）が有名である。詳しくは金広植「帝国日本における『日本』説話集の中の朝鮮と台湾の位置付け――田中梅吉と佐山融吉を中心に――」（日本植民地研究会編『日本植民地研究』第二五号、二〇一三年七月）を参照。

(24) 大阪国際児童文学館編『日本児童文学大事典』（全三巻、大日本図書株式会社、一九九三年一〇月）。「世界童話大系」第一五冊が「支那・台湾篇」で、「支那篇」は及川恒忠編。

(25) 尚、原住民族の神話伝説集として最初に出た書籍は大正九年（一九二〇）七月二八日出版の入江曉風『神話　台湾生蕃人物語』（発行人・入江曉風、印刷人・河野道忠、印刷所・台湾日日新報社）である。入江は当時、基隆街哨船頭一九六ノ六五に住んでおり、『基隆風土記』（発行人・入江曉風、昭和八年八月六日）の著者でもある。但し、この本は、子ども向けに翻訳・編集されたものではない。以下、参考までその内容を記しておく。

【内容】「序」宮内柁南、「自序」

一、創世記『神より授かる人の始め』／二、兄妹相桒つた罪の贖ひ／三、山の幸独楽の功蹟／四、大移住弓を折りて東方へ／五、龍神の恋／六、花嫁の刺青／七、喰はず嫌ひの男／八、女護島の話『蕃人の浦島』／九、天に二つの日輪『神の子の遠征』／十、雷と電の由来／十一、霊剣オーロラの話『勇士の末路』／十二、蕃社の雨乞『薄命の娘』／十三、卑南が浦の船歌『不孝者の悔悟』／十四、明星の由来『兄弟の罪の贖ひ』／十五、心鳥使の惨死／十六、石楠花の墓『亡夫を慕ふ狂女の心』／十七、月中に美人フオナの影／十八、魔神に救はれし美人の上天／十九、魔人の征伐／二十、蛇の恋／二十一、英雄の神霊『白鹿の使』／二十二、魔神の降臨『美人の恋』／二十三、七夕の奇蹟／二十四、美人の前身は百合の精『夫婦の別れ家』／二十五、独木船の由来／二十六、烈婦チルナの話『那覇の浦風』／二十七、亡霊に誘はれし妹の行衛／二十八、生霊の話／二十九、五位の蛇／三十、神夢に悟り大蛇退治／三十一、亡妻の添へ乳／三十二、龍神征伐『二人の勇士』／三十三、太陽、月星の由来／三十四、金の梯子が天より降つた話／三十五、漂流の蕃婦サワの話／三十六、悔悟した雷の話／三十七、離れ島に女王の恋／三十八、チカワサイ祖の話／三十九、馘首の宗教／四十、外人の侵略一枚の皮／四十一、穿山甲と山猫の話

(26) 尾崎秀樹「大正期のロマンチシズム　渋沢青花」（光村図書出版、尾崎秀樹『夢をつむぐ　大衆児童文化のパイオニア』、一九八六年一月）

(27)「童心運動云々」は塘翠子「童話行脚所感　台中州下を旅して（上）」（『第一教育』第一一巻第六号、昭和七年六月）、「七年ぶりの台中」については「同（中）」（同第七号、七月）に見える。

(28)「童心主義」に関しては、『日本児童文学大事典』（大日本図書株式会社）及び『児童文学事典』（東京書籍）を参考にした。

(29) 昭和九年（一九三四）五月、西岡英夫（顧問）、吉川省三（顧問）、城戸直之、水田敏夫、川平朝申、中島俊男、佐々木亀夫、伊藤健一、安武薫、鶴丸資光、行成弘三、行成清子、木浦直之等が「台北児童芸術聯盟」を創設し、翌年二月七日、機関誌『童心』を創刊（第三号まで確認）。

(30)「童話行脚所感　台中州下を旅して（上）」に出てくる公学校の校長の言。

(31) 西岡英夫は「塘翠」や「みどり」の号で多くの俳句を残している。『第一教育』に限っても「癸酉新春口占」一六句、「春の初旅　鵞鑾鼻行」五九句、「雑詠」一〇句、「秋窓漫吟七十九句」などがあり、しばしば旅の喜びを詠っている。

(32) 巖谷小波、久留島武彦、岸邊磯雄《ママ》は、当時「口演童話の三羽烏」と言われた。尚、「岸邊磯雄」は「岸邊福雄」の誤り。

(33) 以上の記述は放送文化研究所20世紀放送史編輯室『［部内用］「20世紀放送史」資料98―01　放送資料10台湾放送協会』（放送文化研究所20世紀放送史編輯室、一九九八年三月）を参照した。

(34) 昭和一五年六月二〇日発行の『児童劇』（日本児童劇協会）第四九号「昭和十五年ポスト往来」欄の「昨年度の傑作児童劇は」という問いに対する答え。

(35) 署名は、誤植なのか「西岡英雄」になっている。

(36)『台湾芸術新報』第四巻第九号（昭和一三年九月一日）から第一一号（同年一一月一日）の三号に筆名「たうすゐ」で「お伽芝居の話」が連載されているが、『児童劇』からの転載だと思う。尚、『台湾芸術新報』とは、主に興業界や水商売を扱った雑誌。

(37)「近頃考へさせたこと」の中で西岡英夫は「児童劇と云ひ、童話劇と云ひ要するに対照《ママ》は児劇にあるので、両者の差異も大したことがないやうに思はれる。両者の定義は如何であるかは知らない。児童劇は児童が主として演出《ママ》して、児童に見物させる劇とも云はれ、童話劇は昔のお伽芝居の如く、童話を脚色上演して、児童を主にせぬ劇で、無論児童に見物させる劇で、昔のお伽芝居と同じと云つて可いと、かう云ふ説を聞くが、暫くこれに従ふことにする」と述べている。つまり、「児童劇」は児童が演じ児童が観劇し、「童話劇」は大人が演じ児童が観劇する劇だとしている。

(38) 中山侑「ラヂオ時評　『子供の時間』と童話劇の放送」（昭和一一年五月八日『台湾日日新報』朝刊）

(39) 夏目漱石にも「木曜会」があったが、巌谷小波も毎週木曜日に「木葉会」という友人・文人たちと集まりをもち、その日は記者や一般の訪問者の来訪を断った。西岡英夫も縁戚関係でもあり、この会には参加していた。

(40) 日高紅椿「台湾講演旅行」（『みんなで書いた野口雨情伝』金の星社　一九七三年七月）

(41) 蘆谷蘆村（明治一九年〈一八八六〉～昭和一七年〈一九四二〉）は、本名は重常、童話作家、童話研究家で、大正一一年（一九二二）に「日本童話協会」を設立し、『童話研究』を発行した。西岡英夫の蘆村宛ての手紙は三通からなっており、「台北より」と題されている。

西岡英夫著作目録（稿）

■明治三九年（一九〇六）

一月二四日、西岡英夫『立身と繁昌』（東京市京橋区南紺屋町十二番地　実業之日本社）

一月、西岡英夫『商人と文章』（実業之日本社）

■明治四〇年（一九〇七）

七月一日、西岡英夫「世界の海流」（博文館『少年世界』第一三巻第九号）

九月五日、西岡英夫『商賈と勘定』（実業之日本社）

■明治四一年（一九〇八）

二月一日、西岡英夫「五稜郭」（『少年世界』第一四巻第二号）

■明治四二年（一九〇九）

六月一日、西岡英夫「北海の大公園（大沼、小沼、駒ヶ嶽）」（『少年世界』第一五巻第八号）

■明治四三年（一九一〇）

＊この頃、台湾児童文学の勃興に尽力した西岡英夫が来台した。
一月一日、西岡英夫「基隆の半時間」（法院月報発行所『法院月報』第四巻第一号）
二月一〇日、西岡英夫「公業の研究に就て」（『法院月報』第四巻第二号）
三月一〇日、西岡英夫「艋舺街頭の午前」（『法院月報』第四巻第三号）
四月一〇日、西岡英夫「大稲埕の後半日」（『法院月報』第四巻第四号）
五月一〇日、西岡英夫「桃園街頭の初更」（『法院月報』第四巻第五号）
六月一〇日、西岡英夫「竹風蘭雨の新竹街」（『法院月報』第四巻第六号）
七月一〇日、西岡英夫「廃庁後の苗栗街」（『法院月報』第四巻第七号）
八月一〇日、塘翠生「一瞥の台中街」（『法院月報』第四巻第八号）
八月一〇日、西岡英夫「殖民政策と同化主義」（『法院月報』第四巻第八号）
九月一〇日、西岡英夫「湾式現存の彰化街」（『法院月報』第四巻第九号）
九月一〇日、塘翠生「台北通信」（『法院月報』第四巻第九号）
一〇月一〇日、塘翠生「別天地の鹿港街」（『法院月報』第四巻第一〇号）
一〇月一〇日、西岡英夫「外人は意外に台湾を了解す」（『法院月報』第四巻第一〇号）
一一月一〇日、西岡英夫「台湾の半面」（『法院月報』第四巻第一一号）
一二月一〇日、西岡英夫「台湾土人の海洋観」（『法院月報』第四巻第一二号）

■明治四四年（一九一一）

一月二三日、西岡英夫「台北城東偉観」(台法月報発行所『台法月報』第五巻第一号)
二月二三日、西岡英夫「門聯小観」(『台法月報』第五巻第二号)
三月二三日、西岡英夫「竹藪小観」(『台法月報』第五巻第三号)
三月二三日、塘翠生「南台湾一瞥通信」(『台法月報』第五巻第三号)
四月二〇日、西岡英夫「水牛小観」(『台法月報』第五巻第四号)
四月二〇日、塘翠生「南台湾一瞥通信」(『台法月報』第五巻第四号)
五月二〇日、塘翠生「南台湾一瞥通信」(『台法月報』第五巻第五号)
六月二三日、塘翠生「南台湾一瞥通信」(『台法月報』第五巻第六号)
七月二三日、塘翠生「南台湾一瞥通信」(『台法月報』第五巻第七号)

■大正二年(一九一三)
五月一日、西岡英夫「台湾の端午節(種々様々な魔除け行事)」(『少年世界』第一九巻第七号)
六月一日、法務部勤務　西岡英夫「生蕃人の舞踊と其の史的研究(文学博士久米邦武氏所説)」(台湾教育会『台湾教育』第一三四号)
一二月一日、西岡英夫「奇妙な台湾の土俗」(『少年世界』第一九巻第一五号)

■大正三年(一九一四)
一月一日、西岡英夫(塘翠)「お伽事業の本島普及に対する希望」(台湾教育会『台湾教育』第一四一号)
一月二〇日、塘翠小史「奇なる埔里社の正月」(『台法月報』第八巻第一号)

二月一日、西岡英夫（塘翠）「所謂お伽事業に就いて―お伽―お伽噺―お伽口演―お伽劇」（『台湾教育』第一四二号）
四月一日、西岡英夫（塘翠）「お伽事業に対する用意と覚悟」（『台湾教育』第一四四号）
一〇月一日、西岡英夫「通俗教育より観たる蓄音機と活動写真（音譜と映画との改良選択問題）」（『台湾教育』第一五〇号）
一〇月一五日、塘翠生「戦乱と台湾人」（東洋協会台湾支部『台湾時報』第六一号）
一一月一日、西岡英夫（塘翠）「お伽噺の選択と資料」（『台湾教育』第一五一号）
一一月二〇日、塘翠生「台湾に於ける迷信の利用と反乱」（『台湾時報』第六二号）
一二月一日、西岡英夫「趣味の回顧」（『台湾教育』第一五二号）

■大正四年（一九一五）

一月一日、西岡英夫「お正月の行事」（『台湾教育』第一五三号）
一月二〇日、塘翠生「台湾の兎いろいろ」（『台湾時報』第六四号）
四月一五日、英塘翠「台湾に醸造せらるゝ酒」（『台湾時報』第六七号）
五月一五日、英塘翠「台湾に醸造せらるゝ酒（中）」（『台湾時報』第六八号）
七月二二日、英塘翠「台湾に醸造せらるゝ酒（下）」（『台湾時報』第七〇号）
八月一日、英塘翠「台湾の真夏」（『少年世界』第二一巻第八号）
八月二〇日、塘翠生「台湾の鉱泉」（『台湾時報』第七一号）
一〇月二〇日、西岡英夫訳（米国　ヂエームス・エチ・コリンス著）「米国自動車強盗検挙顛末」（『台法月報』第九巻

第一〇号）
一一月二五日、西岡英夫訳（米国　ヂエームス・エチ・コリンス著）「米国自動車強盗検挙顚末」（『台法月報』第九巻第一一号）
一二月一五日、塘翠生「一瞥した嘉義の共進会」（『台湾時報』第七五号）

■大正五年（一九一六）

＊二月二五日、口演童話の大家・巖谷小波（一八七〇～一九三三）が来台し、口演童話（子供たちを集めて童話を聞かせることで、明治期から大正七年頃までは『お伽噺の講演』と言われていた）の行脚をする（二月二五日～三月一三日、台北（三月五日まで滞在）・基隆・淡水・台中・鹿港・彰化・嘉義・台南・阿緱・打狗〈高雄〉の小学校・公学校・父兄会・愛国婦人会・医学校・各会社家族会等で口演、聴衆は約三万人）。台北以外の地には縁戚である西岡英夫が台北帰着の一一日まで同行したようである。小波は帰国後、この台湾行きを「台湾舌栗毛日記」（五月、博文館『少年世界』第二二巻第五号）、「台湾土産噺」（六月～九月、『少年世界』第二二巻六号～九号）として発表した。
＊二月二七日、巖谷小波の来台を機会に、台北父母会の集会で小波立ち会いの下「本島在住の児童の為め娯楽の裏に智徳を涵養する目的を以て随時訓育娯楽に関する事業を行ふ為め学事係者及び児童父兄等の有志を会員」とし「台湾お伽会」が発足した。幹事は西岡英夫。（『台日』二月二七・八日「お伽会発足式」）尚、「台湾お伽会」は後に「台北童話会」に改名する。
三月一日、西岡英夫「本島人中学校の学寮生活」（『台湾教育』第一六六号）
五月二〇日、西岡英夫訳（米国　セーム《ママ》ス・エッチ《ママ》・コリンス著）「米国自動車強盗逮捕顚末」（『台法月報』第一〇巻

第五号）
六月一日、西岡英夫（台湾お伽会幹事）「通俗教育の立場より」（『台湾教育』第一六八号）
六月一五日、西岡英夫「台湾勧業共進会印象記（上）」（『台湾時報』第八一号）
七月一日、英塘翠「汀花君！何故死んだ」（『台湾教育』第一六九号）
八月一日、西岡英夫「台湾人女学生の寄宿舎生活（艋舺附属女学校の学寮見聞記）」（『台湾教育』第一七〇号）
八月一五日、西岡英夫「台湾勧業共進会印象記（下）」（『台湾時報』第八三号）
九月一五日、英塘翠「台湾に植ゑられた人柱（尊き犠牲、曰く北白川宮、芝山巌の六士先生及呉鳳）」（『台湾時報』第八四号）
一〇月一五日、みどり（塘翠）生「台湾に於けるバナヽ」（『台湾時報』第八五号）
一一月一五日、西岡英夫「皇室と我台湾」（『台湾時報』第八六号）
一二月一日、西岡英夫「大正五年の児童界（通俗教育より観たる回顧）」（『台湾教育』第一七四号）
一二月一五日、西岡塘翠「大正五年の回顧」（『台湾時報』第八七号）

■大正六年（一九一七）

一月一日、西岡英夫「新春第一声（通俗教育に対する希望一二）」（『台湾教育』第一七五号）
一月一五日、塘翠「大正六年と日本人の使命（はがき寄稿）」（『台湾時報』第八八号）
一月一五日、西岡英夫「台湾の珍奇物」（『台湾時報』第八八号）
二月一五日、西岡英夫「台湾の珍奇物（泥火山）」（『台湾時報』第八九号）

三月一三日（三月二二日第五版）、西岡英夫編著『科外読本　台湾れきし噺』（台湾日日新報社）

【内容】（一）幸福多き台湾人と歴史／（二）和蘭の昔を語る赤嵌楼／（三）勇胆なりし濱田弥兵衛／（四）台湾を占領した鄭成功／（五）忠君愛国の孤臣鄭成功／（六）内乱多き台湾の清時代／（七）朱衣を着た俠通事呉鳳／（八）明治七年の牡丹社征伐／（九）割譲された当時の台湾／（一〇）護国の神北白川宮殿下／（一一）尊い芝山巌の六士先生／（一二）台湾の繁栄を示す高塔

三月一五日、西岡英夫「台湾の珍奇物」（『台湾時報』第九〇号）

三月二〇日、塘翠生「雨の蘭陽行」（『台法月報』第一一巻第三号）

四月二五日、塘翠生「蘭陽瞥見録（上）」（『台湾時報』第九一号）

五月二五日、塘翠生「蘭陽瞥見録（下）」（『台湾時報』第九二号）

六月一五日、塘翠生「台湾の珍奇物」（『台湾時報』第九三号）

七月二五日、塘翠生「夏の海と島（涼を趁ふ台湾の海島観）」（『台湾時報』第九四号）

九月一日、西岡英夫「童話の研究に就いて」（『台湾教育』第一八三号）

＊上記の研究は、八月二〇日に「高砂読書会」で発表したものである。

九月一五日、塘翠生「台湾の苦力」（『台湾時報』第九七号）

一〇月二〇日、西岡塘翠「活動写真に就て」（台湾警察協会『台湾警察協会雑誌』第五号）

■大正八年（一九一九）

一月、英塘翠「対話　春の海」（『学友』第一号）

四月、英塘翠「少女小説　尊き記念品　上」（『学友』第四号）
五月、英塘翠「少女小説　尊き記念品　中」（『学友』第五号）
六月、たうすゐ「少女小説　尊き記念品　下」（『学友』第六号）
七月、英塘翠「少女小説　人ちがひ　一」（『学友』第七号）
八月、英塘翠「少女小説　人ちがひ　二」（『学友』第八号）
九月、英塘翠「少女小説　人ちがひ　三」（『学友』第九号）
一一月、英塘翠「少年《ママ》小説　人ちがひ　四」（『学友』第一一号）
一二月一日、西岡塘翠「椰子の葉蔭（長編小説）」（『婦人と家庭』第一巻第一号）

■大正九年（一九二〇）

一月一日、西岡塘翠「椰子の葉蔭（長編小説）」（『婦人と家庭』第二巻第一号）
二月一日、西岡塘翠「椰子の葉蔭（長編小説）」（『婦人と家庭』第二巻第二号）
五月一日、西岡塘翠「家庭雑話　小父さんが申《まをし》ます（一）」（『婦人と家庭』第二巻第五号）
六月一日、西岡塘翠「家庭雑話　小父さんが申《まをし》ます（二）」（『婦人と家庭』第二巻第六号）
八月一日、西岡塘翠「家庭雑話　小父さんが申《まをし》ます（三）」（『婦人と家庭』第二巻第七号）
九月一日、西岡塘翠「家庭雑話　小供の悪戯」（『婦人と家庭』第二巻第八号）
一一月一日、英塘翠「残花一輪」（『婦人と家庭』第二巻第一一号）

■大正一〇年（一九二一）

五月二八日、圃畔学人（西岡英夫）「問題の島『ヤップ』島と司法事務」（『台法月報』第一五巻第六号）

■大正一一年（一九二二）

一〇月一日、西岡英夫「童話を通じて観たる台湾」（『台湾教育』第二四五号）

一一月一日、西岡塘翠「童話を通じて観たる台湾」（『台湾教育』第二四六号）

一二月一日、西岡塘翠「童話を通じて観たる台湾」（『台湾教育』第二四七号）

■大正一四年（一九二五）

＊一月一日の『童話研究』第四巻第一号「会報・新入会員」の項に「台北市南門町一ノ一西岡英夫」とある。

三月一日、塘翠「菱餅焼き」（『台日コドモ新聞』第一号）

四月五日、塘翠「お伽狂言　四月馬鹿（一）」（『台日コドモ新聞』第六号）

四月一九日、塘翠「お伽狂言　四月馬鹿（二）」（『台日コドモ新聞』第八号）

四月二六日、塘翠「お伽狂言　四月馬鹿（三）」（『台日コドモ新聞』第九号）

五月三日、塘翠「お伽狂言　四月馬鹿（下）《ママ》」（『台日コドモ新聞』第一〇号）

五月一〇日、塘翠「お伽狂言　四月馬鹿（下）」（『台日コドモ新聞』第一一号）

＊七月一五日発行の『童話研究』第四巻第四号の「個人消息」欄に「西岡英夫氏　生蕃童話集を『世界童話大系』中に執筆の筈」とある。

一二月七日、西岡英夫「芸術童話作家アンデルゼンの事ども」（『台湾教育』第二八二号）

■大正一五年／昭和元年（一九二六）

六月一日、西岡英夫「童話と訓辞に就いての私考」（『台湾教育』第二八八号）

■昭和二年（一九二七）

三月一五日、塘翠「俳句」（台湾総督府内台湾時報発行所『台湾時報』第八八号）

三月一九日、西岡英夫編「台湾童話集／生蕃童話集」（世界童話大系刊行会『世界童話大系　第一五巻　支那』）

【内容】

「台湾童話集」十二支の由来と鼠／虎を欺いた猫の話／劉大人と煠卵の話／愚息子陳大愚の話／冬瓜息子と蘆仙人／足なし息子と珍魚／甦つた花嫁と盗人／生蕃と南洋のお姫様／似たもの夫婦と運／猿になつた我儘娘／鳶と人参とりの爺さん／不思議な十人兄弟／旅商人と川岸の女／噓つき名人七仔／和尚様と蝦蟇仙人／婆さんに化けた虎／肉片と不動不言女／閻魔様と賊の頭／袁翁の取つた質料／島に居た大男小男／唖に生れた我儘娘／孔子様と子児の問答／휃三と林家の由来／山奥の四人悪僧／李五大人の山東行／蝶に化つた祝英台

「生蕃童話集」入墨の由来と青蛙／黄金の鯉と鶏の妃／日の男征伐と眼祭／鯨の祖父様と姉妹／女の魂と山の白布／巨人退治と酒壷／魔法杖と巌男竹男

四月一五日、塘翠「俳句」（『台湾時報』第八九号）

＊五月五日発行の『童話研究』第六巻第三号の「童話家名簿」に西岡英夫について「号増（「塘」の誤り）翠、台湾に於ける童話運動の開拓者台湾銀行員たる傍ら口演及び創作に努む。『台湾れきし噺』及び『世界童話大系』中の台湾童話集を執筆せり。現住所台北市南門町一の十」とある。

六月一五日、西岡英夫「征台事件と木戸松菊公」(『台湾時報』第九一号)
六月一五日、塘翠「俳句」(『台湾時報』第九一号)
一〇月一五日、塘翠西岡英夫「台湾に於ける民俗研究の提唱(上)」(『台湾時報』第九五号)
一一月一五日、塘翠西岡英夫「台湾に於ける民俗研究の提唱(下)」(『台湾時報』第九六号)
一一月一五日、塘翠「俳句」(『台湾時報』第九六号)
一二月一五日、西岡塘翠「島を彩れる美術の秋(台展素人寸評)」(『台湾時報』第九七号)
一二月一五日、塘翠「俳句」(『台湾時報』第九七号)

■昭和三年(一九二八)

一月一五日、西岡塘翠「龍に因める台湾風俗」(『台湾時報』第九八号)
二月一日、塘翠迂人「紙上寸劇『春なればこそ』」(『台湾警察協会雑誌』第一二八号)
二月一五日、塘翠「俳句」(『台湾時報』第九九号)
三月一日、塘翠迂人「台湾講古私考」(『台湾警察協会雑誌』第一二九号)
三月一五日、西岡塘翠「台俗百話蓬萊物語(一)」(『台湾時報』第一〇〇号)
三月一五日、塘翠「俳句」(『台湾時報』第一〇〇号)
四月一日、塘翠迂人「台湾講古私考」(『台湾警察協会雑誌』第一三〇号)
四月一五日、西岡塘翠「台俗百話蓬萊物語(二)」(『台湾時報』第一〇一号)
四月一五日、塘翠「俳句」(『台湾時報』第一〇一号)

五月一日、塘翠迂人「台湾講古私考」（『台湾警察協会雑誌』第一三一号）
五月一日、西岡英夫「天才童話作家『ハウフ』（上）」（『台湾教育』第三〇九号）
五月一五日、西岡塘翠「台俗百話蓬萊物語（三）」（『台湾時報』第一〇二号）
六月一日、塘翠迂人「台湾講古私考」（『台湾警察協会雑誌』第一三二号）
六月一日、西岡英夫「天才童話作家『ハウフ』（下）」（『台湾教育』第三一〇号）
六月一五日、西岡塘翠「台俗百話蓬萊物語（四）」（『台湾時報』第一〇三号）
六月一五日、塘翠「俳句」（『台湾時報』第一〇三号）
七月一日、塘翠迂人「台湾講古私考」（『台湾警察協会雑誌』第一三三号）
七月一五日、西岡塘翠「台俗百話蓬萊物語（五）」（『台湾時報』第一〇四号）
八月一五日、西岡塘翠「台俗百話蓬萊物語（六）」（『台湾時報』第一〇五号）
八月一五日、塘翠「俳句」（『台湾時報』第一〇五号）
九月一五日、西岡塘翠「台俗百話蓬萊物語（七）」（『台湾時報』第一〇六号）
九月一五日、塘翠「俳句」（『台湾時報』第一〇六号）
一〇月一日、塘翠「俳句　石蘭居句屑」（『台湾教育』第三一四号）
一〇月一五日、西岡塘翠「台俗百話蓬萊物語（八）」（『台湾時報』第一〇七号）
一〇月一五日、塘翠「俳句」（『台湾時報』第一〇七号）
一一月一日、塘翠「俳句　石蘭居句屑（二）」（『台湾教育』第三一五号）
一一月一五日、西岡塘翠「台俗百話蓬萊物語（九）」（『台湾時報』第一〇八号）

一二月一日、塘翠「俳句　石蘭居句屑（三）」（『台湾教育』第三二六号）

■昭和四年（一九二九）

一月一日、塘翠「俳句」（『台湾教育』第三二七号）
一月一五日、西岡塘翠「台俗百話蓬莱物語（一〇）」（『台湾時報』第一一〇号）
二月一日、塘翠「俳句」（『台湾教育』第三二八号）
二月一五日、西岡塘翠「台俗百話蓬莱物語（一一）」（『台湾時報』第一一一号）
三月一日、塘翠「俳句」（『台湾教育』第三三〇号）
四月一日、塘翠「俳句」（『台湾教育』第三三一号）
四月一五日、西岡塘翠「台俗百話蓬莱物語（一二）」（『台湾時報』第一一三号）
四月、西岡英夫「方面委員大会雑記」（『社会事業の友』第五号）
五月一日、塘翠（西岡英夫）「台北より」（『童話研究』第八巻第三号）
五月一日、西岡英夫「話術の研究と教育者」（『台湾教育』第三三二号）
五月一五日、西岡塘翠「台俗百話蓬莱物語（完）」（『台湾時報』第一一四号）
六月一日、塘翠「俳句」（『台湾教育』第三三三号）
七月一日、塘翠「俳句」（『台湾教育』第三三四号）
八月一日、塘翠「俳句」（『台湾教育』第三三五号）
八月一日、西岡英夫「台湾平埔蕃の史的考察」（『台湾警察協会雑誌』第一四六号）

九月一日、西岡英夫「台湾平埔蕃の史的考察」（『台湾警察協会雑誌』第一四七号）
九月一日、西岡英夫「童話『桃太郎』と桃太郎本（一）」（『台湾教育』第三二六号）
九月一日、塘翠「俳句」（『台湾教育』第三二六号）
一〇月一日、西岡英夫「台湾平埔蕃の史的考察」（『台湾警察協会雑誌』第一四八号）
一〇月一日、西岡英夫「童話『桃太郎』と桃太郎本（二）」（『台湾教育』第三二七号）
一〇月一日、塘翠「俳句」（『台湾教育』第三二七号）
一一月一日、西岡英夫「台湾平埔蕃の史的考察」（『台湾警察協会雑誌』第一四九号）
一一月一日、西岡英夫「童話『桃太郎』と桃太郎本（三）」（『台湾教育』第三二八号）
一一月一日、塘翠「俳句」（『台湾教育』第三二八号）

■昭和五年（一九三〇）
一月一日、塘翠「俳句」（『台湾教育』第三三〇号）
一月一日、西岡英夫「台湾平埔蕃の史的考察」（台湾警察協会『台湾警察時報』第一号）
一月一日、西岡英夫「話術に関する一考察」（『第一教育』第九巻第一号）
一月一五日、西岡英夫「台湾平埔蕃の史的考察（六）」（『台湾警察時報』第二号）
二月一日、塘翠「俳句」（『台湾教育』第三三一号）
二月七日、西岡英夫「話術に関する一考察（二）」（『第一教育』第九巻第二号）
二月一五日、西岡英夫「分類械闘と台湾人の民族性」（『台湾警察時報』第四号）

二月、西岡英夫「東京の初午と田舎の初午」（『社会事業の友』第一五号）
三月七日、西岡英夫「話術に関する一考察（三）」（『第一教育』第九巻第三号）
三月、塘翠西岡英夫「小太刀の由来」（台北市旭尋常小学校『旭ノ光　梅檀ノ巻』第九号）〈未見。藤澤太郎氏示教〉
四月一日、西岡英夫「分類械闘と台湾人の民族性（二）」（『台湾警察時報』第七号）
四月五日、西岡英夫「話術に関する一考察（四）」（『第一教育』第九巻第四号）
四月一五日、西岡英夫「分類械闘と台湾人の民族性」（『台湾警察時報』第八号）
五月一四日、西岡英夫「話術に関する一考察（五）」（『第一教育』第九巻第五号）
*五月一八日（午後一時〜午後六時）、栄町の台湾日日新報社講堂において「台湾童話会春季大会」が開催された。

その内容は以下の通りである。

一、「御あいさつ」会員　西岡塘翠
一、「おはなし（六時の鐘）」城戸直之
一、「斉唱（唱歌童謡）」南門小学校男生徒
一、「おはなし（王様と少年）」会員　吉川省三
一、「斉唱（唱歌童謡）」寿小学校女生徒
一、「おはなし（仏蘭西の義勇少年）」会員　山口充一
一、「御わかれの言葉」会員　上島霊基（以上、昼の部）
一、「御あいさつ」会員　吉川省三
一、「おはなし（一寸法師）」会員　行成弘三

一、「斉唱（唱歌童謡）」建成小学校女生徒
一、「おはなし（坊さんと猿）」会員　上島霊基
一、「斉唱（唱歌童謡）」建成小学校男生徒
一、「おはなし（狸の留守番）」会員　西岡塘翠
一、「おわかれの言葉」会員　山口充一　（以上、夜の部）

六月一日、塘翠「俳句」（『台湾教育』第三三五号）

＊昭和五年六月一五日発行の『童話研究』第九巻第六号の「同人名簿1」によれば、台湾では「松山療養所、岩田義一／浦《ママ》里郵便局長　大久保彦左衛門／台北童話会主幹　西岡英夫」が同人となっている。そして「同人」については「此の名簿は本会役員、創立以来の会員、及び特に永久的会員として自薦せられた人々の中より選びたるものであります」との注意書きがある。

六月、たうすゐ「熊と豹の話」（台北市旭尋常小学校『旭ノ光　二葉ノ巻』第九号）〈未見。藤澤太郎氏示教〉

七月一日、塘翠「俳句」（『台湾教育』第三三六号）

七月一〇日、西岡英夫「話術に関する一考察（六）」（『第一教育』第九巻第六号）

八月一日、塘翠「俳句」（『台湾教育』第三三七号）

＊八月五日、游珮芸（yun）『植民地台湾の児童文化』の「第一部・第三章・一般口演童話家の台湾行脚」によれば、一宮第一小学校訓導、名古屋児童教化研究会理事で日本童話協会名古屋支部の代表であった永井楽音が来台。西岡英夫の便宜で台湾各地の小学校や公学校で童話口演を行った。尚、永井楽音の経歴は游珮芸の同書中に『童話研究』等を参考にしてまとめたものがある。

八月九日、西岡英夫「話術に関する一考察（七）」（『第一教育』第九巻第七号）
九月一日、塘翠「俳句」（『台湾教育』第三三八号）
九月一五日、西岡英夫「話術に関する一考察（八）」（『第一教育』第九巻第八号）
一〇月一日、塘翠「俳句」（『台湾教育』第三三九号）
一〇月一五日、西岡塘翠「小波先生と私」（『童話研究』第九巻第一〇号）
一〇月一五日、西岡塘翠「白馬将軍呉鳳―巖谷小波先生にささげる」（『童話研究』第九巻第一〇号）
一〇月一八日、西岡英夫「話術に関する一考察（九）」（『第一教育』第九巻第九号）
一一月一日、塘翠「俳句」（『台湾教育』第三四〇号）
一一月一五日、西岡英夫「話術に関する一考察（一〇）」（『第一教育』第九巻第一〇号）
一一月一八日、台北製壜会社常務　西岡英夫「名家感想集」（木村定次郎編集発行『還暦記念　小波先生』）
一二月一日、塘翠「俳句」（『台湾教育』第三四一号）
一二月一七日、西岡英夫「話術に関する一考察（一一）」（『第一教育』第九巻第一一号）

■昭和六年（一九三一）

一月一日、塘翠「俳句」（『台湾教育』第三四二号）
一月一日、西岡英夫「話術に関する一考察（一一《ママ》）」（『第一教育』第一〇巻第一号）
一月一〇日、西岡塘翠「田貫長左衛門の話（六）」（南国青年協会『南国青年』第八号）
二月一日、塘翠「俳句」（『台湾教育』第三四三号）

二月一〇日、西岡塘翠「田貫長左衛門の話（七）」（『南国青年』第九号）
三月一日、塘翠「俳句」（『台湾教育』第三四四号）
三月六日、西岡英夫「話術に関する一考察（一二）」（『第一教育』第一〇巻第三号）
三月一五日、塘翠（西岡英夫）「伝説童話　熊と豹の話（蕃人から聞いた台湾生蕃童話の一つ）」（『童話研究』第一〇巻第二号）
三月、たうすゐ「お猿と雀」（『旭ノ光　二葉ノ巻』第一〇号）〈未見。藤澤太郎氏示教〉
四月一日、西岡生「人々と語る」（『台湾教育』第三四五号）
四月一日、塘翠「俳句」（『台湾教育』第三四五号）
四月一日、西岡英夫「モダン蕃社『寒渓』に遊ぶ」（『台湾警察時報』第二九号）
四月一五日、西岡英夫「モダン蕃社『寒渓』に遊ぶ」（『台湾警察時報』第三〇号）
四月一七日、西岡英夫「話術に関する一考察（一三）」（『第一教育』第一〇巻第四号）
四月、西岡英夫「熊と豹の話—蕃人から聞いた台湾生蕃童話」（『童話研究』第一〇巻第二号）
＊游珮芸（yun）『植民地台湾の児童文化』の「第一部・第三章・一般口演童話家の台湾行脚」によれば、旧暦の正月頃、童話協会秋田支部代表で秋田基督教童話研究会幹事の上遠野寵児が来台。西岡英夫等の協力を得て二ヶ月間、蕃社も含む台湾各地で童話口演を行った。尚、上遠野寵児の経歴は游珮芸の同書中に『童話研究』等を参考にしてまとめたものがある。
五月一日、西岡塘翠「金之助少年と馬車屋の爺さん」（『台湾教育』第三四六号）
五月一日、西岡生「人々と語る」（『台湾教育』第三四六号）

五月一日、塘翠「俳句」(『台湾教育』第三四六号)
五月一日、西岡塘翠「俳句」(『台湾時報』第一三八号)
五月五日、西岡塘翠「田貫長左衛門の話(八)」(『南国青年』第一一号)
五月一八日、西岡英夫「話術に関する一考察(一四)」(『第一教育』第一〇巻第五号)
六月一日、西岡生「糸人と語る」(『台湾教育』第三四七号)
六月一一日、西岡英夫「話術に関する一考察(一五)」(『第一教育』第一〇巻第六号)
七月一日、西岡生「人々と語る」(『台湾教育』第三四八号)
七月一日、塘翠「俳句」(『台湾教育』第三四八号)
七月九日、西岡英夫「話術に関する一考察(一六)」(『第一教育』第一〇巻第七号)
八月一日、塘翠「俳句」(『台湾教育』第三四九号)
九月一日、西岡生「人々と語る」(『台湾教育』第三五〇号)
九月一日、西岡英夫「話術に関する一考察(一七)」(『第一教育』第一〇巻第八号)
一〇月一日、西岡生「人々と語る」(『台湾教育』第三五一号)
*一〇月一日発行の『童話研究』第一一巻第一〇号の「会員加盟」欄には「台湾　阿良田芳太郎(川平朝申紹介)／同　砥上種樹(西岡英夫紹介)／同　土持達郎(砥上種樹紹介)／同　平井三恭(山口浩紹介)／台湾　藤沢宏澄(砥上種樹紹介)／同　水上霊基(同)」とある。
*この年の一〇月頃、台北童話劇研究会創立、会誌『童劇』。「台北童話会」の一員であった新原保宏が東京の学校から台北に帰り、彼を中心にして「台北童話会」及び「赤づきん社」のメンバーが集まり、組織した。西岡

英夫（顧問）、吉川省三（顧問）、新原保宏、岩石まさを、大西由枝、行成弘三、長船正人、塚本外茂、柴田関也、安武薫、中島俊男、新原すみ子、行成清子。年末に発会記念として台湾日日新報社講堂で、童話と紙芝居と童謡舞踊の「子供大会」を開催。

一〇月一〇日、西岡英夫「話術に関する一考察（一八）」（『第一教育』第一〇巻第九号）

一一月一五日、西岡英夫「話術に関する一考察（一九）」（『第一教育』第一〇巻第一〇号）

一二月一日、西岡生「人々と語る」（『台湾教育』第三五三号）

一二月一日、西岡英夫「話術に関する一考察（二〇）」（『第一教育』第一〇巻第一一号）

不明『台湾蕃人風俗と生活』（雄山閣）

■昭和七年（一九三二）

一月一日、西岡生「人々と語る」（『台湾教育』第三五四号）

一月一日、塘翠「石蘭居句屑（申の一）」（『台湾教育』第三五四号）

一月一日、西岡英夫「話術に関する一考察（二一）」（『第一教育』第一一巻第一号）

二月一日、西岡英夫「話術に関する一考察（二二）」（『第一教育』第一一巻第二号）

二月一日、塘翠「石蘭居句屑（申の二）」（『台湾教育』第三五五号）

三月一日、西岡生「人々と語る」（『台湾教育』第三五六号）

三月一日、塘翠「石蘭居句屑（申の三）」（『台湾教育』第三五六号）

四月一日、塘翠「石蘭居句屑（申の四）」（『台湾教育』第三五七号）

五月一日、西岡生「人々と語る」（『台湾教育』第三五八号）
五月一日、塘翠「石蘭居句屑（申の五）」（『台湾教育』第三五八号）
五月一五日、塘翠子（西岡英夫）「童話の放送と私の思ひ出」（『第一教育』第一一巻第五号）
五月一五日、西岡英夫「話術に関する一考察（二五）」（『第一教育』第一一巻第五号）
六月一日、塘翠「石蘭居句屑（申の六）」（『台湾教育』第三五九号）
六月一五日、西岡英夫「話術に関する一考察（二六）」（『第一教育』第一一巻第六号）
六月一二日、塘翠子（西岡英夫）「童話行脚所感　台中州下を旅して（上）」（『第一教育』第一一巻第六号）
七月一日、塘翠「石蘭居句屑（申の七）」（『台湾教育』第三六〇号）
七月一日、西岡塘翠「コドモノ時間　満州昔話　お腹に入つた鬼の話」（『台湾日日新報』）
七月七日、塘翠子（西岡英夫）「童話行脚所感　台中州下を旅して（中）」（『第一教育』第一一巻第七号）
七月七日、西岡英夫「話術に関する一考察（二七）」（『第一教育』第一一巻第七号）
八月一日、西岡英夫「人々と語る」（『台湾教育』第三六一号）
八月一日、塘翠「石蘭居句屑（申の八）」（『台湾時報』第三六一号）
九月一日、塘翠「石蘭居句屑（申の九）」（『台湾時報』第三六二号）
九月一日、西岡英夫「人々と語る（十四）織田選手及び駒沢大学長」（『台湾教育』第三六二号）
九月一日、西岡英夫「老鰻に関する考察」（『台湾警察時報』第五三号）
九月三日、西岡英夫「話術に関する一考察（二七《ママ》）」（『第一教育』第一一巻第八号）
九月三日、塘翠子（西岡英夫）「童話行脚所感　台中州下を旅して（下）」（『第一教育』第一一巻第八号）

一〇月一日、西岡英夫「人々と語る（十五）」（『台湾教育』第三六三号）
一〇月一日、西岡英夫「老鰻に関する考察」（『台湾警察時報』第五四号）
一〇月七日、西岡英夫「話術に関する一考察（二八）」（『第一教育』第一一巻第九号）
一〇月一五日、西岡英夫「台湾蕃人風俗と生活」（雄山閣『郷土史研究講座』第一一号）
一一月一日、西岡英夫「老鰻に関する考察」（『台湾警察時報』第五五号）
一一月三日、西岡塘翠「お話『お歌の力』（ラジオ）」（『台湾日日新報』）
一一月一五日、西岡英夫「話術に関する一考察（二九）」（『第一教育』第一一巻第一〇号）
一二月一日、西岡英夫「老鰻に関する考察」（『台湾警察時報』第五六号）
一二月一二日、西岡英夫「話術に関する一考察（三〇）」（『第一教育』第一一巻第一一号）

■昭和八年（一九三三）

一月一日、西岡英夫「老鰻に関する考察」（『台湾警察時報』第二〇六号〈通巻〉）
一月二〇日、西岡英夫「話術に関する一考察（三一）」（『第一教育』第一二巻第一号）
一月二〇日、塘翠「癸酉新春口占（俳句）」（『第一教育』第一二巻第一号）
一月、西岡英夫「台湾人の迷信検討」（『社会事業の友』第五〇号）
二月一日、西岡英夫「老鰻に関する考察」（『台湾警察時報』第二〇七号）
二月二六日、塘翠「春の初旅　鵞鑾鼻行（句稿）」（『第一教育』第一二巻第二号）
二月、西岡英夫「台湾人の迷信検討」（『社会事業の友』第五一号）

三月一日、西岡英夫「童話の口演と聴かせ方に就て（上）」（『台湾教育』第三六八号）

＊四月一日発行の『童話研究』第一二巻第三号の附録「加盟会員」欄には「台湾　中島俊男（西岡英夫紹介）／同　平井三恭（同・重複）／同　城戸直之（同）／台湾　汪乃文／川平朝甫（砥上種樹紹介）／同　三浦正義（同）／同　宮脇良憲（同）／同　福田源次（同）／同　馬場源六（同）／同　三島徳次（同）／台湾　細野浩三（砥上種樹紹介）／同　吉岡峰次（同）」とある。

四月一日、西岡英夫「童話の口演と聴かせ方に就て（下）」（『台湾教育』第三六九号）

四月一日、塘翠「俳句」（『台湾教育』第三六九号）

四月一〇日、西岡英夫「話術に関する一考察（三二）」（『第一教育』第一二巻第三号）

四月一七日、西岡塘翠「童話　心の鍵と尺八（ラジオ）」（『台湾日日新報』）

四月一八日、西岡塘翠「尺八を持つた謎の若者　童話　心の鍵と尺八（その二）（ラジオ）」（『台湾日日新報』）

五月一日、西岡英夫「恒春築城に絡はる悲恋物語」（『台湾時報』第一六二号）

六月一日、塘翠「城東文化村より」（『台湾教育』第三七一号）

六月一日、西岡英夫「恒春築城に絡はる悲恋物語」（『台湾時報』第一六三号）

六月五日、石蘭居塘翠「雑詠（俳句）」（『第一教育』第一二巻第五号）

六月、西岡英夫「話術に関する一考察（三三）」（『第一教育』第一二巻第六号）

六月、西岡英夫「探芳集英漫録」（『社会事業の友』第五五号）

七月一日、西岡英夫「恒春築城に絡はる悲恋物語」（『台湾時報』第一六四号）

七月、西岡英夫「探芳集英漫録」（『社会事業の友』第五六号）

八月一日、西岡英夫「恒春築城に絡はる悲恋物語」（『台湾時報』第一六五号）
九月一日、塘翠「暑熱に吟ず」（『台湾教育』第三七四号）
九月二五日、西岡英夫「話術に関する一考察（三四）」（『第一教育』第一二巻第七号）
一〇月一日、西岡英夫「台湾の秋と台湾人の行事」（『台湾時報』第一六七号）
一〇月一八日、西岡英夫「話術に関する一考察（三五）」（『第一教育』第一二巻第八号）
一一月一日、塘翠「秋を迎へて（上）」（『台湾教育』第三七六号）
一一月一日、西岡英夫「浮洲部落『社子』（上）島都の近い特殊部落の郷土的観察」（『台湾時報』第一六八号）
一一月二〇日、西岡英夫「話術に関する一考察（三六）」（『第一教育』第一二巻第九号）
一一月二〇日、西岡英夫「故巖谷小波先生の追憶」（『第一教育』第一二巻第九号）
一一月二〇日、塘翠「秋窓漫吟七十九句（上）」（『第一教育』第一二巻第九号）
一二月一日、塘翠「金風颯々吟」（『台湾教育』第三七七号）
一二月一日、西岡英夫「浮洲部落『社子』（下）島都の近い特殊部落の郷土的観察」（『台湾時報』第一六九号）
一二月一二日、塘翠「秋窓漫吟七十九句（下）」（『第一教育』第一二巻第一〇号）
一二月一二日、西岡英夫「話術に関する一考察（三七）」（『第一教育』第一二巻第一〇号）

■昭和九年（一九三四）
一月一日、西岡英夫「話術に関する一考察（三八）」（『第一教育』第一三巻第一号）
一月一日、塘翠「甲戌新年口吟三十句」（『第一教育』第一三巻第一号）

一月一日、西岡英夫「巌谷小波先生」（『台湾教育』第三七八号）
一月一日、塘翠「歳末年始に吟ず」（『台湾教育』第三七八号）
＊一月二〇日、この日昭和二年に世界童話大系刊行会から出版した「台湾童話集／生蕃童話集」に「朝鮮童話集」二七篇と「アイヌ童話集」七三篇を加え、「世界童話大系普及版・日本童話集下巻」として東京の金正堂から刊行。
二月二八日、西岡英夫「話術に関する一考察（終）」（『第一教育』第一三巻第二号）
二月二八日、西岡英夫「皇儲御降誕を奉祝恭賦し（俳句）」（『第一教育』第一三巻第二号）
三月一日、塘翠「南国の冬に吟ず」（『台湾教育』第三八〇号）
三月一日、西岡英夫「緋桜咲く寒渓五社（モダンな行き易い蕃社）」（『台湾時報』第一七二号）
四月一日、西岡英夫「緋桜咲く寒渓五社（モダンな行き易い蕃社）中」（『台湾時報』第一七三号）
＊四月初旬、游珮芸（yun）『植民地台湾の児童文化』の「第一部・第三章・一般口演童話家の台湾行脚」によれば、島根県益田町出身で元小学校校長、日本童話協会特別会員講師支部長の岡崎久喜が来台。西岡英夫等の取り計らい台湾各地の幼稚園・小学校や公学校で七〇日間に渡って童話口演を行った。尚、岡崎久喜の経歴は游珮芸の同書中に『童話研究』等を参考にしてまとめたものがある。
五月一日、塘翠「風薫るこの頃」（『台湾教育』第三八二号）
五月一日、西岡英夫「緋桜咲く寒渓五社（モダンな行き易い蕃社）下」（『台湾時報』第一七四号）
五月一八日、西岡英夫「軍用犬『ペス』の話（昭和九年一月一日JFAKにて放送）」（『第一教育』第一三巻第四号）
五月、西岡英夫（塘翠）「童話　この母この子」（『社会事業の友』六六）

＊五月、西岡英夫（顧問）、吉川省三（顧問）、城戸直之、水田敏夫、川平朝申、中島俊男、佐々木亀夫、伊藤健一、安武薫、鶴丸資光、行成弘三、行成清子、木浦直之等が「台北児童芸術聯盟」を創設。
六月一日、塘翠「長羸の季に入りて」（『台湾教育』第三八三号）
六月一日、西岡塘翠「俳句」（『台湾時報』第一七五号）
六月一日、西岡英夫「お母さまと童話の扱方」（『台湾婦人界』六月号）
七月一日、西岡英夫「お母さまと童話の扱方（承前）」（『台湾婦人界』七月号）
七月二三日、西岡英夫「佳き端午のお節句（上）」（『第一教育』第一三巻第六号）
八月一日、塘翠「熱風の下に吟ず」（『台湾教育』第三八五号）
九月一日、西岡英夫「逝きし天随久保博士の事ども」（『台湾教育』第三八六号）
九月二八日、西岡英夫「佳き端午のお節句（中）」（『第一教育』第一三巻第七号）
一〇月、西岡英夫「台湾人の住宅問題」（『社会事業の友』第七一号）
一一月一日、西岡英夫「台北州農業伝習所と三角埔（上）」（『台湾時報』第一八〇号）
一一月五日、西岡英夫「正しき者は強し（一一）」（台湾教育会社会教育部『黎明』三〇号）
一二月一日、西岡英夫「台北州農業伝習所と三角埔（下）」（『台湾時報』第一八一号）
一二月一〇日、西岡英夫「佳き端午のお節句（下）」（『第一教育』第一三巻第八号）

■昭和一〇年（一九三五）
一月一日、西岡英夫「台北州農業伝習所と三角埔」（『台湾時報』第一八二号）

一月一日、西岡塘翠「植ゑた白薔薇（上）美しい女性物がたり」（『第一教育』第一四巻第一号）
一月一五日、西岡英夫「正しき者は強し（一二）」（『黎明』第三二号）
一月一五日、西岡英夫「猪と豚になつた兄弟の話」（『薫風』第三二号）
＊二月七日、台北児童芸術聯盟の機関誌『童心』創刊。この号に掲載された「会員名簿」に「西岡英夫　会長・顧問　台北市大正町三條通り」とある。尚、会員には「伊藤康壽（顧問・台北市）、佐々木亀雄（顧問・総督府文教局社会課）、吉川省三（顧問・台北市表町二ノ一〇　台湾子供世界社）、城戸直之（台北市）、川平朝申（台北市）、水田敏夫（台北市）、中島俊男（台北市役所水道課出張事務所）、上田稔（台北市）、和宇慶佳栄（台北市）、伊藤健一（台北市）、安武董（台北市）、平野保童（台北市）、行成弘三（台北市）、行成清子（台北市）、山口充一（基隆市）、木浦直良（士林街）、大西由枝（宜蘭街）、宮部太郎（入営中・新竹市）」がいた。
二月一五日、西岡英夫「正しき者は強し（一三）」（『黎明』第三三号）
二月、西岡塘翠「植ゑた白薔薇（下）美しい女性物がたり」（『第一教育』第一四巻第二号）
二月、西岡英夫「土産話秋宵剪灯漫談録」（『社会事業の友』第七五号）
三月一五日、西岡英夫「正しき者は強し（一四）」（『黎明』第三四号）
四月、西岡英夫「みやげ話　秋宵剪灯漫談録」（『社会事業の友』第七七号）
四月一五日、西岡英夫「正しき者は強し（一五）」（『黎明』第三五号）
五月一日、西岡英夫「口演―資料　守れ約束！！人の務め（一）―美しい日本武士の心意気」（『第一教育』第一四巻第三号）
五月一日、塘翠「内地帰省放吟旅寝の折々一」（『台湾教育』第三九四号）

六月一日、塘翠「内地帰省放吟旅寝の折々二」（『台湾教育』第三九五号）
不明、西岡英夫「口演―資料　守れ約束！！人の務め（三）《ママ》―美しい日本武士の心意気」（『第一教育』第一四巻第四号）
七月一日、塘翠「内地帰省放吟旅寝の折々三」（『台湾教育』第三九六号）
八月一日、塘翠「内地帰省放吟旅寝の折々四」（『台湾教育』第三九七号）
八月、西岡英夫「台湾民衆娯楽と其一考察（一）」（『社会事業の友』第八一号）
九月一日、塘翠「内地帰省放吟旅寝の折々五」（『台湾教育』第三九八号）
九月一五日、西岡英夫「選挙物語　清き父の一票」（『薫風』第四〇号）
一〇月一日、塘翠「内地帰省放吟旅寝の折々六」（『台湾教育』第三九九号）
一〇月一日、西岡塘翠「台湾に於ける小波先生（一）」（『童話研究』第一五巻第五号）
一〇月、西岡英夫「台湾民衆娯楽と其一考察（二）」（『社会事業の友』第八三号）
一一月一日、塘翠「内地帰省放吟旅寝の折々七」（『台湾教育』第四〇〇号）
一一月一日、西岡英夫「流に枕す山紫水明の郷『石碇』」（『台湾時報』第一九二号）
一一月一日、西岡塘翠「台湾に於ける小波先生（二）」（『童話研究』第一五巻第六号）
一一月一〇日、TOSUI生（西岡英夫）「僕のサンドウイッチ物語」（『台湾婦人界』一一月号）
一一月、西岡英夫「台湾の矯風運動と老人再教育（上）」（『社会事業の友』第八四号）
一二月一日、塘翠「内地帰省放吟旅寝の折々八」（『台湾教育』第四〇一号）
一二月一日、西岡英夫「流に枕す山紫水明の郷『石碇』」（『台湾時報』第一九三号）

一二月、西岡英夫「台湾の矯風運動と老人再教育（下）」（『社会事業の友』第八五号）

■昭和一一年（一九三六）

一月一日、西岡英夫「台湾国語教育と標準語及び方言声音教育と或日の問題（一）」（『台湾教育』第四〇二号）
一月一日、塘翠「内地帰省放吟旅寝の折々（終）」（『台湾教育』第四〇二号）
一月一日、西岡塘翠「豹と熊の話（上）」（『専売通信』第一五巻第一号）
二月一日、西岡英夫「台湾国語教育と標準語及び方言声音教育と或日の問題（二）」（『台湾教育』第四〇三号）
二月一日、塘翠「丙子句稿　迎春雑賦」（『台湾教育』第四〇三号）
二月一日、西岡英夫「故逍遙博士と台湾（上）」（『台湾時報』第一九五号）
二月五日、西岡塘翠「豹と熊の話（下）」（『専売通信』第一五巻第二号）
三月一日、西岡英夫「台湾国語教育と標準語及び方言声音教育と或日の問題（三）」（『台湾教育』第四〇四号）
三月一日、塘翠「丙子句帖　浅き春を吟ず」（『台湾教育』第四〇四号）
三月一日、西岡英夫「故逍遙博士と台湾（下）」（『台湾時報』第一九六号）
四月一日、西岡英夫「台湾国語教育と標準語及び方言声音教育と或日の問題（四）」（『台湾教育』第四〇五号）
四月一日、西岡英夫「花まつりと洗仏節」（南瀛仏教会『南瀛仏教』第一四巻第四期）
四月一日、塘翠「丙子句帖　春寒雑興吟」（『台湾教育』第四〇五号）
四月一日、西岡英夫「台北近郊遍歴、中和庄の巻」（『台湾時報』第一九七号）
＊四月一日発行の『童話研究』第一六巻第四号の「新しき同志」欄に「台北 栗屋則道／同　上森大輔（西岡英夫

紹介）／台南　福本勉三郎（大小舜正《ママ》紹介）／」とある。
四月、西岡英夫「F氏の手紙」（『社会事業の友』第八九号）
五月一日、西岡英夫「仏教で云ふ四恩の話―忘れてはならぬ大切なこと」（南瀛仏教会『南瀛仏教』第一四巻第五期）
五月一日、塘翠「丙子句帖　春を待ちつゝ」（『台湾教育』第四〇六号）
五月一日、西岡英夫「台北近郊遍歴、中和庄の巻」（『台湾時報』第一九八号）
五月、西岡英夫「乳幼児愛護週間と端午の節句」（『社会事業の友』第九〇号）
六月一日、西岡英夫「仏の説かれる三宝の恩」（『南瀛仏教』第一四巻第六期）
六月一日、西岡英夫「台湾国語教育と標準語及び方言声音教育と或日の問題」（『台湾教育』第四〇七号）
六月一日、石蘭居塘翠「私の俳句は楽俳主義」（『台湾教育』第四〇七号）
六月一日、塘翠「丙子句帖　春来るに吟ず」（『台湾教育』第四〇七号）
六月一日、西岡英夫「台北近郊遍歴、中和庄の巻」（『台湾時報』第一九九号）
六月、西岡英夫「乳幼児愛護週間と端午の節句」（『社会事業の友』第九一号）
七月一日、西岡英夫「盂蘭盆会と台湾の公普」（『南瀛仏教』第一四巻第七期）
七月一日、塘翠「丙子句帖　青葉の窓に凭りて」（『台湾教育』第四〇八号）
八月一日、西岡英夫「施餓鬼と台湾の普渡」（『南瀛仏教』第一四巻第八期）
八月一日、西岡英夫「所謂三分間芸術の体験」（『台湾教育』第四〇九号）
八月一日、石蘭居生「所謂台湾句と季題季感」（『台湾教育』第四〇九号）
八月一日、塘翠「丙子句帖　流汗と拭ひつゝ」（『台湾教育』第四〇九号）

九月一日、西岡英夫「彼岸と放生会の話」（『南瀛仏教』第一四巻第九期）
九月一日、塘翠「丙子句帖　暑熱に喘ぎつゝ」（『台湾教育』第四一〇号）
一〇月一日、石蘭居主「作句の精進と多作濫作」（『台湾教育』第四一一号）
一〇月一日、塘翠「丙子句集　夏漸く去らんとす」（『台湾教育』第四一一号）
一〇月七日、塘翠西岡英夫「懐しい名尾上新兵衛君「我等の久留島先生〈名家感想集〉」（家の教育社『いぬはりこ』）尚、「名家感想集」のタイトルを「日本童話界の師父久留嶋先生を讃ふ」に替えた別刷りも出ている。
一一月一日、西岡英夫「報恩講と親鸞聖人」（『南瀛仏教』第一四巻第一一期）
一一月一日、たうすい「撞球競技会参加記」（『台湾教育』第四一二号）
一一月一日、塘翠「丙子句集　秋風吹く窓」（『台湾教育』第四一二号）
一一月一日、西岡英夫「台北近郊遍歴、松山庄の巻（上）」（『台湾時報』第二〇四号）
一一月、西岡英夫「民風作興と国旗運動」（『社会事業の友』第九六号）
一二月一日、西岡英夫「成道会と除夜の鐘」（『南瀛仏教』第一四巻第一二期）
一二月一日、西岡英夫「台北近郊遍歴、松山庄の巻（中）」（『台湾時報』第二〇五号）
一二月一日、石蘭居主人「俳書の精読と句の鑑賞」（『台湾教育』第四一三号）
一二月一日、塘翠「丙子句集　短き秋の訪れて」（『台湾教育』第四一三号）
一二月、西岡英夫「民風作興と国旗運動」（『社会事業の友』第九七号）

■昭和一二年（一九三七）

一月一日、西岡英夫「御忌詣と法然上人」（『南瀛仏教』第一五巻第一期）
一月一日、石蘭居士「新年勅題と勅題吟」（『台湾教育』第四一四号）
一月一日、塘翠「丙子句集　晩秋に吟ず」（『台湾教育』第四一四号）
一月一日、西岡英夫「台北近郊遍歴、松山庄の巻（下）」（『台湾時報』第二〇六号）
一月、西岡英夫「年頭にあたりて」（『社会事業の友』第九八号）
二月一日、西岡英夫「涅槃会と遺教経会」（『南瀛仏教』第一五巻第二期）
二月一日、塘翠「稿句　歳末の巷に吟ず」（『台湾教育』第四一五号）
二月一〇日、にしをか・ひでを「牛売り馬売り問答（中）うし年に因んで」（『専売通信』第一六巻第二号）
＊二月二八日、日本児童劇協会第四回定期総会において西岡英夫が新会員に推薦承認された（『児童劇』第一三号）。
三月一日、西岡英夫「春秋彼岸と皇霊祭」（南瀛仏教会『南瀛仏教』第一五巻第三期）
三月一〇日、にしをか・ひでを「牛売り馬売り問答（下）うし年に因んで」（『専売通信』第一六巻第三号）
三月、西岡英夫「国民精神の涵養と国歌君が代」（『社会事業の友』第一〇〇号）
四月一日、西岡英夫「聖霊会と聖徳太子」（『南瀛仏教』第一五巻第四期）
五月一日、西岡英夫「大楠公正成と仏縁」（『南瀛仏教』第一五巻第五期）
五月一日、西岡英夫「（新会員自己紹介）」（日本児童劇協会『児童劇』第一四号）
五月一日、塘翠「丁丑句稿　遅日抄一」（『台湾教育』第四一八号）
五月一日、西岡英夫「可愛い子にお話するには」（『社会事業の友』一〇二）
六月一日、西岡英夫「比叡山と伝教大師」（『南瀛仏教』第一五巻第六期）

六月一日、塘翠「丁丑句稿　遅日抄二」（『台湾教育』第四一九号）
七月一日、西岡英夫「魂まつりと盆行事」（『南瀛仏教』第一五巻第七期）
七月一日、塘翠「丁丑句稿　薫風抄」（『台湾教育』第四二〇号）
七月二三日、にしをかひでを「時計を買ったお爺さん」（『専売通信』第一六巻第七号）
八月一日、西岡英夫「一遍上人忌と時宗」（『南瀛仏教』第一五巻第八期）
九月一日、西岡英夫「不動尊とその信仰」（『南瀛仏教』第一五巻第九期）
九月一日、塘翠「丁丑句稿　嚼氷抄」（『台湾教育』第四二二号）
一〇月一日、西岡英夫「十夜とお会式の話」（『南瀛仏教』第一五巻第一〇期）
一〇月一日、西岡英夫「国語教育と声音に就て（一）」（『台湾教育』第四二三号）
一一月一日、西岡英夫「空也念仏と鉢叩き」（『南瀛仏教』第一五巻第一一期）
一一月一日、西岡英夫「国語教育と声音に就て（承前・完）」（『台湾教育』第四二四号）
一一月一日、塘翠「丁丑句稿　金風抄」（『台湾教育』第四二四号）
一一月一日、台北　西岡英雄《ママ》「近頃考へさせたこと＝児童劇、童話劇に就いて（随筆）」（日本児童劇協会『児童劇』第二〇号）
一二月一日、西岡英夫「禅林の修行雪安居」（『南瀛仏教』第一五巻第一二期）
一二月一五日、台北　西岡英雄《ママ》「近頃考へさせたこと＝児童劇、童話劇に就いて（前承）」（日本児童劇協会『児童劇』第二一号）

■昭和一三年（一九三八）
一月一日、西岡英夫「寒行と寒念仏の話」（『南瀛仏教』第一六巻第一期）
一月一日、西岡英夫「虎を取材の台湾口碑伝説」（『台湾教育』第四二六号）
一月一日、塘翠「戦勝の新春　句帖の中から」（『台湾教育』第四二六号）
二月一日、西岡英夫「僧西行と兼好法師」（『南瀛仏教』第一六巻第二期）
二月一日、西岡英夫「虎を取材の台湾口碑伝説（その二）」（『台湾教育』第四二七号）
三月一日、西岡英夫「修二会と御水取り」（『南瀛仏教』第一六巻第三期）
三月一日、塘翠「訪れし来し島の冬」（『台湾教育』第四二八号）
三月一日、西岡塘翠「俳句」（『台湾時報』第二二〇号）
四月一日、西岡英夫「四国遍路と清明節」（『南瀛仏教』第一六巻第四期）
四月一日、西岡英夫「在り日の子爵と侯爵」（『台湾教育』第四二九号）
五月一日、西岡英夫「薬師如来と不動尊」（『南瀛仏教』第一六巻第五期）
五月一日、塘翠「作句家の作風検討（上）」（『台湾教育』第四三〇号）
五月一日、塘翠「短き春来にけり」（『台湾教育』第四三〇号）
六月一日、西岡英夫「写経会と四句の偈」（『南瀛仏教』第一六巻第六期）
六月一日、西岡英夫「逝く春悲し」（『台湾教育』第四三一号）
＊六月六日、夜七時の「子供の時間」に台北放送局（ＪＦＡＫ）から西岡英夫口演のお伽噺「鬼だまし」を放送した。「ラヂオ」欄（西岡の写真入）には「今日は明治大正時代のお伽噺の大先生として御存じの巌谷小波先生

の誕生日に当るので、それにちなんで同先生と親交のあつた西岡先生が巖谷先生の作『鬼だまし』をお話下さいます。ちなみに巖谷先生は昭和八年九月五日六十六でなくなられました」とある。尚、同時間に台中放送局では「童話『豆太郎』渡辺忠雄」、台南放送局では「お話『小使さんの応召』郭孟揚」が放送された。

七月一日、西岡英夫「観世音と台湾の齋教」（『南瀛仏教』第一六巻第一期）
七月一日、塘翠「作句家の作風検討（下）」（『台湾教育』第四三二号）
八月一日、西岡英夫「地蔵菩薩と六地蔵」（『南瀛仏教』第一六巻第八期）
八月一日、塘翠「真夏のこの頃」（『台湾教育』第四三三号）
八月一日、西岡英夫「お伽芝居の話（随筆）」（日本児童劇協会『児童劇』第二九号）
九月一日、西岡英夫「弥陀仏と四十八願」（『南瀛仏教』第一六巻第九期）
九月一日、塘翠「氷を嚼みて」（『台湾教育』第四三四号）
九月一日、たうすゐ（西岡英夫）「お伽芝居の話（一）」（『台湾芸術新報』第四巻第九号）
九月一〇日、西岡英夫「随筆　お伽芝居の話（その二）」（日本児童劇協会『児童劇』第三〇号）
九月一五日、西岡塘翠「俳句」（『台湾時報』第二二六号）
九月一五日、西岡英夫「随筆　お伽芝居の話（その三）」（日本児童劇協会『児童劇』第三一号）
一〇月一日、西岡英夫「達磨大師と維摩忌」（『南瀛仏教』第一六巻第一〇期）
一〇月一日、たうすゐ（西岡英夫）「お伽芝居の話（二）」（『台湾芸術新報』第四巻第一〇号）
一〇月一日、西岡英夫「ラヂオの放送子供の時間に就て」（『台湾教育』第四三五号）
一〇月一日、塘翠「苦熱に喘ぐ」（『台湾教育』第四三五号）

一一月一日、西岡英夫「一休和尚と其母」(『南瀛仏教』第一六巻第一一期)
一一月一日、塘翠「初秋の訪れ」(『台湾教育』第四三六号)
一一月一日、たうすゐ(西岡英夫)「お伽芝居の話(三)」(『台湾芸術新報』第四巻第一一号)
一二月一日、西岡英夫「臨済の名僧関山国師」(『南瀛仏教』第一六巻第一二期)
一二月一日、塘翠「秋ともなりて」(『台湾教育』第四三七号)
一二月一日、たうすゐ(西岡英夫)「お伽芝居の話(完)」(『台湾芸術新報』第四巻第一二号)
月日不明、西岡英夫「お伽芝居の話」(日本児童劇協会『児童劇』第二九号)

■昭和一四年(一九三九)

一月一日、西岡英夫「仏縁深き七福神の話」(『南瀛仏教』第一七巻第一期)
一月一日、西岡英夫「台湾の伝説口碑と兎」(『台湾教育』第四三八号)
二月一日、西岡英夫「道元禅師と修証義」(『南瀛仏教』第一七巻第二期)
二月一日、西岡英夫「台湾の伝説口碑と兎(二)」(『台湾教育』第四三九号)
二月一三日、西岡塘翠「俳句」(『台湾時報』第二三一号)
三月一日、西岡英夫「蓮如上人と本願寺」(『南瀛仏教』第一七巻第三期)
三月一八日、西岡塘翠「俳句」(『台湾時報』第二三二号)
四月二四日、西岡塘翠「俳句」(『台湾時報』第二三三号)
五月一日、西岡英夫「蓮曼陀羅と中将姫」(『南瀛仏教』第一七巻第五期)

六月一日、西岡英夫「明智風呂と竹伐り」(『南瀛仏教』第一七巻第六期)
＊六月一〇日、『児童街』創刊(台北児童芸術協会〈台北市表町子供世界社内〉機関誌。編輯・発行人は吉川省三)。構成会員は西岡英夫(顧問)、山口充一(賛助員)、吉鹿則行(同前)、吉川省三(同前)、村上勇(同前)、中山侑(同前)、小原伊登子(同前)、川平朝申(銀の光子供楽園)、川平朝甫(銀の光)、川平朝宜(銀の光)、日高紅椿(日高児童楽園)、福田九十九(日高)、竹内治(ねむの木子供楽園)、行成弘三(ねむの木)、内田貞三(ねむの木)、鶴丸資光(日の丸児童会)、相馬森一(南の星子供サークル)、吉川誠一(南の星)、上田稔(愛国児童会)、横尾イマ(なでしこ児童楽園)、行成清子(行成舞踊研究会)、中島俊男(パパヤノ木オハナシクラブ)。創刊号に七条の「協会規約」(後に一三条になる)がある。
六月一〇日、西岡英夫「児童芸術の精進に就て」(『児童街』創刊号)
七月一日、西岡英夫「魂祭と京の大文字」(『南瀛仏教』第一七巻第七期)
八月六日、西岡塘翠(童話家)「敬語と方言(特輯・はがき随筆)」(『台湾日日新報』)
＊八月二〇日、台湾放送協会の招聘により八月一九日に来台の村岡花子の歓迎子供大会を台北放送局主催で行う。
一、童話　村岡花子、西岡英夫、山口充一
二、童謡　すみれ唱歌帳、オラトリオ女声合唱団
三、舞踊　日高児童楽園
四、映画　漫画　その他
九月一日、西岡英夫「白蓮の花散る朝(恩師故鈴木稲作先生を偲ぶ)」(『台湾教育』第四四六号)
九月二八日、西岡英夫「幼年童話の話方に就て」(『児童街』第四号)

一〇月一日、たうすい生「僕と兵隊」(『台湾芸術新報』第五巻第一〇号)
〈ただし、国立中央図書館台湾分館所蔵本では、当該頁一七頁はあるが一六頁は欠けている〉

■昭和一五年(一九四〇)
一月一日、西岡英夫「華甲の宴和かに」(『台湾教育』第四五〇号)
＊二月一八日、台北放送局(JFAK)が放送童話劇『鯨祭』(原作・西岡英夫〈塘翠〉/脚色・中山侑)を「子供の時間」に全国中継した。アミ族の「里壠と云ふ蕃社」に伝わった話を西岡が童話化し、中山が劇化したもので、この年の三月には小冊子も出た。
三月一日、塘翠「俳句」(『台湾教育』第四五二号)
四月三〇日、西岡英夫「第四章　台湾人の観音信仰」(有光社刊、佐々木教純著『観音観の種々相』)
五月一日、西岡英夫「最近の国語問題について」(『台湾教育』第四五四号)
六月、西岡英夫「(おとぎばなし)鯉のおみやげ」(『児童街』第二巻第三号)
＊六月発行の『児童街』第二巻第三号に「台北児童芸術協会加盟団体」が出ている。創設時とかなり異なり、以下の通りである。
〈「ねむの木子供倶楽部」(児玉町三ノ九)
竹内治、行成弘三、内田貞二、宮田国弥、只野茂、佐野政彦
「なでしこ児童楽園」(大正町一ノ三一)
横尾イマ

「コスモス座」（川端町一八九）
長船正人、江里口孟
「銀の光子供楽園」
川平朝申、川平朝甫、川平朝宜、福留栄、新幸雄、比嘉博
「日の丸児童会」（幸町一八〇）
鶴丸詩光、児玉孝雄、永井隆
「日高児童楽園」
日高紅椿、福田九十九
「顧問」
西岡英夫
「賛助員」
山口充一、細野浩三、吉川省三、吉鹿則行、村山勇、宮田弥太郎、中山侑、豊田義次、野村幸一、黄得時
六月二〇日、台北　西岡英夫「一、今後の児童劇は如何に進むべきか／二、児童劇の今昔観／三、昨年度の傑作児童劇は／四、お好きなもの、お嫌ひなものは（昭和十五年ポスト往来）」（『児童劇』第四九号）
一一月一日、西岡塘翠「俳句」（『台湾時報』第二五一号）
一一月一日、西岡英夫「史談大石良雄と葉隠武士（上）」（『台湾教育』第四六〇号）
一二月一日、西岡英夫「史談大石良雄と葉隠武士（下）」（『台湾教育』第四六一号）

■昭和一六年（一九四一）

一月五日、西岡英夫「山田長政の話（玄）」（『薫風』改題『青年之友』第一一五号）
二月一日、西岡英夫「辛巳の巳に因みて蛇と台湾の伝説口碑（上）」（『台湾教育』第四六三号）
二月一日、西岡塘翠「俳句」（『台湾教育』第四六三号）
二月五日、西岡英夫「山田長政の話（黄）」（『青年之友』第一一六号）
三月一日、西岡英夫「辛巳の巳に因みて蛇と台湾の伝説口碑（中）」（『台湾教育』第四六四号）
三月一日、西岡塘翠「俳句」（『台湾教育』第四六四号）
四月一日、西岡英夫「辛巳の巳に因みて蛇と台湾の伝説口碑（下）」（『台湾教育』第四六五号）
四月一日、西岡塘翠「俳句」（『台湾教育』第四六五号）
五月一日、西岡塘翠「俳句」（『台湾教育』第四六六号）
六月五日、西岡英夫「八幡船と御朱印船の話」（『青年之友』第一二〇号）
七月一日、西岡塘翠「俳句」（『台湾教育』第四六八号）
七月五日、西岡英夫「八幡船と御朱印船の話（中）」（『青年之友』第一二一号）
七月二七日、西岡英夫「長唄愛好」（『台湾日日新報』）
八月一日、西岡塘翠「俳句」（『台湾教育』第四六九号）
八月五日、西岡英夫「八幡船と御朱印船の話（下）」（『青年之友』第一二二号）
九月一日、西岡英夫「辛巳の巳に因みて蛇と台湾の伝説口碑（続）」（『台湾教育』第四七〇号）
九月一日、西岡塘翠「俳句」（『台湾教育』第四七〇号）

一〇月一日、西岡塘翠「俳句」（『台湾教育』第四七一号）
一一月一日、西岡塘翠「俳句」（『台湾教育』第四七二号）
一二月一日、西岡塘翠「俳句」（『台湾教育』第四七三号）
不明、西岡英夫「仏教行事盂蘭盆会に就いて」（南瀛仏教会『台湾仏教』）
不明、西岡英夫「花まつりに就いて」（南瀛仏教会『台湾仏教』）

■昭和一七年（一九四二）

一月一日、西岡塘翠「俳句」（『台湾教育』第四七四号）
一月五日、西岡英夫「山田長政の話（玄）」（『青年之友』第一一五号）
二月一日、西岡塘翠「俳句」（『台湾教育』第四七五号）
二月五日、西岡英夫「山田長政の話（黄）」（『青年之友』第一一六号）
三月一日、西岡塘翠「俳句」（『台湾教育』第四七六号）
四月一日、西岡塘翠「俳句」（『台湾教育』第四七七号）
五月一日、西岡塘翠「俳句」（『台湾教育』第四七八号）
六月一日、西岡塘翠「俳句」（『台湾教育』第四七九号）
六月五日、西岡英夫「八幡船と御朱印船の話」（『青年之友』第一二〇号）
七月一日、西岡英夫「南洋に伝はる伝説民話『羽衣』（上）」（『台湾教育』第四八〇号）
七月一日、西岡塘翠「俳句」（『台湾教育』第四八〇号）

七月五日、西岡英夫「八幡船と御朱印船の話（中）」（『青年之友』第一二一号）
八月一日、西岡塘翠「俳句」（『台湾教育』第四八一号）
八月五日、西岡英夫「八幡船と御朱印船の話（下）」（『青年之友』第一二二号）
九月一日、西岡英夫「南洋に伝はる伝説民話『羽衣』（中）」（『台湾教育』第四八二号）
九月一日、西岡塘翠「俳句」（『台湾教育』第四八二号）
一〇月一日、西岡塘翠「俳句」（『台湾教育』第四八三号）
一一月一〇日、西岡英夫「南洋に伝はる伝説民話『羽衣』（下）」（『台湾教育』第四八四号）
一一月一〇日、西岡塘翠「俳句」（『台湾教育』第四八四号）
一二月一日、西岡塘翠「俳句」（『台湾教育』第四八五号）

■昭和一八年（一九四三）

一月一日、西岡英夫「勧奨する新愛国百人首」（『台湾教育』第四八六号）
一月一日、西岡塘翠「俳句」（『台湾教育』第四八六号）
一月一五日、西岡英夫「年頭に当りて台湾僧家に致す」（南瀛仏教会『南瀛仏教会会報』）
四月二五日、西岡英夫「在家から僧家への希望」（南瀛仏教会『南瀛仏教会会報』）
五月一日、西岡塘翠「俳句」（『台湾教育』第四九〇号）
六月一日、西岡塘翠「俳句」（『台湾教育』第四九一号）
九月一日、西岡塘翠「俳句」（『台湾教育』第四九四号）

一一月一日、西岡英夫「南方で拾つた『太陽征伐』の伝説（上）」（『台湾教育』第四九六号）

一一月一日、西岡塘翠「俳句」（『台湾教育』第四九六号）

一二月一日、西岡英夫「南方で拾つた『太陽征伐』の伝説（下）」（『台湾教育』第四九七号）

＊終戦前後は「台北市御成町四丁目二番地之五」（現・中山北路二段一一八巷一四号）の木造の持ち家に住んでいたようである。

第二章　西川満と台湾の児童文学

西川満の童話『おとぎばなし猫寺』の表紙

一　西川満の初めての童話

日本統治期の台湾の文芸界を代表する日本人作家・西川満は、詩や小説、評論、随筆など文芸全般に多くの作品を書いたが、また児童文学に関係する創作や評論も残している（巻末、筆者編「西川満児童文学関係目録」参照）。

たとえば、西川満の児童文学の創作で最も古い作品は、昭和四年（一九二九）に『福井新聞』に発表された「新作童話　いとくりぐるま」（一月九日～一五日、全七回）と「新作童話　二つのお日様」（四月二二日～五月一日、全七回）である。(1) どんな経緯があって、あるいは意図があって、西川満がこのような童話を書いたのかは現在のところは不明であるが、昭和四年の一月から五月といえば、第二早稲田高等学院の一年から二年にまたがる時期で、まだ二二歳であった。前年の昭和三年、西川満は第二早稲田高等学院に入学した後「国柱会館を訪ね、少年の日から憧れていた田中智学先生の講演をはじめて聞き、その熱弁に感動、即座に研究員として入会し」、また「早稲田大学日蓮聖人鑽仰会」に参加した。(2) 田中智学（一八六一～一九三九）は、日蓮主義から日本国体の精神性を感得し、それに基く社会運動を提唱した人物である。智学の三男の里見岸雄（一八九七～一九七四、後に立命館大学教授）は、父の影響下に「国体学」を創始し、また『天皇とプロレタリア』（アルス、昭和四年一一月、西川満が装本を担当している）をはじめとする多くの著作を発表し、戦前戦後を通して日蓮主義の思想家として活躍した。この頃、西川満は彼らの思想に共鳴し、里見の主催する全国組織「国体科学聯盟」の創立に関わって活動し、聯盟が創刊した『社会新聞』や雑誌『国体科学』に連載小説などを発表しているという。さらに第二早稲田高等学院学友会発行の『学友会雑誌』第一八号（昭和四年七月八日）に、西川満にとっては「日本内地での最初の小説『湯女』を発表」(3)し、引き続き同誌一九号（一一月二八日）にも小説「鉄山丸は動いている」を発表している。その上個人的には自画自装自摺自製本の詩集『日暮れの街』、『LE JAPONISME』（以上昭和三年五月）や詩集『一天四海の春』（昭和四年四月）、詩集『AMANTE』（同年五月）、詩集『歪んだカンタラ街の血汐』（同年六月）を製作しており、当然高等学院での授業もあったことから、この時期には児童文学に傾倒したとはとても思われないのである。故に上記二作がなぜこの時期に、どのような意図をもって発表されたのかは、現在のところ不明である。尚、この童話の表題には「新作童話」とあるが、後者は台湾の原住民族（当時は「高砂族」）間に流布していた「太陽征伐」という物語を書き換えたものである（前者の依拠については不明である）。また、この両作は通信社の配信だと思われるので、他の新聞にも載った可能性がある。更に、昭和九年一〇月一五日の台湾日日新報社発行の『台日グラフ』四九に載った「二つのお日様」は未見ではあるが、そのタイトルから『福井新聞』掲載版の再録だと思われる。

二　西川潤のための児童文学書

西川満と台湾の児童文学といえば、先ず以下の三種の単行本を挙げなければならない。

西川満が初めて冊子となった「童話」を出版したのは、昭和一一年である。この年の九月二三日に西川満の長男・西川潤が誕生した。そこで西川満は、長男誕生記念のために「童話」を一冊造ることを思い立った。『猫寺』（媽祖書房、昭和一一年一二月二二日）には「丙子《ひのえね》菊月《きくづき》二十二日《にじふににち》の夜半《よなか》、長男潤《ちやうなんじゆん》出生《しゆつせい》せしかば、歓喜雀躍《よろこびおくあたはず》、直《ただち》に筆硯《ふですずり》をととのへて、『猫寺《ねこでら》』なる物語《ものがたり》をしたため、幼遊《をさなあそび》の友《とも》彌太朗画伯《やたらうぐわはく》に刀《たう》を乞《こ》ひ、一巻《ひとまき》の絵双紙《ゑざうし》となして、ここに二百二十二部《にひやくにじふにぶ》を限《かぎ》り梓《あづさ》に上《のぼ》すこととはなせり。本書《ほんしよ》は即《すなは》ちその第《だい》〇〇冊《さつ》、世《よ》の看官《しきしや》よろしく怠《たい》屈《くつ》なる折《をり》には、燈火《ともしび》の下《もと》、子女《しじよ》のため一読《よみきかせ》の労《らう》を惜《を》しみ給《たま》ふこと勿《なか》れと云爾《しかいふ》」とあり、『わたしの造った限定本（天の巻）』（日孝山房、一九八六年、以下『限定本』と略記）中の「猫寺」の項に、以下のようにある。

> そのころ、毎日のように松浦屋の工場に遊びに行っていたが、たまたま活字置場のケースでみつけたのが、猫が三味線をひいたり、太鼓を叩いているオーナメント用の活字。／よし、これを使おうと心に決めた途端、浮かんで来たのが、猫化けの話。わが家のふるさとである会津には猫魔ヶ岳という魁偉な山があり、さまざまな猫の伝説がある。幼いとき母に聞かされた話を、わたし流にでっち上げて、お武士《さむらい》と猫たちとの、楽しい物語を綴り云々

文中の松浦屋とは、台北市中心部にある新公園（現在の「二二八公園」）を出て、当時台湾銀座といわれた繁華

街・榮町通りを西門町（現・衡陽路）の方へ行くとすぐ南にあった印刷・製本所で中村誠道の経営であった。この頃の西川満は、限定本造本のために頻繁に松浦屋に出入りをしており、とくにここに勤めていた工場長の李有才（住まいは萬華）の製本を好んで用いた。装飾用の猫の活字にヒントを得て造り上げた「童話」は、『おとぎばなし　猫寺』で、宮田彌太朗装画、西川満手彩、媽祖書房、昭和一一年一二月二二日発行、二二二部の限定本である。(4) 我が子の誕生記念として、「おとぎばなし」を凝った限定本で出版するというのは、西川満ならではの我が子に対する愛情の発露なのかも知れない。

次に出版したのは、昭和一三年五月五日刊行の『絵本桃太郎』。これも長男・潤のために制作した児童詩画集である。この本は中表紙等を除いて、本文は全一〇図からなる。絵は宮田彌太朗、製本は松浦屋製本部・李有才、日孝山房発行、三国一本一〇部、黍団子本六五部、計七五部の限定本であった。『限定本』の「絵本『桃太郎』」には、『絵本桃太郎』の作成について以下のように書かれている。尚、この本も平成一〇年の西川満の誕生日二月一二日に限定復刻されている（下記引用中「同治壬申」とは清朝穆宗の同治一一年、つまり一八七二年である）。

潤に与えようと探した市販の桃太郎絵本が、あまりにもお粗末なので、どうしても自分の手で造りたくなり、板木の刻と摺とを、水魚の友・宮田君に頼んだ。／頼むにつけては、れいによって、いろいろ註文をつけた。／まず、せっかく台湾でだすのだから、台湾にちなむ桃太郎を刊出せねばならぬ。それには序画として、同治壬申孟夏の刊になる『台湾府誌』に収録された「東溟暁日」の古版をとりいれたい。／つぎに、子どもの絵本だから、本すじと関係のないあそびを必ず各図にいれる。たとえば、桃の流れてくるところには、魚か鳥を描く。桃から桃太郎が生まれるところにはこおろぎをいれる。

更に昭和一三年八月八日には、日孝山房から『傘《からかさ》仙人』を刊行する。これもまた長男・西川潤満二歳の誕生を記念しての出版である。もちろん朱傘本二二部、黄傘本二〇〇部の限定本。『限定本』には、その製作までの経緯を、次のように記している。

> 当時、わたしは台湾日日新報にいたが、仕事の合間を見ては、しばしば総督府図書館の昼なお暗い二階の書庫に入り、漢籍をいじくりまわしていた。（中略）／ある日『昭安縣志』というのをひもどいていたら巻初の十二名勝図の木版の中に、傘をさして立っている小さな人物が眼に入った。もとより風景が主であって、この人物は点景だが、ひどくそれが気にいり、なんとか物語がでっちあげられないかといじくりまわし、十二景を前後させて、その絵にあった文章を綴った。（中略）絵を右に文を左に全部で十四枚の袋綴。文の方の左隅には、子・丑・寅と十二支のかわいらしい木版を配した。こどもの本には、本すじ以外のゆとり、うるおい、あそびが必要だというのが、わたしの信念だったからである。

以上のように、西川満刊行の三冊の「童話」は、すべて我が子・西川潤のために出版されたのである。

さて、このようにして造本された三冊の「童話」は、果たして在台日本人や台湾人の子供たちのための童話だといえるのだろうか。先ずこの三書は共に限定本で、その上甚だ凝った造りで上梓されていることだ。たとえば、『おとぎばなし　猫寺』が二二部、『絵本桃太郎』が三国一本一〇部、黍団子本六五部の計七五部、『傘仙人』が朱傘本二二部、黄傘本二〇〇部の計二二二部で、それぞれ限定本である。そして、これらの本を限定本にするには、西川満独自のこだわりがそれぞれの本にあったのである。いま、その一例を『傘仙人』作成について『限定本』から見てみよう。

朱傘本は雲母紙を表紙に、本文には二十年保存の土佐仙花を、見返しには京都の紅染紙、扉には厦門産の朱刷詩箋を、なお遊び紙として、母が嫁にくるとき持って来た木版白摺模様の極薄和紙を用いた。綴紐は、大阪からとりよせた太い絹を、わたしが黄に染め、花切れの紺も手染めである。本文の挿図・十二支すべてわたしひとりの手彩。（中略）帙は、祖母のかたみの着物をほどいて用い、題簽には、わたしの手漉の竹紙を貼った。／黄傘本の方は、本文が楮紙、帙は美女を描いた紙筒で、この美女も詩箋から複刻したもので『傘仙人』は、いっさい画家の手を借りず、何もかも自分でやれた。製本だけは、李有才である。

子供向けの「童話」に対してのこのような凝った造本は、西川満の他の大人向けの限定本とほぼ同様なのである。たとえば、昭和一〇年四月八日刊の西川満最初の限定単行本となる詩集『媽祖祭』（媽祖書房）についても、『限定本』に次のようにある。

春福版三十部、春龍版三百部をつくり、朱刷りの木版に墨で番号を入れてある。／表紙とカバーは色を替えて同じ門神の加冠晋禄図を表裏に入れ、土佐の色紙で題簽を貼った。／この表紙と蔵書票の獅頭図は宮田彌太郎君の刻である。悠容せまらざる風格のある版面で、大いに気に入った。／本文は、土佐の耳つき仙花紙を用いたが、長く松浦屋の倉庫に眠っていたもの、ほどよく時代がついていて、申し分なかった。／春福版は麻表紙、口絵に福の字を刻んだ春聯を用い、また手漉竹紙に、財子寿の三神を摺った大太金の実物を貼った。福の字の春聯も、一冊一冊、黄金、銀、赤、朱、緑と紙のいろのちがうものを用いた。／これに対し、春龍版には、朱染の粗紙に石版で、鯉化して龍となる黄金刷りをした春聯の実物を用い、大太極金もその実物そのものを折畳んで添付した。

以上のように、『傘仙人』と『媽祖祭』を比較してみれば、これらの凝った造本は、どちらも大人のため、蔵書家や好事家のための限定本であって、子供が読み、また読み聞かせのための「童話」ではない。もし子供の本ならば、繰り返しの読み聞かせに耐える丈夫な造りで、且つ安価でなければならない。また、「内地」の『金の星』等の子供用絵本童話に比較すれば、博学多才で話上手な西川満が我が児を膝に読むならばまだしも、台湾の内台人の子供たちが楽しむ童話として、その役目を果たすか否かは甚だ疑問である。西川満も『絵本桃太郎』について、「まず、せっかく台湾でだすのだから、台湾にちなむ桃太郎を刊出せねばならぬ。それには序画として、同治壬申孟夏の刊になる『台湾府誌』に収録された「東溟暁日」の古版をとりいれたい。／つぎに、子どもの絵本だから、本すじと関係のないあそびを必ず各図にいれる」と言い、『傘仙人』では、「文の方の左隅には、子・丑・寅と十二支のかわいらしい木版を配した。こどもの本には、本すじ以外にゆとり、うるおい、あそびが必要だというのが、わたしの信念だったからである」と、子供のための配慮はしているが、「同治壬申（一一年／一八七二年）孟夏の刊になる『台湾府誌』に収録された「東溟暁日」の古版をとりいれたい」とは、大人の、好事家の感覚であり、子供への配慮の外にある。因みに、西川満から『傘仙人』を贈られた新村出（一八七六～一九六七）は、その礼状に「本日傘仙人のおとぎばなしお送り被下、此のおぢいさんまづ一読いたし候。七つより一つまでの孫ども六人手近にひかへをり候まま、よみやりたりたのしみをり候。孫よりぢいさんの方うれしく候。御懇切ありがたく存候。(5)」（傍点・筆者）と書いている。

つまり西川満造本の「童話」は、西川満の他の限定本と同様に、子供よりは大人の蔵書家や愛書家等が喜ぶ限定本だったと断定できよう。(6)

以上のように、この三書は西川満の愛児のために書かれ、造本され、出版された。それは、上記の例のように西川満の愛児のような在台日本人子弟あるいはほんの一部の「内地」日本人の子弟のために書かれた「童話」であるとも言えるが、最終的には蔵書家や好事家の書庫等に納められるために造られた「大人の限定本」だったと言えよう。

三　『国語新聞』連載の「西遊記」

それでは、西川満は、台湾の児童の大多数を占める台湾人児童と童話についてどのように考えていたのであろうか。この点については、上笙一郎（一九三三〜二〇一五）が、次のように言っている。

日清戦争以後の台湾島には、（一）原住民だが今は高山地帯で貧窮の生活に喘いでいる南方系の人びと（二）近世に大陸より移住して来て経済力を大きく握った漢族（三）政治・社会的優位者として移住してきた日本人の三者が生きていた。いずれの民族にも当然ながら〈子ども〉はおり、その社会階層的な位置と経済的・生活的な状況に従って、さまざまな〈子どもの姿〉があり深刻な児童的問題もあったはずである。しかし、現実を反映するのが文学であるというのに、西川の作品は、そういう台湾の子どもたちの姿にほとんど関心を寄せていないのだ。（中略）日本植民地期の台湾文学における最大の存在だった西川満が、〈わが子〉への愛情を深く持っていたことは喜こばしいと言わねばなるまい。しかし、同じく〈日本国民〉とされていた原住民および漢族の〈子どもたち〉への関心が薄かったのは残念に思えてならない(7)―

確かに上記の引用文にあるように、西川満の作品は「原住民および漢族の〈子どもたち〉への関心が薄かった」かもしれないし、また西川満の作品にはほとんど子どもの影はないとも言える。しかし、昭和九年（一九三四）の台湾日日新報社（以下、「台日社」と略称）入社以来、戦争が厳しくなる昭和一八年まで、西川満は毎年児童文学に関する作品や評論類を発表しており（本稿末の「西川満児童文学関係目録」参照）、それらの中には「原住民および漢族」を対象とした作品もあった。

本稿第一節で述べた二作品は例外として、西川満が児童文学に興味をもち、それらについて本格的継続的に創作や評論を発表するのは、昭和八年三月、早稲田大学を卒業して帰台し、昭和九年一月に台湾日日新報社に職を得て以後である。

その最初の創作は、台湾総督府文教局社会課内台湾教育会社会教育部から発行されていた『黎明』第三二号（昭和一〇年一月一五日）に掲載された「ちびすけ」である。この作品は無記名であるが、翌月一五日に発行された第三三号掲載の「ちびすけ（二）」に「西川満」とあるので、当然前号も西川満の作であることが判る。また、同年六月三〇日の『黎明』第三七号に「西川澄子」の「赤い花」という物語が掲載されているが、これも西川満の作品である。

昭和七年、早稲田大学仏文学科三年生（二五歳）の夏、台湾に帰った西川満は、九月二三日に台北で田中澄子と結婚している。四年余りの交際を経ての結婚である。結婚後の昭和九年九月、大正町の自宅に媽祖書房を創設し、一〇月一〇日、文芸誌『媽祖』を発行した。編輯兼発行者は「西川澄子」である。『媽祖』を創刊した頃、西川満はまだ台日社に勤めて半年余りであり、本務以外に仕事をもつと台日社の同僚や上司などの眼がうるさかったので、妻の名義を借りて発行したのである。社内での実力が認められた後の昭和一一年九月一五日発行の『媽祖』第一一冊からは「西川満」名義となっている。『黎明』への発表に関しても、社内に配慮して無記名で掲載した。しかし、文教局から記名を求めてきたので本名を名乗ったが、やはり公的な機関ということもあって若干の軋轢があり、「赤い花」は妻の名義にしたようである（西川満直話）。

発表誌の『黎明』とは、『國光』、『薫風』と同様、昭和七年六月一五日に台湾総督府文教局社会課内台湾教育会社会教育部が創刊した「国語普及の三大雑誌」である。『國光』は、「国語講習所用教材／小公学校初学年用読物／定価金三銭」として、『黎明』は、「公学校五六年生用読物／卒業生必読／定価金四銭」として、『薫風』は、「青年団員男女必読／定価金五銭」としての発行であった(8)。いわば教科書に対する副読本のような雑誌であって、基本的には台湾人の公学校生徒や卒業生及び日本語がおぼつかない一般台湾人たちの日本語習得を補助するための雑誌であった。つまり、西川満は「皇民化運動」が盛んになる昭和一二年以前から「国語」（日本語）の普及に力を入れていたことが判る。

上記の「ちびすけ」も「赤い花」も主人公は、台湾人の少年と少女である。前者は、公学校上級年の陳成徳が、「ちびすけ」という子猫を拾って育てるが、それが夜中に泥棒侵入を教えると言う話。「赤い花」は、公学校を卒業した秋蘭が台北でバスの車掌となり、過酷な勤めで病になるが、同僚の黄蛾の機知に助けられる。両作品共に「公学校五六年生用読物／卒業生必読」という方針に沿って書かれており、当然「国語」普及を願っての執筆だった。但し、西川満の『黎明』への執筆はこの二作に終わり、次年度昭和一一年度からは、長男の誕生と共に、前述したように『猫寺』(昭和一一年)、『絵本桃太郎』『傘仙人』(昭和一三年)、『カタコトの歌』(昭和一四年)と我が児のための童話執筆と童詩編輯に没頭したのである。

昭和一五年(一九四〇)になると、九月一一日に台湾日日新報社が、『国語新聞』を発行した。その日の『台湾日日新報』に、次のような広告が載っている。

『国語新聞』の発行　小型、大衆向きのもの
本日を以て『国語新聞』第一号が吾社より発刊された。新聞紙一頁大を二つに折つた四頁の小型新聞で、極めて調子の低い本島大衆向きのものである。九月中は毎水曜日発行、十月よりは月水金週三回発行する(購読料月二十五銭)。／発刊の趣旨は、従来の新聞なるものを読む機会や便宜に恵まれなかつた人々に向つて、極めて平易にして簡便に購読できる様按配され、これに依つて時局に対する一般の認識を深め、新体制の動向を会得し、或は公学校を卒へて社会人となつた青年層に再教育の機会を供し、国民としての常識涵養に幾分でも資せんとするにある。／本新聞の発行に就ては予て台湾総督府よりの推奨もあり、かつ台湾に於ける皇民化運動に最善を尽して協力し、□かにても新聞報国の使命を達成いたしたき微意に基づくものであれば各方面より御声援御協力を切にお願ひいたす次第である。(一字不明)

『国語新聞』の創刊号は未見であるが、上記の記事に見るように昭和一五年九月一一日に発行された(現在確認できるのは欠号はあるが同年一〇月二日、水曜日発行の第四号以降からである)。総ルビ、タブロイド版四面四頁(時に頁の増減あり)、一週三回、月・水・金曜に発行された(創刊号から第三号までは毎水曜日)。

これは「支那事変」以来、台湾人への皇民化が次第に強化されてきたが、「極めて調子の低い本島大衆」（上記広告文）つまり台湾人に対する皇民化を強化する目的で発行された新聞であり、[9] 先ず皇民化への基本である日本語の習得を主目的としており、兼ねて台湾を取り巻く国際情勢や「皇国の戦況」及び「内地」と台湾事情を理解させるための発行であった。[10]

そして、その第四面が「文芸」及び「家庭」欄に当てられた。その第四面に創刊号から西川満の「西遊記」が連載されたのである。西川満は、この作品の発表に際して「劉氏密」の筆名を使用した。「劉氏密」という筆名は、故西川満からの直話で「中国から来た劉姓が西川満の祖先なので〈劉氏〉とし、〈満《みつる》〉をもじって〈密《みつ》〉とした」とのことであった。絵は朋友の宮田彌太朗である。その第四号（昭和一五年一〇月二日）から「四、觔斗雲《きんとうん》の法《はふ》」の描写を見てみよう。

不老長生の法を教はつた悟空は、一しやうけんめいで、それを練習してゐる中に、はやくもまた三年たつた。

するとある日、祖師は、

「お前もどうやら一人前になつたやうだが、土台ができたら、今度は三つの災難をふせぐ法を考へるんだね。」と笑ひながら言つた。

「三つの災難ですつて？　長生の法を覚えてもまだだめなんですか。」

悟空はびつくりして祖師へ尋ねた。

「うん、非常時には、長生の法だけではだめだ。今から五百年の後に、天は雷を降してお前を打ち、更に五百年の後には、火を降らしてお前を焼き、更に五百年の後には、風を吹かせて、お前をこなごなにしてしまふのだ。」

それを聞くと悟空、全身の毛をさかだて、ガタガタふるへだし、いくども頭をさげて、

「師父、どうか、この三つの災難をのがれる方法を教へて下さい、このとほりお願ひします。」と両手を合はせた。

祖師は再び笑つて、

「悟空、よつぽど生命がをしいとみえるな。天罡に三十六般の変化地煞に七十二般の変化があつて、このうちのどれかを覚えれば、まあ大丈夫ぢや。」

「では私に、地煞の変化を教へて下さい。」

「よかろう」

そこで祖師は、悟空の耳のそばで、こつそり地煞変化の法を伝へてやつた。

悟空はそれから二年間、毎日大いに練習して、七十二般の変化をみな覚えてしまつた。

祖師は、悟空の熱心さをよろこんで、一飛びに十万八千里を行くといふ觔斗雲《きんとうん》の法《はふ》をも教へたから、鬼に金棒たちまち雲に乗つて、自在に天上を往来することができた。

（以下略）

原文の漢字は繁体字、旧仮名遣い、総ルビである。また、物語は日本人にも台湾人にもなじみのある「西遊記」であって、国民学校（昭和一六年に小・公学校を廃し、国民学校とした）に就学中の高学年の生徒や卒業程度の

日本語能力があれば、充分に読みこなせる内容であった。西川満も「西遊記」を翻案・掲載したことについて、以下のように述べている。

一昨年の春、「国語新聞」の創刊に際して、小説を依嘱された時、すぐ私の心に浮かんだのは「西遊記」であつた。／国語を習得して、はじめて新聞と云ふものを手にする本島の大衆に与へる、やはらかな読物としては、先づ「西遊記」が適当だと私は思つたのである。すでにその内容の一部が、劇や影戯で大衆によく知られてゐるといふだけでなく、「西遊記」に出てくる近代兵器を髣髴せしむる種々の魔王の武器や妖術が、今後の科学発明に示唆するところ少なからざるものがあり、単なる罪のない空想ばなし以上のものがあると、固く信じたからである。幸ひ編輯者側も希望されたので、筆を起こしたが、少年時代、訳本で愛読したものを原本の木刻本によつて味読し、自分の筆によつて新に書きうつしてゆくことは楽しい仕事でもあつた。／「国語新聞」は子供新聞ではない。大人の新聞である。しかも読みこなす力は国民学校卒業程度である。ここに於て私は、従来の童話的「西遊記」を離れ、大人の読む、（それでゐて子供にもわかるやうな）「西遊記」を綴つた。幸ひ連載やがて二年になるが、一回でも休載すると叱りの手紙が飛び来る始末、また一本にまとめて欲しいとの来状は、文字通り作者の机上に山積する有様である。(11)

この「西遊記」は、西川満の言葉にも「一回でも休載すると叱りの手紙が飛び来る始末、また一本にまとめて欲しいとの来状は、文字通り作者の机上に山積する有様」とあるように、かなり反響を呼んだようである。後に、台湾芸術社から上中下三巻の予定で出版したが、第一巻を出版した時点で反響が大きく、出版社からの申し入れで全五巻に拡大したほどであった（注（11）参照）。また、西川満は『国語新聞』は子供新聞ではない。大人の新聞である。（中略）従来の童話的「西遊記」を離れ、大人の読む、（それでゐて子供にもわかるやうな）「西遊記」を綴つた。」と述べているが、実際には子供たちも読んでいた。

『国語新聞』がどのくらい発行されていたのかは不明であるが、台湾の対岸厦門にまで運ばれ、厦門市政府経営の一三の小学校や台湾人子弟を教育する厦門旭瀛書院で日本語の教材として使用されていたことや、西川満の長男で五歳の幼稚園児だった潤が、病気で大学病院に入院した時に、父親執筆の「西遊記」を貪るように読んでいたことから察するならば(12)、西川満は「従来の童話的『西遊記』を離れ、大人の読む（それでゐて子供にもわかるやうな）「西遊記」を綴つた」とは言っているが、以上の例からも児童にも読める「西遊記」＝童話を綴ったことに変わりはないと言える。そして、「皇民化運動」が盛んな時期において、小さな読者が増えれば増えるほど、『国語新聞』発行の主旨にかなない、大いに「国語」普及に貢献することになり、西川満の目指すところもそこにあったのである。

四　西川満と黄氏鳳姿

昭和一四年（一九三九）二月一二日、西川満は『台湾風土記』（日孝山房・全四冊）を発刊した。発刊の理由は、その「巻之壹」の巻末に附せられた「山房童語」に、次のように述べている。

「媽祖」全十六冊を完了してより茲に一年、その間南海の楽土台湾に住むよろこびを、何等かのかたちで後世にのこしたしと念願、微力をもかへりみず、「台湾風土記」経営の志を抱き、これを在台朝野の諸名士に図りたるところ、真に近来稀有の文化事業報国の至誠賀するに足ると激賞、挙つて各々その専門とするところを執筆、以て精神的援助をなさんと約され、茲に先づその第一巻を上梓するを得たり。また快と云ふべし。（以下略）

この『台湾風土記』巻之壹に黄氏鳳姿の「おだんご」が載った。「台湾では旧暦の十一月一日を冬至節といつてお祭りをします。そしてその日は昼より夜が長いといはれてゐます。前の晩はどこの家でも賑やかにおだんご（冬節丸）をこしらへます。私の家もこしらえました。（以下略）」ではじまり、母と娘たちがおだんごを作る過程を産まれ故郷である艋舺（万華）の伝統的な習俗を交えて、素直に生き生きと描いており読者に好感をもたらす。黄氏鳳姿は、この文章執筆当時は龍山公学校の四年生で、担任教師であった池田敏雄（後に金関丈夫と共に雑誌『民族台湾』を創刊、運営する）の指導の下に綴方「おだんご」を書いたのであり、池田はその文章の素直さとうまさ、内容の純朴さに感嘆した。そこで、その綴方を池田の当時の親友・西川満の元へ持ち込んだ[13]。西川満は、まさに編集中だった『台湾風土記』巻之壹の頁を割いてそれを掲載したのである。これが非常に好評だった。たとえば、楊雲萍は以下のように言う。

『台湾風土記』創刊号所載、黄氏鳳姿氏の『おだんご』といふ一文を読んで感心致した。固より公学校四年生らしく、例へば、旧暦の十一月一日が冬至節である、とする誤りなどがあるが、むしろ愛嬌といふもの、一家団欒と冬節丸を作つて居る有様が、無邪気に素朴に写されて居て、楽しかつた。次の一節がある。

『おだんごが出来たら、明日の朝神様や御先祖にお供へします。それがすむと戸や窓や机、椅子など「一年間ごくらうさんでした」と一つづつくつつけてお祈りするのが、昔から伝はつてゐる習慣です。』

僕は此の一節を読んで、嬉しさに堪へなかつた。『其為人孝弟、而好犯上者鮮矣。』云々の古い言葉があるが、まことに、戸や窓や机椅子などにすら、おだんごをくつけて、一年間ごくらうさん、と祈りする習慣を持つ人々にして、悪事をなす者は鮮し矣。人類よ、如斯る習慣をもつ人々をもつと愛し、信頼し、尊敬せよ。此の事をかういう風に記録し得たは、黄氏の手柄である。ここに拍手を送る。(14)

あの辛口批評の楊雲萍でさえ、このように、その「描写」を絶賛したのである。

次いで「おだんご」発表の一〇日後の『台湾日日新報』（昭和一四年二月二二日）に、原登美夫の「台湾の綴方少女　黄氏鳳姿さんを訪ねて」という記事と、黄氏鳳姿の「台湾のおもち」（絵も同じ公学校四年生・陳氏鳳蘭）という綴方が掲載された。今度は先の『台湾風土記』のように少部数且つ限定された読者だけではなく、当時台湾最大の発行部数を誇った新聞なので、全島の新聞購読者が彼女を知ることになる。そして前者の原登美夫の記事の中に「私は鳳姿さんの最近の綴方一篇を貫つて、台湾の豊田正子とも云ふべきこの文才を生んだ龍山公学校を辞去した」とあり、この一文がこれより黄氏鳳姿を「台湾の豊田正子」（昭和一二年に中央公論社から出した『綴方教室』がベストセラーとなって注目を浴びた）に擬えることが通例化する嚆矢となったのである。(15)池田敏雄は黄氏鳳姿の日本語能力に驚き、また自らも民俗学に興味を持っていたので、引き続き「台湾の習慣を綴方にしてごらん、さうして、それを本にまとめよう」(16)と言い、黄氏鳳姿も次々に書いて池田に提出したという。その結果、翌一五年二月二二日に出版されたのが『七娘媽生』で、綴方一一篇と民話五編を収録し、西川満の日孝山房から限定本（新娘本七五部、桃花本五〇〇部）として刊行された。ただし、限定本のために読者に制限があったので、その年の一一月に東都書籍台北支店から普及新版が刊行された。

その後引き続き『七爺八爺』（東都書籍株式会社台北支店、昭和一五年一一月二五日）[17]、『台湾の少女』（東都書籍株式会社、昭和一八年八月一〇日、四三〇〇部）が刊行された。特に後者は、「内地」の東都書籍で出版され、佐藤春夫が「叙」文を書いており、「黄氏鳳姿」の名は「内地」でも知る人が多くなった。

さて、西川満がまだ幼い黄氏鳳姿の一文を、台湾の古い土俗民芸や歴史等を記した『台湾風土記』に掲載したのはなぜなのか。『台湾風土記』は、昭和一四年二月一二日から同一五年四月八日までの春夏秋冬にわたって計画的に刊行された四冊、各冊二〇〇部限定で（後の昭和一五年五月五日に四冊合本を七五部刊行）、『限定本』の「台湾風土記」の項を参照して頂ければ判るように、表装、刷、紙の選定等凝りに凝ったつくりである。そして、執筆者は「巻之壹」だけでも西川満及び池田敏雄を筆頭に山中樵、金関丈夫、楊雲萍、市村榮、島田謹二という台湾の一級の専門家や文筆家揃いであった。その中に公学校四年生の一二歳の台湾人少女が加わったのである[18]。それも万華出身で、万華の習俗を書いたのである。と言うのは、西川満自身はそれほど万華には興味がなかったからである。

同じ台北の旧い街でも、艋舺《マンカ》にはあまり興味がもてない。それは純然たるシナ風の街だからである。大稲埕には異国人が住んでいたので、東洋と西洋の混淆が見られ、それがたまらなくわたしには魅力だったのだ[19]。

それでもこの専門家でも文筆家でもない台湾人少女の一文を掲載したのは、もちろん友人の池田敏雄の勧めもあったろうが、公学校四年生にして、このような生きた日本語を書くことができるようになった少女がいるのだと、西川満自身が実感したことが最大の要因であろう。先述したように、『黎明』に「ちびすけ」や「赤い花」を載せ、『国語新聞』に「西遊記」を連載したのも、台湾における「国語」普及の一助のためであった。故に一二歳の台湾人少女の日本人と寸分違わず、それを乗り越えるような一文を見た時に、おそらく西川満は狂喜したであろう。そのためには限定本である『台湾風土記』の誌面も割き、また自分の経営する日孝山房から黄氏鳳姿のために単行本をも出す気になったのであろう。それは長年に渡って培われた日本語教育の成果であり、その成果の象徴が黄氏鳳姿であったのだ。

台湾では、昭和一二年の「支那事変」以来、「皇民化運動」が推進され、一家全員が日本語を話す「国語家庭」が奨励されていた。しかし、西川満にとっては、皇民化期であろうがなかろうが、とくに少年少女期において「国語」能力を向上させることが重要であったのである。つまり、西川満と日本統治期の児童文学を考える場合には、以上に述べたように「国語」普及問題と切り離すことが出来ない、と言うのが本章の結論である。

最後に、西川満自身が当時「内地」の雑誌に書いた黄氏鳳姿とその著作についての感想を引用しておこう。

> 最後に、東京でも女流の素人文学が話題になっているが、今台北の人気をさらつてゐるものは、龍山公学校の六年生黄氏鳳姿である。春の『七娘媽生』につづいて、今度は『七爺八爺』が刊出される。国語習得以来まだいくばくも経たぬ、この一本島少女が、古老の口から口へ伝はつてゐた台湾の民話や風習を、かくも立派な日本文に書きこなし得ると云ふこの一事は、ひいては台湾に於ける国語教育の勝利を示すものであるとして、各方面から多大の讃辞と激励を寄せられている。(20)

注

(1)『福井新聞』に載ったこの二作の児童文学作品についてご教示くださったのは、台湾・新竹の元精華大学教授の陳萬益氏であり、もう一〇数年前のことであるが、改めてここに御礼申し上げる。
（2）西川満『わが越えし幾山河』（人間の星社、一九九〇年六月六日）の「思想と文学と（年譜②）」による。
（3）「湯女」は、前年の冬、訪れた福島県会津若松の芦ノ牧温泉を舞台にした短篇小説であると『わが越えし幾山河』にあるが、後者の「鉄山丸は動いてゐる」については、該書に言及はないし、作品名すらあがっていない。
（4）平成一一年二月一二日、人間の星社刊行の九二部限定複刻版も出たが、内容は若干変わっている。
（5）「『傘仙人』宣伝用パンフレット」（戊寅〈昭和一三年〉孟冬、拙蔵）中に収められた新村出の『傘仙人』に対する礼状。この他に『傘仙人』は、日夏耿之介、壽岳文章、金關丈夫、堀口大學、恩地孝四郎、川西英、山内義雄に贈呈され、その礼状中にそれぞれの感想が述べられている。また、『猫寺』についても〈前年の秋に刊した『猫寺』は、その後、非常な反響で、日大教授で愛書家のと禿《かむろ》徹氏は、「西川満氏の『猫寺』と川上澄生氏の『少々昔噺』とは近来の快著だ。前者は私に亡き母を思ひ出させ、後者は私の小学校時代を思ひ出させた。私は『猫寺』を子供に読んで聞かせたら、子供は喜んで再三私に絵双紙を読んでくれとせがみ、お武士さんは偉いんだと感心した。宮田弥太朗氏の版画と相俟つて実に見事な大人の絵本で、日頃大人の絵本を熱望し、数度絵のある書物の必要を絶叫した私には、自分の夢が実現せられた様に嬉しかつた。云々」と評された。〉とあり、大人にとって垂涎の書であったことが判る。（『わが越えし幾山河』の「年譜⑥美本への執念」昭和一二年の項）
（6）この他にも西川潤が満二歳の頃にカタコトで詩を作りはじめたのをきっかけに、その詩を西川満が採録して『カタコトの歌』（日孝山房、昭和一四年九月二二日）二二二部限定版として刊行している。また、西川満が主宰する『文芸台湾』にも、以下の随筆類が載っている。いずれも西川潤に関する短文である。
（一）「子供のこと」（『文芸台湾』第三巻第二号、昭和一六年一一月二〇日「保佑平安」）
（二）「再び子供のこと」（同上第三巻第三号、同年一二月二〇日「保佑平安」）
（三）「潤の『狐物語』のこと」（同上第三巻第四号、昭和一七年一月二〇日「保佑平安」）
（四）「再び『狐物語』のこと」（同上第三巻第五号、同年二月二〇日「保佑平安」）
（五）「潤の蔵票と蔵印」（同上第三巻第六号、同年三月二〇日「保佑平安」）

（六）「動物園を楽しんだこと」（同上第四巻第二号、同年五月二〇日「紙人豆馬」）

尚、上記六点を含む『文芸台湾』中の「保佑平安」「紙人豆馬」等一八点が昭和五六年二月一二日に『紙人豆馬』のタイトルで覆印出版されている。

更に、一九七〇年一二月二三日に、孫の西川潮一歳の記念のために、「最初の童謡集」となる『ほしのかみさま』（人間の星社、『人間の星』第四八号、絵みねりか）を刊行している。尚、戦後最初に発表された西川満の童謡は昭和二二年八月一日『こども朝日』（朝日新聞社）に載った「朝日キラキラ」だと思う（藤田圭雄『日本童謡史Ⅱ』あかね書房、昭和五九年七月五日、三一九頁）。

（7）上笙一郎「西川満の子ども絵本（日本植民地児童文学史稿・六六／台湾篇の二四）」（『日本古書通信』第一〇二〇号、二〇一四（平成二六）年七月号）

（8）昭和九年一一月一五日発行の『黎風』第三〇号の巻末広告に拠る。

（9）総督府や在台日本人が台湾人に皇民化を強制した背景には、次のような二つの記事が具体例として参考になるのではなかろうか。勿論、これは日本人側から見た例である。

「再三再四書く事であるが、大稲埕映画界の本島語解説は当局に於いて内地語解説に改めることが出来ないものか、数年前第三世界は内地語解説であつたものを現在本島語に返してゐるとは時代の逆行である。こんな事では国語普及など絶対覚束なしである又館主も一考を要すべきではなかろうか」（台湾芸術新報社『台湾芸術新報』創刊号、昭和一〇年八月一日所収の「映画界楽屋風呂」）

「皇民化運動から歌仔戯の禁止説が抬頭し、全島挙つて新劇運動が熾んになつたことは、実際喜ばしい事であると、記者はその健全なる発達を希つてゐたのであるが、近来、これ等新劇団を標榜して、実際は歌仔戯類似の劇を上演する劇団の跋扈せんとすることは、大に憂慮しなければならない事である。」（『台湾芸術新報』第五巻第八号、昭和一四年八月一日所収の奈良速志「堕落せんとする台湾新劇団　当局の厳重なる取締を要望す」）

台湾人の「日本語理解者率」は昭和一二年で三七・五パーセント、同一五年で五一パーセントとだという（藤井省三『現代中国文化探検』岩波新書）。

(10) 尚、『国語新聞』は、昭和一七年二月一一日(第二一四号)の紀元節から『皇民《みたみ》新聞』と改称した。日米開戦を受けて、台湾に於ける皇民化政策を一層強く推進する必要があったからである。また、発行が台湾日日新報社から皇民新聞社に替っている(昭和一七年四月か五月頃)が、発行地番は台湾日日新報社と同様であった。更に昭和一九年五月一日から『台湾新報・青年版』と改称し、台湾人青少年に対する一層の皇民化を企図した。詳しくは、『「台湾新報・青年版」作品集(日本統治期台湾文学集成二三)』(緑蔭書房、二〇〇七年二月)の中島の「解説」、または拙著『日本統治期台湾文学研究　日本人作家の系譜』(研文出版、二〇一三年三月)の「付録一」を参照。

(11) 「『西遊記』のこと(「保佑平安」)」(『文芸台湾』第三巻第四号、昭和一七年二月二〇日)西川満のこの「西遊記」は、かなり書き換えて昭和一七年二月に黄宗葵主宰の台湾芸術社から上巻を刊行したが、売れ行きが良かったようである。『わが越えし幾山河』の昭和一七年五月の項に「『西遊記』元巻を台湾芸術社から刊。はじめ版元の黄宗葵は、上、中、下三巻との申し出だったが、『売れて売れて、いくら版をかさねても』とのえびす顔で訪れ、なんとか四巻にしてくれ、とたのむ。上巻としてすでにだした以上、いまさら一、二、三、四とするわけにもいかず、『よろしい、上、元、燈、会としよう』と答える。賑やかな上元燈の祭りは『西遊記』の中にも出てくるし、わたしはこの祭りが大好きだから—。／ところが、その後、ますます売れて、黄君は笑いが止まらず、またもわたしに、『先生、ぜひ五巻にしてください』お人よしのわたしは、頭をしぼって、上、元、燈、大、会とすることにした。」とある。その言葉通り、「燈巻」はその年の八月、「大巻」は同年九月、そして「会巻」も同年一一月に出版されて完結している。また、『西遊記』は戦後すぐに八雲書店から『西遊記　百花の巻』(昭和二二年五月三〇日)として刊行され「内地」に引揚げた西川満の生活を支えたようである(「百花の巻」は、昭和二七年一月に新小説社刊行の「新小説文庫」に加えられたが、これは戦後関係の深かった長谷川伸の口利きである)。

(12) 厦門の教材の件は、『台湾日日新報』昭和一五年一二月二九日の記事による。『国語新聞』の発行部数がどのくらいあったのか、厦門市の日本語教育がどのくらい進んでいたか、また日本語を学ぶ生徒がどれ程いたのか等は判らないが、一定の期間子供一人に『国語新聞』一部が手渡されたのであろう。その中には西川満執筆の「西遊記」の叙述に興味をもった生徒もいたのではないかと思われる。西川潤については『文芸台湾』第四巻第四号(昭和一七年七月二〇日）の「紙人馬豆」中に「潤の入院したこと」として記述があり、また前掲の『わが越えし幾山河』にも同様の記述がある。

(13)『わが越えし幾山河』の年譜⑪昭和一六年七月に、歌舞伎の「白浪五人男」の口上を模したの口上が掲載されている。これは当時西川満が経営していた日孝山房に集まった親友たちを西川満が（自分を含めて）形容した戯文であって、立石鉄臣、池田敏雄、大賀湘雲、宮田弥太郎、西川満を「書仙五人男」としている。いま、立石鉄臣と池田敏雄を見てみよう。「私版日孝山房の面々如何にと問はるれば、お江戸帰りの名人気質、烟草の煙を吐くごとに、板木一枚彫りあげる、左ぎつちよで名が高い、油絵画家の立石鉄臣。身は山陰の海風を、浴びて屋号も出西屋『台湾風土記』が縁となり、艋舺楼に入りびたる、民俗趣味の池田敏雄（後略）」。文中の「出西屋」とは、「西川満のところから世の出た」という意味で、池田自身が称したという。また、万華民俗の研究を池田に示唆したのは西川満（西川満直話）だという。

(14)昭和一四年三月一八日『台湾日日新報』掲載の雲萍生（楊雲萍）「『おだんご』を読む」から。黄氏鳳姿の「おだんご」の初出は、『台湾風土記』巻之壹である。その後「おだんご」は、西川満編『台湾文学集』（大阪屋号書店、昭和一七年八月一五日）等に再録されるが、楊雲萍に指摘された誤りを正すなど、初出に比べてかなりの書き直しが行われている。その後も『台湾日日新報』に以下のような綴り方等が載っている。昭和一四年二月二一日：「台湾のおもち」、同前年三月八日：「はがき随筆　無某無猿（コドモページ）」、同前年五月六日：「扒龍船とちまき　五月の節句のお話」、同前年一一月一六日：「黄三桂と流れ星」、昭和一五年四月二四日：「日本少女に生まれた感激」、同前年七月二六日：「猫と虎と犬」。

(15)劉淑如は「黄氏鳳姿の誕生――池田敏雄との関わり」（北海道大学国文学会『国語国文研究』一三五、二〇〇九年三月）の中で黄氏鳳姿が「台湾の豊田正子」と言われた嚆矢を昭和一五年一二月一七日の『台湾日日新報』の記事から、次のように記している。「菊池寛は一九四〇年一二月、日本文芸家協会主催、台湾総督府後援の『文芸銃後講演会』が台湾で開催され、吉川英治、久米正雄、中野實、火野葦平の四人とともに渡台した。一五日の夜、菊池寛は中野實とともに台北の鉄道ホテルで開催された在台作家の交歓座談会に出席し、満洲、朝鮮、台湾等の『外地文学』について、在台作家と話を交わした。席上、菊池寛は黄氏鳳姿の新著『七爺八爺』『七娘媽生』を取り上げて、『台湾の豊田正子だな』と評価し、『これは面白いね、台湾の生活がうまく書けてるな、是非内地に紹介したい』と関心を寄せた」と述べている。

(16)「台湾の習慣云々」という池田の言葉及び刊行に至るまでの詳細は、黄氏鳳姿「〝七娘媽生〟を書いた頃」(『台湾芸術』第一巻第五号、昭和一五年七月九日)を参照。尚、一九九六年一月に黒川創編の『〈外地〉の日本語文学選(1)南方・南洋/台湾』が出たが、その挟み込み『月報1』にも池田鳳姿「『七娘媽生』を書いた頃」があるが、この文学選のために書かれたもので、当然内容は異なっている。

(17)『七爺八爺』の「序」文は、西川満が書いている。その中で『七爺八爺』出版について、次のように述べている。「『今度は生活のことを書いてごらん』/『生活』/まるい眼を開いて、びつくりしたやうに私を見上げる鳳姿に、/『あなたが何故鳳姿といふ名をつけられてたか、また妹は何故秀煌ちゃんと云ふのか、それを書くのも生活だし、あなたの住んでゐるこの家のことを書くのも生活、それから近所のこと、龍山寺のこと、ね、書くことが一杯あるでせう』/さう云ふと、鳳姿は安心したやうに、/『ええ』/と、うなづいた。」

(18)昭和一四年五月一二日刊行の『台湾風土記』巻之貳には、もう一人の公学校四年生・陳氏鳳蘭の「五月の節句/かまど神」(挿絵も陳氏鳳蘭)が掲載されている。この陳氏鳳蘭は、『台湾日日新報』(昭和一四年二月二二日)に掲載された黄氏鳳姿「台湾のおもち」の挿絵も担当し、当時は公学校で黄氏鳳姿と同学年であった。学者たちの中に二人の公学校四年の女子生徒が混じっていたのである。陳氏鳳蘭が忘れられ、黄氏鳳姿が後に活躍するのは、描写のうまさがはるかに勝っていたことで、池田も西川満も黄氏鳳姿のほうに力を入れたからではないだろうか。尚、『台湾風土記』(全四冊)について、筆者は四冊本を所蔵しているが、国会図書館(東京)以外の所蔵を聞いたことがない。そのため、陳氏鳳蘭が「巻之貳」に書いていることはあまり知られていなかった。また、近年に発表された黄氏鳳姿関係の論文では、初出の『台湾風土記』掲載版「おだんご」を見ずに論じる研究者が多く、初出と他の版本とは書き換えがあることに気づいていない。

(19)『わが越えし幾山河』「『媽祖祭』の反響/年譜④」の「昭和八年」の項。

(20) 西川満「現地報告　台北近信」(『セルパン』昭和一五年九月一日)

尚、当時の台湾では、日本語、閩南語、客家語、原住民族各言語等が話されていたが、それらは原則として文字はなく、近代的筆記用語としては「国語」としての日本語しかなかったのである。故に日本人文筆家としての西川満が、台湾において「国語」としての日本語を普及しなければと考えたのは当然ともいえよう。また、近年の著作で、川村湊『海を渡った日本語』(青土社、一九九四年一二月二〇日)の「第二章　どろみちの酔いどれ」に「(『七娘媽生(ちつにうまあしい)』は、)一九四〇年(昭和十五年)二月二十二日の発行で、発行者は西川満、印刷は陳禮樂の経営する陳禮樂印刷所で、発行は日孝山房である。(中略)十二歳の(刊行年時の年齢)の台湾の少女の作文集。それは台湾における日本語教育の一つの顕著な成功例であり、西川満、池田敏雄などの日本人文学者が、南の島で育てた可憐な一輪の花なのである。」とある。この一文について研究者の劉淑如が「たとえば川村湊氏は、鳳姿の作文集を、『台湾における日本語教育の一つの顕著な成功例であり、西川満、池田敏雄などの日本人文学者が、南の島で育てた可憐な一輪の花なのである』とし、鳳姿の作家の道への道程における西川満の役割について触れてはいるが、西川満が『国語』普及運動と具体的にどのように関与しているかについての説明は、氏はしていない」と批判している(劉淑如「『台湾の文学少女』黄氏鳳姿の生成をめぐって――西川満の出版戦略を軸として」『日本近代文学会北海道支部会報』一〇、二〇〇七年五月)。

最後に、『新児童文化』第三冊(新光社　昭和一六年七月二五日)に載った西川満の「各地の児童文化運動・台湾」を掲載しておこう。西川満の当時の台湾児童文化全般への考えが判って興味深い。

「従来、台湾の児童文化は、成人文化に奴隷的に従属することによつて、辛うじて存在したかのやうに見受けられるが、現在に於ても殆どそれと大差はない。／児童のための文化施設として、僅かに児童図書館、動物園、植物園、博物館、遊園地、プール等があり、また行事として、乳幼児選奨会とか、児童図書推薦、花祭などがあるが、いづれも都市偏重的であつて、地方に於ては殆ど何も見るべきものはない。むしろ台湾の児童は、さうした文化的なものよりは、華麗島の名にふさはしい豊かな風物と、南の太陽との恩恵によつてすくすく伸びてきたと云つてよからう。／台湾の社会、就中自然は、内地と異つてゐる。たとへば総督府編纂の国民学校第四年用理科教科書を開いても第十課へび（あをはぶ、あまがさへび等）第十五課くだもの（ぽんかん、バナナ、れんぶ等）第十七課にはとりとあひる、第十八課水牛と馬、と云ふ風に、内地のものとは可成りの隔りを示してゐるし、本島人児童のための国語読本に到つては、一層内容を異にしてゐる。／かうみてくると、内地と異つた気候風土の上に立つ台湾には、当然、台湾らしい児童文化が生まれて来なければならない筈である。内地人と本島人と、この二つの異る民族の融和の上からも、また本島人大衆の皇民錬成の立場からもこれは全く急務を要することである。本島人児童の家庭と学校との懸隔の甚しきを見るにつけても、あたたかい児童のための文学、美術、音楽、劇、映画、紙芝居の必要を痛感せざるを得ない。／然るに現在、さうした指導方向を示すただ一つの児童文化雑誌すら、この台湾にないと云ふことは何たる寂寥さであらう。僅かに台北児童芸術協会と云つたものが存在するが、それも甚だ消極的で、その機関誌は廃刊してしまふし、所属会員がラヂオ放送をする程度である。これに属する人々の業績としては、放送用脚本を集めて刊行した「童話劇選集」を挙げれば足りる。／むしろ台湾刊出の書物としては、本島人の少女黄氏鳳姿の「七娘媽生」「七爺八爺」を特記しなければならないであらう。これは鳳姿が龍山公学校（現龍山国民学校）に在学した四、五年生の折に、祖父から聞いた話や、自分の眼に映じた生活環境を綴った作品集で、その内容と云ひ文章と云ひ、尊敬に値するものであつた。一面これはわが台湾に於ける国語教育の成果を示すものであり、総督府情報部が推薦したのも至当である。尚筆者の長男に当る西川潤の著「カタコトの歌」も、満三歳の幼児詩集として、注目された。／また総督府情報部の編纂になる「青少年劇脚本集」は、島内各地の青年団学校児童用脚本として島内作家の手より執筆されたものだが、この内児童劇に名の見える石田道雄氏は、現在「文芸台湾」に所属し、童詩に童謡に、多年不断の作品活動を続けて来た人で、児童文化に対するその真摯な態度と云ひまたその愛情と云ひ、注目に値するものがある。かうした人を中心とした児童文化綜合誌が計画され、台湾に於ける児童文化の指導方針が探求されることを私は熱望してやまない。台湾の児童文化運動は正にこれからだ。さうした希望的言葉を以て、私はこの報告を結びたいと思ふ。」

西川満児童文学関係目録

・☆は自著では無く編輯発行出版物。

■昭和四年（一九二九）

一月九・一〇・一一・一二・一三・一四・一五日、

「新作童話　いとくりぐるま」（『福井新聞』他）〈宮田弥太郎画、通信社配信〉

四月二二・二三・二四・二五・二六・二七日、五月一日、

「新作童話　二つのお日様」（『福井新聞』他）〈大石哲路画、通信社配信〉

■昭和九年（一九三四）

六月三日、「児童詩」（『台湾日日新報』）

一〇月一五日、「二つのお日様」〈童話〉（『台日グラフ』四九）未見

■昭和一〇年（一九三五）

一月一五日、「ちびすけ①」〈童話〉（『黎明』三二号）〈無記名〉

二月一五日、「ちびすけ②」（『黎明』三三号）
六月三〇日、「赤い花」〈小説〉（『黎明』）〈筆名：西川澄子〉

■昭和一一年（一九三六）
一〇月三日、「百田宗治氏の児童詩読本、詩で生活を組織するために」〈書評〉（『台湾日日新報』）
一二月二二日、『猫寺』
　著者・西川満
　装画・宮田弥太朗
　手彩・西川満
　製本・松浦屋製本部、李有才
　発行所・台北　媽祖書房
　童話。縦二〇横一五。二〇頁。限定本、二二二部。長男西川潤の誕生を記念して出版。
＊この本は平成一一年二月一二日に『おとぎばなし　猫寺』（人間の星社）として七五部限定帙入新版が上梓されている。

■昭和一二年（一九三七）
一二月一日、「子供の詩、子供の心」（『台湾教育』四二五号）

■昭和一三年（一九三八）

一月二九日、「古今東西書物放浪（六四）善太と三平のはなし」〈書評〉（『台湾日日新報』）
五月五日、『絵本桃太郎』
　絵・宮田弥太郎
　文・西川満
　製本・松浦屋製本部、李有才
　発行所・台北　日孝山房
　児童詩画集。縦三〇横二〇。二八頁。限定本、三国一本一〇部、黍団子本六五部。
五月三〇日、「子供の時間・童話・ファンション」（『台湾日日新報』）
＊これはＪＦＡＫ（台北放送局）から放送された「ファンション」というフランスの少女の一日の生活を綴った童話。アナトール・フランスの「我々の子供たち」という物語の中の一つで、西川満自身が放送を通して語った。
八月八日、『傘《からかさ》仙人』
　著者・西川満
　発行所・台北　日孝山房
　童話。縦二三横一三。二八頁。限定本、朱傘本二二部、黄傘本二〇〇部。奇数頁に山水画、偶数頁に物語。材を『昭安県志』に取る。西川潤の二歳の記念に出版。尚、以上の二種以外に、台南で見つけた百年以上前の手摺版画を表紙に使用し自分で竹紙を漉いた一部本もある。
八月二二日、「絵本桃太郎」（『桐の手紙』一）

八月二三日、「じゅんの頁」（『桐の手紙』一）〈無記名〉
一〇月二二日、「潤の大旅行」（『桐の手紙』二）〈無記名〉

■昭和一四年（一九三九）
九月二三日、☆『カタコトの歌』
　著者・西川潤
　解説、装本・西川満
　装画・宮田弥太郎
　蔵票・川上澄生
　蔵印・大賀湘雲
　手彩・池田敏雄
　発行所・台北　日孝山房
　印刷所・松浦屋印刷部
　詩集。縦一三横一〇。五四頁。和綴限定本、帙入天狗版二二部、袋入章魚版五〇〇部。西川潤写真一葉。大賀湘雲画、川上澄生・宮田弥太郎木版。西川潤三歳記念出版。

■昭和一五年（一九四〇）
二月二三日、☆『七娘媽生』
　著者・黄氏鳳姿

発行所・台北　日孝山房

民話。縦二三横一五。七〇頁。限定本、新娘本七五部、桃花本五〇〇部。西川満「序」、池田敏雄「跋」、立石鉄臣「装画」。著者は台北市龍山小学校児童。池田敏雄の教え子で、のち夫人となる。綴り方一一篇と民話五篇を収録。一一月には東都書籍株式会社より再版。

三月一日、「七娘媽と海老の皮　華麗島民話集（一）」（『文芸台湾』一二）〈池田敏雄と共著、以下同じ〉
五月一日、「天公と山羊と豚　華麗島民話集（二）」（『文芸台湾』一三）
七月一〇日、「家鴨救った公冶長　華麗島民話集（三）」（『文芸台湾』一四）
九月二五日、「西遊記（一）」〈翻案小説〉（台湾日日新報社『国語新聞』一）

＊『国語新聞』は昭和一五年九月二五日創刊、昭和一七年二月一一日発行の第二一四号から『皇民新聞』と改名。
一週三回月・水・金に発行された。

一〇月二日、「西遊記四」（台湾日日新報社『国語新聞』四）〈筆名：劉氏密／画・宮田弥太朗〉
一〇月四日、「西遊記五」（台湾日日新報社『国語新聞』五）〈筆名：劉氏密／画・宮田弥太朗〉
一〇月二五日、「西遊記一四」（台湾日日新報社『国語新聞』一四）〈筆名：劉氏密／画・宮田弥太朗〉
一〇月二八日、「西遊記一五」（台湾日日新報社『国語新聞』一五）〈筆名：劉氏密／画・宮田弥太朗〉
一〇月三〇日、「西遊記一六」（台湾日日新報社『国語新聞』一六）〈筆名：劉氏密／画・宮田弥太朗〉
一一月一八日、「西遊記二四」（台湾日日新報社『国語新聞』二四）〈筆名：劉氏密／画・宮田弥太朗〉
一一月二五日、「『七爺八爺』序」（黄氏鳳姿著、台北　東都書籍株式会社『七爺八爺』）
一二月一八日、「西遊記三七」（台湾日日新報社『国語新聞』三七）〈筆名：劉氏密／画・宮田弥太朗〉

一二月二五日、「西遊記四〇」（台湾日日新報社『国語新聞』四〇）〈筆名：劉氏密／画・宮田弥太朗〉
一二月二七日、「西遊記四一」（台湾日日新報社『国語新聞』四一）〈筆名：劉氏密／画・宮田弥太朗〉

■昭和一六年（一九四一）

一月一日、「西遊記四二」（台湾日日新報社『国語新聞』四二）〈筆名：劉氏密／画・宮田弥太朗〉
一月一〇日、「絵ものがたり　南柯記一」〈翻案小説〉（『国語新聞』）〈挿絵：宮田弥太朗〉
一月二〇日、「西遊記四九」（台湾日日新報社『国語新聞』四九）〈筆名：劉氏密／画・宮田弥太朗〉
一月二〇日、「絵ものがたり　南柯記五」〈翻案小説〉（『国語新聞』四九）〈挿絵：宮田弥太朗〉
二月五日、「西遊記五六」（台湾日日新報社『国語新聞』五六）〈筆名：劉氏密／画・宮田弥太朗〉
二月五日、「絵ものがたり　南柯記一二」〈翻案小説〉（『国語新聞』五六）〈挿絵：宮田弥太朗〉
二月七日、「西遊記五七」（台湾日日新報社『国語新聞』五七）〈筆名：劉氏密／画・宮田弥太朗〉
二月七日、「絵ものがたり　南柯記一三」〈翻案小説〉（『国語新聞』五七）〈挿絵：宮田弥太朗〉
二月一〇日、「西遊記五八」（台湾日日新報社『国語新聞』五八）〈筆名：劉氏密／画・宮田弥太朗〉
二月一〇日、「絵ものがたり　南柯記一四」〈翻案小説〉（『国語新聞』五八）〈挿絵：宮田弥太朗〉
二月一二日、「西遊記五九」（台湾日日新報社『国語新聞』五九）〈筆名：劉氏密／画・宮田弥太朗〉
二月一二日、「絵ものがたり　南柯記一五」〈翻案小説〉（『国語新聞』五九）〈挿絵：宮田弥太朗〉
二月一四日、「西遊記六〇」（台湾日日新報社『国語新聞』六〇）〈筆名：劉氏密／画・宮田弥太朗〉
二月一四日、「絵ものがたり　南柯記一六」〈翻案小説〉（『国語新聞』六〇）〈挿絵：宮田弥太朗〉

二月一六日、「西遊記六一」（台湾日日新報社『国語新聞』六一）〈筆名：劉氏密／画・宮田弥太朗〉
二月一六日、「絵ものがたり　南柯記一七」〈翻案小説〉（『国語新聞』六一）〈挿絵：宮田弥太朗〉
二月二一日、「西遊記六三」（台湾日日新報社『国語新聞』六三）〈筆名：劉氏密／画・宮田弥太朗〉
二月二二日、「絵ものがたり　南柯記一九」〈翻案小説〉（『国語新聞』六三）〈挿絵：宮田弥太朗〉
二月二六日、「西遊記六五」（台湾日日新報社『国語新聞』六五）〈筆名：劉氏密／画・宮田弥太朗〉
二月二六日、「絵ものがたり　南柯記二一」〈翻案小説〉（『国語新聞』六五）〈挿絵：宮田弥太朗〉
二月二八日、「西遊記六六」（台湾日日新報社『国語新聞』六六）〈筆名：劉氏密／画・宮田弥太朗〉
二月二八日、「絵ものがたり　南柯記二二」〈翻案小説〉（『国語新聞』六六）〈挿絵：宮田弥太朗〉
四月四日、「西遊記八一」（台湾日日新報社『国語新聞』八一）〈筆名：劉氏密／画・宮田弥太朗〉
四月七日、「西遊記八二」（台湾日日新報社『国語新聞』八二）〈筆名：劉氏密／画・宮田弥太朗〉
四月九日、「西遊記八三」（台湾日日新報社『国語新聞』八三）〈筆名：劉氏密／画・宮田弥太朗〉
四月一一日、「西遊記八四」（台湾日日新報社『国語新聞』八四）〈筆名：劉氏密／画・宮田弥太朗〉
四月一三日、「青毛獅〈新版『西遊記』〉」〈一幕劇〉（台湾総督府情報部編、台湾時報発行所『手軽に出来る青少年劇脚本集』第一輯）
四月一四日、「西遊記八五」（台湾日日新報社『国語新聞』八五）〈筆名：劉氏密／画・宮田弥太朗〉
四月一六日、「西遊記八六」（台湾日日新報社『国語新聞』八六）〈筆名：劉氏密／画・宮田弥太朗〉
四月一八日、「西遊記八七」（台湾日日新報社『国語新聞』八七）〈筆名：劉氏密／画・宮田弥太朗〉
四月二一日、「西遊記八八」（台湾日日新報社『国語新聞』八八）〈筆名：劉氏密／画・宮田弥太朗〉

四月二三日、「西遊記八九」（台湾日日新報社『国語新聞』八九）〈筆名：劉氏密／画・宮田弥太朗〉
四月二五日、「西遊記九〇」（台湾日日新報社『国語新聞』九〇）〈筆名：劉氏密／画・宮田弥太朗〉
五月七日、「西遊記九五」（台湾日日新報社『国語新聞』九五）〈筆名：劉氏密／画・宮田弥太朗〉
五月九日、「西遊記九六」（台湾日日新報社『国語新聞』九六）〈筆名：劉氏密／画・宮田弥太朗〉
五月二〇日、「三羽の小鳥と九代貧　続華麗島民話集」（『文芸台湾』二―二）〈池田敏雄と共著〉
六月四日、「西遊記一〇七」（台湾日日新報社『国語新聞』一〇七）〈筆名：劉氏密／画・宮田弥太朗〉
七月二五日、「各地の児童文化運動・台湾」（新光社『新児童文化』第三冊）
八月一一日、「西遊記一三六」（台湾日日新報社『国語新聞』一三六）〈筆名：劉氏密／画・宮田弥太朗〉
八月一五日、「西遊記一三八」（台湾日日新報社『国語新聞』一三八）〈筆名：劉氏密／画・宮田弥太朗〉
八月一八日、「西遊記一三九」（台湾日日新報社『国語新聞』一三九）〈筆名：劉氏密／画・宮田弥太朗〉
八月二二日、「西遊記一四一」（台湾日日新報社『国語新聞』一四一）〈筆名：劉氏密／画・宮田弥太朗〉
八月二五日、「西遊記一四二」（台湾日日新報社『国語新聞』一四二）〈筆名：劉氏密／画・宮田弥太朗〉
一一月五日、「西遊記一五二」（台湾日日新報社『国語新聞』一七三）〈筆名：劉氏密／画・宮田弥太朗〉
一一月一二日、「西遊記一五五」（台湾日日新報社『国語新聞』一七六）〈筆名：劉氏密／画・宮田弥太朗〉
一一月一四日、「西遊記一五六」（台湾日日新報社『国語新聞』一七七）〈筆名：劉氏密／画・宮田弥太朗〉
一一月一七日、「西遊記一五七」（台湾日日新報社『国語新聞』一七八）〈筆名：劉氏密／画・宮田弥太朗〉
一一月二〇日、「子供のこと／本のこと（保佑平安）」（『文芸台湾』第三巻第二号）
一一月二四日、「西遊記一五八」（台湾日日新報社『国語新聞』一八一）〈筆名：劉氏密／画・宮田弥太朗〉

一一月二六日、「西遊記一五九」（台湾日日新報社『国語新聞』一八二）〈筆名：劉氏密／画・宮田弥太朗〉
一一月二八日、「西遊記一六〇」（台湾日日新報社『国語新聞』一八三）〈筆名：劉氏密／画・宮田弥太朗〉
一二月二〇日、「再び子供のこと（保佑平安）」（『文芸台湾』第三巻第三号）

■昭和一七年（一九四二）

一月二〇日、「潤の『狐物語』のこと（保佑平安）」（『文芸台湾』第三巻第四号）
二月二日、「『西遊記』随想」（『台湾芸術』二二）〈筆名：劉氏密〉
二月四日、「西遊記一八五」（台湾日日新報社『国語新聞』二一一）〈筆名：劉氏密／画・宮田弥太朗〉
二月一一日、「西遊記一八七」（台湾日日新報社『皇民新聞』二一四（『国語新聞』の改題））〈筆名：劉氏密／画・宮田弥太朗〉
二月一一日、『西遊記（上巻）』
　著者・西川満
　装画・宮田弥太郎
　発行所・台北　台湾芸術社
　翻訳。縦一八横一三。二五〇頁。光緒十年上海掃葉山房、悟一子、陳士斌評本木刻『西遊真詮』二〇巻を改編翻訳。原載は劉氏密の筆名で台湾日日新報社創刊の『国語新聞』（昭和一七年二月一一日に『皇民新聞』と改題）に連載。
二月一六日、「西遊記一八八」（台湾日日新報社『皇民新聞』二一六）〈名：劉氏密／画・宮田弥太朗〉

二月一八日、「西遊記一八九」（台湾日日新報社『皇民新聞』二一七）〈筆名：劉氏密／画・宮田弥太朗〉
二月二〇日、「再び『狐物語』のこと／『西遊記』のこと（保佑平安）」（『文芸台湾』第三巻第五号）
二月二〇日、「西遊記一九〇」（台湾日日新報社『皇民新聞』二一七）〈筆名：劉氏密／画・宮田弥太朗〉
二月二三日、「西遊記一九一」（台湾日日新報社『皇民新聞』二一九）〈筆名：劉氏密／画・宮田弥太朗〉
三月六日、「西遊記一九六」（台湾日日新報社『皇民新聞』二二四）〈筆名：劉氏密／画・宮田弥太朗〉
三月九日、「西遊記一九七」（台湾日日新報社『皇民新聞』二二五）〈筆名：劉氏密／画・宮田弥太朗〉
三月一八日、「西遊記二〇一」（台湾日日新報社『皇民新聞』二二九）〈筆名：劉氏密／画・宮田弥太朗〉
三月二〇日、「『華麗島民話集』のこと（保佑平安）」（『文芸台湾』第三巻第六号）
五月一五日、「西遊記二二六」（台湾日日新報社『皇民新聞』二五四）〈筆名：劉氏密／画・宮田弥太朗〉
五月二〇日、「動物園を楽しんだこと（紙人豆馬）」（『文芸台湾』第四巻第二号）
五月二〇日、『西遊記（元巻）』

著者・西川満

装画・宮田弥太郎

発行所・台北　台湾芸術社

翻訳。縦一八横一三。二五六頁。以下同前。

五月二二日、「西遊記二二九」（台湾日日新報社『皇民新聞』二五七）〈筆名：劉氏密／画・宮田弥太朗〉
五月二七日、「西遊記二三〇」（台湾日日新報社『皇民新聞』二五九）〈筆名：劉氏密／画・宮田弥太朗〉
五月二八日、『華麗島民話集』

著者・西川満、池田敏雄
装画、挿絵・立石鉄臣
発行所・台北　日孝山房
印刷所・松浦屋印刷部
民話。縦二六横一九。七八頁。限定本、福虎版一五〇部、海老版三五〇部。台湾の民間故事二四篇。
［内容］「七娘媽と海老の皮」「おろかな夫」「かたつむり」「猿娘」「猫と鼠」「首かへ」「かまど神」「虎姑婆」「天公と山羊と豚」「乞食の唾」「犬仙人」「蛇酒」「無某無猿」「鵞鳥を救つた公冶長」「鯰」「福虎」「歩けない子」「董碩」「運をたよりにする女」「雷公と閃那婆」「継子の豆は煎つた豆」「蟻」「三羽の小鳥と九代貧」
なお、『文芸台湾』三一（昭和一六年一〇月二〇日）巻末広告に民間採集「台湾文学叢書」として『華麗島民話集』とともに『華麗島童歌集』（西川満・池田敏雄共著）『華麗島歌謡集』（西川満・楊雲萍共著）の掲載があるが、この二書は刊行されなかったようだ。

六月一日、「西遊記二三二」（台湾日日新報社『皇民新聞』二六一）〈筆名：劉氏密／画・宮田弥太朗〉
六月二四日、「西遊記二四一」（台湾日日新報社『皇民新聞』二七一）〈筆名：劉氏密／画・宮田弥太朗〉
六月二六日、「西遊記二四二」（台湾日日新報社『皇民新聞』二七二）〈筆名：劉氏密／画・宮田弥太朗〉
六月二九日、「西遊記二四三」（台湾日日新報社『皇民新聞』二七三）〈筆名：劉氏密／画・宮田弥太朗〉
七月一日、「西遊記二四四」（台湾日日新報社『皇民新聞』二七四）〈筆名：劉氏密／画・宮田弥太朗〉
七月三日、「西遊記二四五」（台湾日日新報社『皇民新聞』二七五）〈筆名：劉氏密／画・宮田弥太朗〉

七月六日、「西遊記二四六」（台湾日日新報社『皇民新聞』二七六）〈筆名：劉氏密／画・宮田弥太朗〉
七月二〇日、「台湾むかしばなし」〈民話〉（『文芸台湾』四四）
七月二〇日、「『華麗島民話集』のこと／潤の入院したこと（紙人馬豆）」（『文芸台湾』第四巻第四号）
七月三一日、「西遊記二五六」（台湾日日新報社『皇民新聞』二八七）〈筆名：劉氏密／画・宮田弥太朗〉
八月七日、「西遊記二五九」（台湾日日新報社『皇民新聞』二九〇）〈筆名：劉氏密／画・宮田弥太朗〉
八月一〇日、「西遊記二六〇」（台湾日日新報社『皇民新聞』二九一）〈筆名：劉氏密／画・宮田弥太朗〉
八月一二日、「西遊記二六一」（台湾日日新報社『皇民新聞』二九二）〈筆名：劉氏密／画・宮田弥太朗〉
八月一四日、「西遊記二六二」（台湾日日新報社『皇民新聞』二九三）〈筆名：劉氏密／画・宮田弥太朗〉
八月一七日、「西遊記二六三」（台湾日日新報社『皇民新聞』二九四）〈筆名：劉氏密／画・宮田弥太朗〉
八月一九日、「西遊記二六四」（台湾日日新報社『皇民新聞』二一六）〈筆名：劉氏密／画・宮田弥太朗〉
八月三〇日、『西遊記（燈巻）』

著者・西川満

装画・宮田弥太郎

発行所・台北　台湾芸術社

翻訳。縦一八横一三。二五八頁。以下同前。

一〇月二八日、「西遊記二九〇」（台湾日日新報社『皇民新聞』三二四）〈筆名：劉氏密／画・宮田弥太朗〉
一二月九日、「西遊記三〇七」（台湾日日新報社『皇民新聞』三四二）〈筆名：劉氏密／画・宮田弥太朗〉
一二月一一日、「西遊記三〇八」（台湾日日新報社『皇民新聞』三四三）〈筆名：劉氏密／画・宮田弥太朗〉

一二月一四日、「西遊記三〇九」（台湾日日新報社『皇民新聞』三四四）〈筆名：劉氏密／画・宮田弥太朗〉
一二月一六日、「西遊記三一〇」（台湾日日新報社『皇民新聞』三四五）〈筆名：劉氏密／画・宮田弥太朗〉
一二月二三日、「西遊記三一二」（台湾日日新報社『皇民新聞』三四八）〈筆名：劉氏密／画・宮田弥太朗〉

■昭和一八年（一九四三）

一月一日、「西遊記三一六」（台湾日日新報社『皇民新聞』三五二）〈筆名：劉氏密／画・宮田弥太朗〉
三月二九日、「西遊記三四九」（台湾日日新報社『皇民新聞』三八八）〈筆名：劉氏密／画・宮田弥太朗〉
四月二日、「西遊記三五一」（台湾日日新報社『皇民新聞』三九〇）〈筆名：劉氏密／画・宮田弥太朗〉
四月五日、「西遊記三五二」（台湾日日新報社『皇民新聞』三九一）〈筆名：劉氏密／画・宮田弥太朗〉
四月七日、「西遊記三五三」（台湾日日新報社『皇民新聞』三九二）〈筆名：劉氏密／画・宮田弥太朗〉
五月三一日、「西遊記三七三」（台湾日日新報社『皇民新聞』四一五）〈筆名：劉氏密／画・宮田弥太朗〉
六月一一日、「西遊記三七八」（台湾日日新報社『皇民新聞』四二〇）〈筆名：劉氏密／画・宮田弥太朗〉
六月一四日、「西遊記三七九」（台湾日日新報社『皇民新聞』四二一）〈筆名：劉氏密／画・宮田弥太朗〉
六月一六日、「西遊記三八〇」（台湾日日新報社『皇民新聞』四二二）〈筆名：劉氏密／画・宮田弥太朗〉
六月一八日、「西遊記三八一」（台湾日日新報社『皇民新聞』四二三）〈筆名：劉氏密／画・宮田弥太朗・完結〉
七月一日、「桃太郎（かていらん）」〈詩〉（『文芸台湾』六―三）
七月一日、「幼児を持たれる御家庭へ」〈散文〉（『文芸台湾』六―三）〈無記名〉
七月一日、「『絵本桃太郎』」〈散文〉（『文芸台湾』六―三）〈筆名：日孝童人〉

九月八日、『西遊記（大巻）』
著者・西川満
装画・宮田弥太郎
発行所・台北　台湾芸術社
翻訳。縦一八横一三。一九四頁。以下同前。
一一月一〇日、『西遊記（會巻）』
著者・西川満
装画・宮田弥太郎
発行所・台北　台湾芸術社
翻訳。縦一八横一三。二〇二頁。以下同前。

【参考】
■昭和二二年（一九四七）
五月三〇日、『西遊記　百花の巻』（八雲書店）
■昭和二七年（一九五二）
一月二五日、『西遊記　百花の巻』（新小説社・新小説文庫）
■昭和四五年（一九七〇）

一二月二三日、『ほしのかみさま』（『人間の星』第四八号）
詩・にしかわみつる
絵・みねりか
発行所・人間の星社
本書は初孫・潮の満一歳を記念した西川満最初の童謡集。

第三章　日高紅椿覚え書き

日高紅椿。日高紅椿『厩のお馬』（大分市・童仙房出版部、昭和四年一〇月五日）から

一　日高紅椿についての先行研究

日高紅椿は、日本統治期台湾の児童文学を調べる時に、必ずその名前が出てくる人物であるが、その経歴や児童文化活動についてほとんど判らない。

一九九三年一〇月に大日本図書から刊行された『日本児童文学大事典』（大阪国際児童文学館編、全三冊）では、畑中圭一が次のように書いている。

日高　紅椿（ひだか　こうちん）一九〇四（明37）年八月一一日～八六（昭61）年一月一八日。童謡詩人。本名捷一。鹿児島県生まれ。台北商業卒。台中市で日高児童楽園を組織して童謡劇の研究と実演に力を注いだ。「赤い鳥」「金の星」「童話」等に童謡を投稿、一九二三年ころから野口雨情に私淑し、童謡誌「シャボン玉」にも参加した。六〇年末帰国したのちも主に幼児を対象とした童謡を精力的に書きつづけた。童謡集に『アローハ』（八〇　日本歌謡芸術協会）『ひとつ星』（八三　日本定型詩人会）などがある。

上記の記述だけからでは日高紅椿の全貌はもちろん輪郭さえも摑むことさえできなかった。しかし、文中の『赤い鳥』等の童謡誌から日高紅椿の作品を摘出することができ、また台湾から引き揚げ後の出版となる童謡集『アローハ』や『ひとつ星』を見ることができたので、書中の「はしがき」や「解説」、あるいは「著者紹介欄」等が何らかの手がかりになり、著者の経歴や活動全般が判るのではないかと期待したが、意外なことにそれらの内容には、紅椿自身に関する記述は少なく、やはりその履歴や活動状況等は皆目不明であった。

一九九九年二月になると日高紅椿に関して画期的な研究書が出た。游珮芸《ゆうはいうん》の著書『植民地台湾の児童文化』（明石書店）である。この研究書は日本統治期の児童文学や文化を本格的に取り上げた画期的な著書で、この本の「第Ⅱ部　台湾在住〈内地人〉による児童文化運動」「第一章　雑誌『童話研究』からみる台湾の児童文化界」中の「第3節　台中の児童文化界」及び「第四章　児童文化研究誌『児童街』」中の「第3節　『児童街』で打ち出された〈台湾意識〉」に、数ページではあるが「日高紅椿」についての言及がある。「第Ⅱ部・第一章」は、大正一一年（一九二二）七月五日創刊で、「内地」の日本童話協会発行『童話研究』の中に見られる台湾の児童文学・文化関係記事から、台北・台中・台南各地の児童文化運動をまとめたもので、「第3節　台中の児童文化界」に「日高紅椿と日高児童楽園の活動」という一項があって、これが戦後に「日高紅椿」に関してまとめられた唯一の研究と言える。また「第四章・第3節」にも「日高紅椿のいわゆる〈台湾色〉」という一項があり、この二つの「第3節」でまとめられた游氏の日高紅椿像を参考にして、その後に見た諸資料等を交えて、以下改めてその「生涯」、「台中時代」及び「台北時代」について論じてみたい。尚、この他に邱各容『台湾近代児童文学史』（秀威資訊科技、二〇一三年九月）にも「日高紅椿」の項はあるが、ほとんどは上記游氏の著書（但し、台湾刊行の中国語版）からの引用等で占められている。また、本論末には編年体年譜風の「日高紅椿著作目録」を附した。

二　日高紅椿の生涯

先ず、以下に「日高紅椿」の動向に関する一文を引用する。

台湾に於ける新興童謡の研究が具体的に表明されだしたのは大正八九年頃であつて最も油が乗りかゝつたのは大正十二年、三年頃であつたと私は思ふ。その当時もっとも真剣な研究と努力とを払つてゐたのは当時台北商業学校の一生徒であつた日高紅椿君で、総督府に勤務してゐた渡邊むつを君と双肩となす可き人であつたらう。いづれ劣らぬ熱心家で亦実際家であつた、かくして新興童謡が両人の努力によつて型づけられてゆく（以下略）

この一文は、吉鹿則行編著(1)『童謡研究』（赤い処女地社、昭和三年八月一三日）の中の「台湾に於ける代表的童謡作家」の冒頭の一節である。この一文によって、理由は判らないながらも、日高紅椿は台北商業学校の学生時代からすでに童謡に非常に興味を持っており、台湾総督府勤務の渡邊むつをと比肩されるほどの「熱心家で亦実際家」であったことが判る。台北商業学校には学生たちによってつくられた実演童話グループ「北商童話会」という会があって昭和四・五年頃に活発に活動したとある（三神順「台北に於ける児童芸術界の今昔」（『児童街』創刊号、昭和一四年八月二六日）。日高紅椿在学中に「北商童話会」があったか否かは判らない。だが、この学校にはそのような伝統があったのか、または日高紅椿自身が上記の引用にあるように「真剣な研究と努力とを払つて」そのような伝統を作り上げたのかもしれない。本書の著者である吉鹿則行は、新聞記者時代の大正一二年

（一九二三）初夏に総督府の渡邊むつをに「台湾童話界のために、何か研究機関を設けてみては」と勧められて、そこで「揺籃詩社童謡研究会」を主催した。同年一〇月二八日には第三回目の研究会を開催したが、三、四ヶ月間で会員は三〇数名になっていたという。そうであるならば、台湾では最も早い時期に成立した童謡研究会であるといってよいだろう。そして、この会は後に日高紅椿が作る「鈴蘭社」と協力し、『鈴蘭』『かもめ』『とりかご』等の童謡誌を出し、「童謡」というジャンルが次第に台湾社会でも注目を浴びるようになる素地をつくった。また、吉鹿則行は昭和一四年に成立した台北児童芸術協会（機関誌は六月一〇日創刊の『児童街』）の賛助員にもなっており、昭和一二年（一九三七）四月、台中からに台北に転勤した日高紅椿と共に台湾の児童文化の発展に寄与している。

以下、本稿は、以上のような細々とした資料の断片をつなぎ合わせて成立している。逝去して三〇年余しか経っていないが、今日では「日高紅椿」の台湾での行動や思考はもちろんのこと、その生涯の輪郭さえもよく判らない。しかし、判らないながらもその行動や思考についての輪郭をまとめておこうと考えたのが本稿であり、「日高紅椿覚え書き」の所以である。

日高紅椿は、先の『日本児童文学大事典』に拠れば、明治三七年（一九〇四）八月一一日に生まれ、昭和六一年（一九八六）一月一八日に亡くなった。ただし、その依拠資料は不明である。本名は捷一。本籍は鹿児島県・鹿児島市。(2) 日高紅椿が台湾に渡った理由は皆目不明である。州立台北商業学校を卒業しているが、実業学校は「尋常小学校（又は修業年限六年の公学校）卒業程度を入学資格とする場合は三年乃至五年、高等小学校（又は公学校高等科）卒業程度を入学資格とする場合は二年乃至三年」（台湾総督府『台湾事情』昭和一二年版）となっているから、特殊な事情がない限り一〇代の前半かあるいは中頃には台湾に居住していたと思われる。台北商業学校（修業五年）は、台北州庁（現・監察院）の東南の幸町にあり、台北第二商業学校（修業四年の夜間）を併設していた。また隣接して台北高等商業学校もあった。そして、先の吉鹿則行の言に従えば、具体的なことは不明だが、台北商業在学中から童謡に関してかなりの研究をし且つ実践をしていたようである。

台北商業卒業後、台湾商工銀行（台中）支店に勤務した。(3) 日高紅椿が台中の商工銀行支店に勤めるようになったのは、おそらく大正一二年か大正一三年（一九二四）のことだと思う。というのは、台中についてまもなく同好の士を募って童謡研究のための「鈴蘭社」を設立し、（次節で述べるように）大正一三年八月には鈴蘭社主催の「第一回童謡劇大会」を開催しているのである。鈴蘭社は大正一四年八月には「第二回童謡劇大会」を開催している。第一回と第二回の間は一年間、銀行勤めの余暇の童謡研究では、準備期間は一年間は必要であろうと思う。大正一三年の赴任では、同好の士を募って鈴蘭社を設立し、台中小学校の女子生徒及び父母の了解をとり、童謡及び童謡劇の練習をして八月に公演するのは時間的に無理だと思うので、日高紅椿は大正一二年に台中に来たのではないかと推測する。

「鈴蘭社」についても、趣旨やメンバー、設立時期などの詳細は、現在のところ不明である。ただ、大正一四年三月に童謡誌『すゞらん』（鈴蘭社）を創刊。主な執筆者に日高紅椿、古川わたる、坂本都詩雄、保坂瀧雄、西川満等がおり、第二〇輯まで続いたといわれる。(4)

そして、台中に来る前後の大正一二年（一九二三）頃から、野口雨情に私淑して童謡を学び、(5) 昭和二年一〇月、雨情が来台の折りにはその世話に当たった。(6) 日高紅椿は雨情が寄稿する童謡誌『金の星』によく投稿していたが、大正一三年創刊で、雨情も後に顧問となった童謡誌『しゃぼん玉』にも参加し、毎号のように童謡を発表した。

また大正一四年一〇月、田中春踊、古川わたる、上村薫と「台中童謡劇協会」を創設した。協会では童謡や児

童劇の指導をし、毎年定期公演し好評を博した。(7)

昭和四年一〇月五日には「過去六ヶ年間に於ける作品三百六十篇より自選し」(「自序」)て、最初の童謡集『厩のお馬』(大分・童仙房出版部)を出版した。(8)

昭和四年の『厩のお馬』出版前後に、「台中童謡劇協会」の内部対立により、協会を脱退して(9)昭和五年(一九三〇)、「日高児童楽園」を創設し、童謡劇の研究と実演を行った。台中の台中座をはじめ各地で公演して、その名を知られるようになる。その後「日高舞踊団」も併設して、児童劇団を終えた者や日・台の芸者や芸妲にも舞台公演をさせた。

しかし、昭和一二年四月には台湾商工銀行台北本店の勤務となり、台中の児童劇団と舞踊団は共に解散した。その後、同年七月には新たに台北で「日高児童楽園」を復活させたが、昭和一四年には再び解散している。戦後「りんごの歌」で有名になった歌手の並木路子や女優の新珠三千代も「日高児童楽園」に在籍したことがあるといわれる。昭和一四年(一九三九)に成立した「台北児童芸術協会」(機関誌『児童街』)に参加し、童謡や児童舞踊方面で活躍した。童謡は『第一教育』や『台湾文芸』(台文聯)や「内地」の『赤い鳥』『金の星』『童話研究』(日本童話協会)等に発表された。一九六〇年末に台湾から帰国した後も幼児向けの童謡に力を注いだ。童謡集に『アローハ』(日本歌謡芸術協会、一九八〇)、『日高紅椿童謡集・ひとつ星』(日本定形詩人会、一九八三)がある。戦後は、日本詩人連盟員、全日本児童音楽協会監事、日本歌謡芸術協会評議員、雨情会監事、日本定形詩人会常任理事を歴任した。東京では世田谷区奥沢に、晩年には川崎市宮前区に住んだようである。

三　台中時代――鈴蘭社・台中童謡劇協会・日高児童楽園

現在のところ日高紅椿が何故台湾に渡ったのかは不明である。おそらく最初は台北に住んだのであろう。そして実業学校であった台北商業学校に進学した。前節で述べたように、商業学校時代から童謡に興味をもち、「真剣な努力と研究」をしていたという。ただし、どのような影響の下に童謡に興味をもつようになったかについては不明である。また、卒業間際の大正一二年頃から野口雨情に私淑した。商業学校を卒業した後、台湾商工銀行に入行し、おそらく大正一二年に台中支店に赴任したと思われる。

台中に赴任して先ず行ったのは同好の士を募って童謡研究のための「鈴蘭社」を創設することであった。この結社の特色は研究のみの機関ではなくて、実践を通して台湾社会に「児童文化」の必要性を認識させることであった。そこで、鈴蘭社は「第一回童謡劇大会」を実施した。大正一三年八月一一日『台湾日日新報』（日刊）には「盛会であつた童謡劇大会」として、次のような記事を載せている。

童謡研究鈴蘭社主催の童謡劇大会は九日午後七時より台中小学校講堂で開催、出演者第二小学校五六年女生徒達で西（日）高江（紅）椿の同社設置の趣旨を挨拶に代へて述べプログラムに移り一、童謡合唱／二、童謡劇「蝶の親子」三幕／三、童謡独唱／四、童謡劇「星の子供」一幕／五、童謡合唱／六、童謡独唱／七、童謡独唱／八、童謡劇「ヘビーの病気」一幕／九、童謡独唱／十、童謡独唱／十一、童謡独唱／十二、童謡劇「頭目の娘」一幕何れも熱心に演じ仲々の上出来で喝采を博し午後十時閉会入場者

は約七百名小学校生徒の見物約三分の二を占めて居た（十日台中電話）

まだ著名ではない日高紅椿が「西高江椿」と誤記されているが、その後、日高紅椿の名はすぐに有名になり誤記されることはなくなる。鈴蘭社の「第一回童謡劇大会」は、台中小学校の講堂で行われ、出演者は第二小学校の五六年女子生徒（つまり小学校とあるから、出演者はほとんどが日本人と推定される）。一方観衆は三分の二が小学生（七百名）、残りの三分の一つまり三五〇名は当然ながら出演者の父母や引率教員だと思われる。日高紅椿は、鈴蘭社の他の社員と協力して、子供たちに童謡の独唱や合唱、童謡劇を教えたが、このような童謡劇開催の一番の難敵はその父母や教員であったのだ。たとえば「私が、大正十三年頃から始めてゐる童謡舞踊や児童劇に於て、子供に芸者や俳優の真似事をさせてと批難の声を浴びせられた事もあつた。」とか「子供をステージで歌わせ、踊らせ、芝居をさせることは、かわらこじきの行為だと、老骨校長に反対されたり、新聞紙上でも多くの非難を受けたり、さんざんな目にあっていた〜(10)」という状況であったのだ。そのためには父母や教師に自らの子供や生徒が織りなす「児童芸術」を見てもらい、喝采し、納得し、協力してもらい、さらに研究してもらう必要があったのである。故に日高紅椿は「童謡は独り児童のものではない。児童の親たるべき大人も大に研究せねばならないと思ふ。また教育的でなくとも趣味としても甚だ意味あることである」といい「童謡の盛な内地を遠くから羨しく望んでゐる一人です。童謡は民謡のやうに民衆化せねばならないと思ひます。趣味家のみ専有すべき芸術ではありません。いやしくも子供の親たるべき人は、是非研究して欲しく思ひます。童謡は芳しい芸術であると同時に、教育であるべきであると思つてゐます。(11)」と訴えるのだった。

そのような反対や批難の中で、鈴蘭社は続いて大正一四年八月一五日に「第二回童謡劇大会」を台中座で開催し「満員立錐の余地なき盛況」となった(12)。また、前節でも述べたように、この年の三月から童謡誌『すゞらん』を出し、鈴蘭社の情報や台湾内での創作童謡の進展を報告提供して、鈴蘭社自体も着実な歩みをみせており、且つ主催する「童謡劇大会」も以上のように盛況であった。ところがこのような盛況裡にも関わらず、これ以降の鈴蘭社の活動は、新聞や雑誌類から忽然と消えてしまうのである。それはおそらく日高紅椿自身が中心になって設立した「台中童謡劇協会」（注（7）参照、以下「協会」と略称）が、大正一四年一〇月に発足したからであろう。現在まで「協会」設立に関する当時の資料は発見することができない。ただ、かなり後のことになるが『演芸とキネマ』第一巻第二号（昭和四年九月一〇日）に毒蛇人という仮名人物が「台中童謡劇協会・第八回童話劇大会の記」を書いており、「協会」の動向を、次のように伝えている。

　台湾唯一の児童芸術研究団体として大正一四年から全島にその覇を唱えて、専ら児童情操教育に貢献する所多い台中の台中童謡劇協会では、八月三、四日の両日間台湾新聞社後援の許に毎夜七時から台中座に於て、第八回童謡劇大会を開催したが、多年人気を呼んでゐる同大会とて、折柄の大雨に拘らず、定刻前より大雨を冒して会場に押寄せる観衆の熱心さは決して興味一点ではなく、発表される真剣なる作品に保持されてゐる童心に触れたい為であつたらう。

　これを読むと「協会」が「台湾唯一の児童芸術研究団体」とあるので、鈴蘭社は大正一四年八月に「第二回童謡劇大会」で盛況を博して以後、その研究と実践と同好の士は「協会」に一元化されたのであろうと考えられる。「鈴蘭社」も「協会」も日高紅椿の提唱で成立したものなのだから当然と言えば当然であった。故に「協会」の「童謡劇大会」も、以上の引用のように日高紅椿を中心にした同好の士たちの協力で「多年人気を呼んで」来たのである。

それでは盛況を博していた鈴蘭社を日高紅椿が「協会」に一元化したのは、何故だろうか。鈴蘭社は「童謡劇大会」を実施し、大成功だった。しかし、それを運営する鈴蘭社自体は日高紅椿を中心にした個人的な集まりに過ぎない。もし会自体を公的な集まりとして拡大するならば、生徒も集めやすいし対外的なアピールも出来、且つ世間の批難を躱すこともできるであろう。しかし、それは二〇数歳の青年・日高紅椿には些か荷が勝った仕事であった。そこで代表や顧問等に外部の社会的な実力者・権威者を招き、対外的なアピールや運営をお願いして、自分たちは童謡劇や独唱・合唱の実践に集中することにした。それが「台中童話劇協会」を創設した理由だったと思われる。——以上は筆者の全くの予測憶測にすぎないが、次の文章を読むと、そのような経緯があったとも考えられるのである。

同協会は前述の通り大正十《マ》一《マ》月に創立され今日に至る間八回の新作品発表大会や小会数回を開催してきた其苦心は大なるもので度々迫害も受け罵倒も浴せかけられた事もあつたさうだが、無理にも押通して一手にきりまはしてきたのは日高主任や会長である台湾新聞社支配人坂本登氏、州視学の当時より後援者となつて後援してきた女子公の砥上校長、それから諸会員の力強い研究心の賜物である。（前出『演芸とキネマ』第一巻第二号）

しかし、日高紅椿はこの「第八回童謡劇大会」を最後に「協会」を退会して、自ら「日高児童楽園」を創設することになる。退会の原因については確かなことは判らないが、会長で台湾新聞社支配人の坂本登との間に何か軋轢があったようである。『演芸とキネマ』第三巻第一号（昭和五年九月）には「台中童謡劇協会　第九回童謡大会の記」に続いて「創設されて半歳　日高児童楽園　台湾童謡界に気を吐く」という記事が併記されており、どちらかといえば、創設間もない日高児童楽園に対して好意的な書き方をしている。

> 本年一月に至つて突如同協会の主任で創立者で而して万事の主任であつた日高紅椿氏が退会し次いで会員生徒の殆どが退会して同好者を驚かせた其動因に就ては同協会の会長台湾新聞社支配人坂本登氏が同紙上で当時発表されたが日高紅椿氏は夫等の動因を否定し真想《ママ》は将来大成を得た暁に始めて発表すると云つてゐるので知るよしもないが市中のファンは日高紅椿氏に同情をよせてゐる様に見受けた。こゝで日高氏は何れも退会した上村、中水、菅の三氏日高氏妹多歌子氏と共に日高児童楽園を創立し同協会よりも一歩進んだ児童を楽しく児童芸術に浸らせて彼等を「明く」「清く」「柔しく」伸ばさせるを目的として精進すると宣明し、去る三月十五日に「童話と同様の夕」を翌十六日に「音楽と童謡の夕」を何れも創立記念会として開催されたが両夜とも満員の大盛況であつた。次いで去る六月七日と八日には第一回童謡楽劇大会を公開（以下略）[13]

「協会」の会長である坂本登が自分が支配人の『台湾新聞』に、日高紅椿が退会した次第を発表したようだが、日高紅椿自身がその内容については否定しているところから、やはり二人の間に大きな行き違いがあり、それが退会の原因になったと推測される。その後、日高児童楽園の童謡楽劇大会は昭和五年六月七・八日の第一回から始まって、昭和一一年八月一・二日（台中座）の第八回まで好評裡に続き、[14] 翌年四月の日高紅椿の台北転勤によって終焉を迎えた。[15] 一方、台中童謡劇協会の童謡大会は昭和六年四月二八・九日の台中座での第一一回大会までは続いたようであるが、[16] それ以降の記録についてはいまのところ見いだすことが出来ない。

日高紅椿は台中に来て以来、鈴蘭社・台中童謡劇協会・日高児童楽園と非常に積極的に童謡及び童謡劇の実践と研究に取り組んできた。前述したように商業学校時代に何に影響されて「児童文化」に興味をもったのか明確ではないが、現在見られる資料などからその点について探ってみたい。

総べての芸術の内で、純なる点に於て児童芸術に優るものはない。／童話を創作し又愛誦すると、別個たる世界に自己を見出し、そしてすがすがしい気持ちになる――といふ事をよく聞く。それは一つにその童心に触れ得て、童心の霊気？に打たれたのに過ぎない。／童心――それは何か。吾々と人生生《マ》活の現動《マ》力と言つてもい、理想的根源である。童心に支配され、童心に触れ得る人は幸《マ》さ《マ》れるのである。何故ならば彼は人間らしい人間となれ得るからである。理想的人生を営み得るからである。従つて童心を出来るだけ保持し得る人は、それだけ理想人であると言ひ得る。／子供である程童心が多量にある事は申すまでもない事で、智的にこそ大人に劣る事雲泥の差ありと雖、人間らしい点に於て大人は遙かに子供の劣る事、亦雲泥の差ありである。／子供は正直だ、幼児は神そのものだ、と讃えられる事も、一つにこの童心の保持者であるからだ。子供は可愛い。子供は無邪気だ。だから私は、子供になりたい。子供のお友達でありたい。

これは日高紅椿の最初の単行本童謡集『厩のお馬』（大分・童仙房出版部、昭和四年一〇月五日）の「自序」の中の一節である。「子供は正直だ、幼児は神そのものだ、と讃えられる事も、一つにこの童心の保持者であるからだ。子供は可愛い。子供は無邪気だ。だから私は、子供になりたい。子供のお友達でありたい」というこの言葉こそが、日高紅椿を「児童文化」つまり童謡及び童謡劇に向かわせた真情であろう。

近代的な感覚と芸術性をもった児童文学の構築は、鈴木三重吉の主宰する雑誌『赤い鳥』（大正七年〈一九一八〉六月）の創刊と共に始まった。それは俗悪極まりない読み物が「子供の真純を侵害し」ているので、それに対して『赤い鳥』は「子供のために純麗な読み物を授け」、「子供の純性を保全開発する」ための創作を展開する、というモットーを掲げていた。この主張が転機となって、児童文学において「童心」あるいは「童心主義」が重要視されるようになった。「童心主義」とは、さまざまな解釈があるようだが、「子どもに人間性を認め、子どもの心に特殊性を認め、子どもの心に自由で創造的な成長を期待するというのは、封建的な児童観や古い教育観に対するアンチ・テーゼ(17)」との見方が一般的であろう。日高紅椿が「童心主義」に何時出会ったのか正確な時期は判らないが、おそらく商業学校時代では無いかと思われる。以降、よほど「童心」という考えが日高紅椿自身が子供たちに接する考え方と一致したのか、繰り返し繰り返し彼自身も述べている。たとえば「子供は父の父　良心＝童心＝踊る心　童心と云ふこと」（『台湾日日新報』大正一四年一一月三〇日）では、「野口雨情氏は童心即ち良心と述べられてゐます。然り、童心は人間の無欠陥な良心そのものを云ひます。童心は児童心の略と私は見ます。児童の心とは偽りのない総べての意識表現を意味します。その童心を失はぬ人こそ真に人生の意味を知り得る人でありますと言い、「童謡童心雑言」（『台湾日日新報』昭和三年五月二五日）でも同様のことを述べている。日高紅椿はかなりの童謡や童謡劇を残した。しかし、それらを舞台で演ずるにあたってどのような要求を子供たちにしたのかは語っていないし、どうして童謡舞踊や児童文化に興味をもったのかも多くは語っていない。ゆえに「童心」という言葉をどのように解釈し、どのように研究し、どのように実践に結びつけたのかも、現見の資料では、はっきりとは判断が出来かねるのが現状である。

この他に、台中時代について特記しておかなければならないことは、第一は野口雨情の来台である。昭和二年四月四日、野口雨情、作曲家中山晋平、歌手斎藤千夜子が初来台した。大正一二年頃から雨情に私淑していた日高紅椿は、一行の世話係となるが、それについては前出の日高紅椿「台湾公演旅行」及び游珮芸の「野口雨情の台湾行脚」(『植民地台湾の児童文化』収)に詳しいので、今ここでは省くことにする。

第二は、初めて個人童謡集『厩のお馬』(童仙房出版部〈大分市〉「新興日本童謡詩人叢書第三編」、昭和四年一〇月五日)を出版したことである。これは、おそらく台湾在住の日本人の初めての「童謡個人集」だと思われる。そして、童謡であるからには曲があっての歌である、ということから作曲者および曲譜を限定的であるが添付したことに特色がある。これもおそらく台湾では初めての試みであろう。(18)

昭和一二年(一九三七)四月一一日、日高紅椿は台北への転出を命ぜられ、長年住み慣れた台中を離れて台北に去って行った。

四　台北時代──「日高児童楽園」の復興と台北児童芸術協会

日高紅椿は、台中を発ったその日のうちに台北の古亭町二二九番の我が家に入った。その三ヶ月後、昭和一二年七月三日の『台湾日日新報』に「日高児童楽園　台北で再興」という見出しで、次のような記事が出た。


大正十三年来台中市に於て児童劇童謡舞踊の研究発表をして来た日高紅椿氏が去る四月台北に転出したるため同氏主宰の日高児童楽園は止むなく一旦解散さるるに至つたが、今般台北に於て左記の通り日高児童楽園を再興すべく生徒募集中である。

七月十日開園式を挙行し、七月十一日より研究開始、八月下旬公会堂又は榮座に於て第一回童謡楽劇大会を開催する予定で同団の規定は左の通りである。

一、生徒は尋常五年以下六歳に至る女子で保護者の同意あること
二、学業成績はなるべく中以上
三、募集人員三十名
四、一週間一回日曜日午後だけの集り、（夜間なし）但し今回に限り夏休み中は毎日夕方二時間の研究
五、申込金一円申込と同時に、月謝五十銭毎月月始めに納入すること（但し第一回公演迄は一切免除）
六、研究所…台北市古亭町二二九（本郷村北一條）
七、締切日…七月七日（開園日迄に入園許可通知を郵送す）
八、申込…研究所宛生徒各学年を記入の上ハガキにて申込まれたし
　尚大人向きの日高新舞踊研究所も同時に研究生募集中で女学校生徒又はそれと同年齢以上の女子ならば申込を歓迎すると

　以上のように、日高紅椿は台北に転勤してから僅か三ヶ月で日高児童楽園を再開するのである。この頃になると、日高紅椿は台湾の舞踊界では著名人であって、(19)それだけに新聞雑誌も協力してくれ動きやすかったにちがいないし、すでに台中時代の日高児童楽園等のノウハウもあり、生徒たちにも定評があって、生徒募集にそれほど苦心しなくてもよかったと推測される。また、日高紅椿が台中の日高児童楽園で、どのように生徒たちを集め、どのように練習していたか皆目判らなかったが、上記引用の「規定」は台北の「規定」のようであるが、おそらく台中でも同様な「規定」を使って生徒を募集し、練習日を設定していたことが推測できる。

　そして、八月二一日午後六時から栄町の公会堂で第一回童謡楽劇大会を行った。開園より一ヶ月余しかなかっ

たが、日高紅椿は大掛かりな童謡舞踊「忠臣蔵　全一〇景」を公演して大好評を博している。(20)続いて翌昭和一三年は、前年に「支那事変」等が起こったので発表会は遠慮して行わず、昭和一四年になって第二回童謡楽劇大会を行ったようだが、いつ行ったのかは定かではない。ただ台北児童芸術協会発行の『児童街』創刊号には、第二回童謡楽劇大会のプログラムとして「一、童謡楽劇　こども勧進帳（全八景）」、「二、児童レヴュー　月・雪・花（全三景）」、「三、童謡舞踊、ダンス数種」、「四、新舞踊研究所員の新舞踊数種」を行う予定とある。(21)「こども勧進帳」も前回の「忠臣蔵」同様大掛かりな童謡劇であったようで、実態は判らないが日高紅椿の童謡楽劇にかける意気込みが判る。しかし、些か気になるのは、「童謡楽劇」というのに、子供だけの舞踊ではなく日高新舞踊研究所の「新舞踊研究所員の新舞踊数種」が入っていることである。大人向きにも発表の場を与えたということなのだろうか。

昭和一四年度の日高紅椿は極めて多忙であった。童謡研究誌シャボン玉社主催の全国童謡作詞コンクールに自作の童謡「粟祭り」が二等に当選し、その発表会が四月三〇日に東京の東宝小劇場で行われるので、四月一〇日発の高砂丸で上京。尚、当日は自作の舞踊「蕃踊　打猟」と「支那舞踊　万里の長城」を発表した。五月八日、蓬莱丸で帰台後は台北児童芸術協会の創立及び機関誌『児童街』の発刊に参加、また『台湾日日新報』、『台湾芸術新報』、『児童街』に東京での所感を寄稿し、次いで昨年夏と同様に、大稲埕に誕生した帝国少女歌劇団のために新作の振付をし、そして日高児童楽園の第二回童謡楽劇大会の準備をしなければならなかった。

このような多忙の中で、更に八月二〇日には村岡花子が来台し（一九日）、その「歓迎子供大会」に日高児童楽園が出演し、レビュー「興亜の春」を演じたようであるが、些か驚いたのは、この「歓迎子供大会」以前に日高紅椿が「日高児童楽園」を「これが終れば解散する」と宣言したことである。(22)どのような心境の変化があったのかは判らないが「子供は正直だ、幼児は神そのものだ、と讃えられる事も、一つにこの童心の保持者であるからだ。子供は可愛い。子供は無邪気だ。だから私は、子供になりたい。子供のお友達でありたい」と言ったことが真情であれば、日高児童楽園の解散などは到底考えられない。そこには何か理由があったと思うが、確定的なものは見出すことが出来ない。

日高紅椿にとって昭和一四年度の大きな出来事は数々あったが、やはり東京行の影響が大きかったと思われる。一ヶ月余の上京の中で、日高紅椿は様々な演劇、舞踊、楽劇、レビュー、少女歌劇等を見たが、洋舞は行詰まりを生じ、新舞踊は新鮮な魅力はなく、少女歌劇は迫力がなく、ムーランルージュを見ても失望した。それは、すべて力強さに欠けているという点である。ところが、藤原義江歌劇団のオペラ公演を見てその所感文に「これだ、これこそ新時代の要求だと、深く感銘(23)」したと書き、そして、次のように結論づけているのである。

〜台湾にも一つ位は、オペラ上演の団体があつてい丶頃である。経済的には、他のものより困難さが伴ふが、必ずや現代人に受入られ、且つ歓迎されると確信してゐる。オペラには優秀なる歌手が必要である。殊にプリマドンナに悩む台湾かも知れない。また、よき交響楽団の伴奏が望まれない。事《マ》も覧悟せねばならない然し、《マ》てそれでも(24)オペラ運動が思ひ止まれない。近い将来、必ず同志を得試みやうと深く考へてゐる。

「オペラ運動が思ひ止まれない。近い将来、必ず同志を得試みやうと深く考へてゐる」との結論から直ちに日高児童楽園の解散に結びつけるのは、短絡した考えかも知れない。しかし、日高紅椿は「オペラは声楽を主とするとは雖、舞踊と戯曲的振りとを転ずる事は出来ない筈、元来オペラは詩歌、音楽、建築、絵画、舞踊、それと全曲を貫く戯曲的振りによる綜合芸術である」と言い、「オペラ『カルメン』を、一度は私も上演してみたいと、永い前から考へてゐた事がある。翻訳された小説カルメンから、私は四幕に脚色した[25]」とも言っているのである。日高紅椿が日高児童楽園で行っていたのは主に童謡劇の指導である。そこにはオペラと同様に詩歌（童謡）、音楽、大道具小道具としての建築や絵画、舞踊、そして全体を貫く戯曲的振りもあったはずである。それならば、日高紅椿が指導するのは、子供たちからなるオペラだとも言えるわけである。上京して本格的なオペラを見てきた日高紅椿には、台湾にもオペラをというはやる気持ちが働き、それが「それでもオペラ運動が思ひ止まれない」という心境にした可能性はあろう。いくら子供たちが「童心」を保持していようが、力強い本格的な大人のオペラが彼の心の中で育ち始め、それが日高児童楽園の解散に繋がる可能性があったかもしれない。しかし、また先ほど挙げたように日高紅椿の「子供は正直だ云々」という叫びにも似た子供に対する真情を、すっぱりと断ち切っての解散とも考えられないのである。そこにはまだ、筆者が調べきれていない何か他の理由があるのかも知れない。

「日高児童楽園」は、日高紅椿の言葉通り、村岡花子歓迎子供大会以後は解散してしまった。一時的に復興したこともあったようだが[26]、その後の消息については全く判っていないのである。

最後に日高紅椿と「台北児童芸術協会」（以下「芸術協会」と略称）について述べておこう。

「芸術協会」の成立は、昭和一四年五月五日であり[27]、その機関誌『児童街』の創刊は、昭和一四年六月一〇日である。

「芸術協会」の主な仕事は「協会規定」に「本協会ハ台北市内ニ於ケル各児童芸術団体ノ融合ヲ計ルト共ニ、各団体ノ研究並ニ運動ヲ活発ナラシメ以テ台湾ニ於ケル児童芸術ノ向上発展ニ資セントス」とあり、更に「本協会ハ台北市内ノ各児童芸術団体ヲ以テ組織シ、各加盟団体所属ノ指導者ヲ協会会員トナシ、他ニ顧問、賛助員ヲ置ク」とある。つまり、台湾随一の大都会台北には児童芸術文化を担う各種の団体があり、それを「芸術協会」を通してそれぞれの団体が意思疎通し、児童芸術の発展に寄与する、と言うことである。そのために各団体の指導者を協会会員として、またアドバイザーとして顧問や賛助員を置くとしている。それでは、台北にはどのような団体があったかといえば、次の通りである。（　）内は指導者・代表者で協会会員。

○「銀の光子供楽園」（川平朝申）、○「ねむの木子供楽園」（竹内治）、○「日の丸児童会」（鶴丸資光）、○「南の星子供サークル」（相馬森一）、○「愛国児童会」（上田稔）、○「なでしこ児童楽園」（横尾イマ）、○「行成舞踊研究会」（行成清子）、○「パパヤの木オハナシクラブ」（中島俊男）

そして、これに日高紅椿の「日高児童楽園」が加わったのである。また、顧問としては台湾児童文学の開拓者である西岡英夫、賛助員には山口充一、吉鹿則行、吉川省三、村山勇、中山侑、小原伊登子がなった。

日高紅椿の「芸術協会」での動きは、それほどない。機関誌の『児童街』に以下のようなものを発表している。

「随想　台湾の郷土芸術」（台北児童芸術協会『児童街』創刊号、昭和一四年六月一〇日）

「童謡舞踊の振付＝主として私の振付に就て＝」（『児童街』第一巻第二号、七月二三日）

「童謡　一列に列んで」（『児童街』第一巻第二号、七月二三日）

ただ、前述したようにこの年の八月二〇日、台湾放送協会の招聘により来台の村岡花子の歓迎子供大会を台北放送局主催で行った後に、日高児童楽園は解散してしまい、それにより日高紅椿は、「芸術協会」からも『児童街』からも遠ざかってしまうのである。

ところが、「過般放送謝礼値上げ問題に端を発して、中島、吉川（誠）、相馬三氏の辞任退会せられることにな」って「芸術協会」は大騒ぎになったのである。(28) 当時は台湾各放送局で子供の時間が設けられ、しきりに放送劇や童話の口演放送が行われていた。ところが、放送に見合う謝礼が出されてはいなかった。この放送局の謝礼問題については、『児童街』第二巻第二号（昭和一五年四月一一日）の門外漢「童街春秋」に「台南放送局が謝礼の値上げをしたと云ふので台北では些か周章てゐると云ふ。誠に五円の謝礼は世界広しと云へどこゝ丈だらう、東京の二百円に比べれば左様二分五厘でありました。／『本当は謝礼など一銭もやらぬでもいゝのだ』と放送局会幹部はうそぶいてゐられるさうだから、誠に台湾は住みよい処でありませう。」とある。因みに中山侑、小原伊登子は台北放送局の職員であり、筆者の所持する資料では、出演者に同情している。

そして、村山は続いて「童話・童謡・紙芝居・舞踊・児童劇すべて児童を対称とする口演実演に懸命にあることに力点が置かれた。口演実演あつての研究である。その点今までの本会の活動は、余りにも研究の殻に閉じ籠り勝ちであつたし会員相互の討論審議に自らを慰めるだけで終つた。そしてマイクロホンの陰に身を潜めて無表情な童話や児童劇に凝り過ぎた感がある。」つまり、子供たちの面前で口演せず、劇もせず、童謡も歌わせず、机上の空論のみに走り、ただ放送局の要請には応じて口演も劇も童謡もすべてマイクを通して放送をするばかりだった。頻繁にラジオに出る割には出演謝礼は極めて安く、そこに出てきたのが謝礼問題だった。日高紅椿も「机上的理想論のみに耽溺して本来の使命目的たる児童芸術の向上を期すべき研究と実践運動が忘却され(29)」と同様なことを述べている。その結果、どのような経緯があったのかは判らないが、「芸術協会」の中心的な役割を担っていた幹事の中島俊男と「パパヤの木オハナシクラブ」、相馬森一と「南の星子供サークル」、そして「芸術協会」にとっては『児童街』等の発行に関して大きな力を持っていたと想像される台湾子供世界社の吉川省三も退会してしまう。この三人の退会を見て、日高児童楽園も解散して「すつかり協会から遠ざかつてゐた」日高紅椿が、「芸術協会」の将来を慮って三人の引き留め役をかって出るのだが、結果的には妥協点を見い出せなかった。そのためにこの際「芸術協会」を改組して新たな出直しを計ったら如何と提言し、それが会員たちに認められ、日高紅椿は次第に「芸術協会」の中枢を占めるようになっていく。(30)だが、この後の、「芸術協会」及び『児童街』についての消息は不明なのである。三人が退会した「芸術協会」は力が尽きてしまったのか、あるいは翌年に起こる「大東亜戦争」が、その活動を自粛させたのか、それは今後の研究が明らかにすると思う。

昭和三五年（一九六〇）一二月、日高紅椿は、台湾から日本へ引き揚げた。終戦以後台湾では何をしていたのかは不明である。そして、昭和五五年（一九八〇）三月には、二冊目の単行本詩集『アローハ』〈発行者：綱島嘉之助〈日本歌謡芸術協会・日本歌謡シリーズNo.19〉〉を出し、昭和五八年（一九八三）二月には『日高紅椿童謡集・ひとつ星』〈日本定形詩人会〉〈日本定形詩人会叢書・17〉を出版した。帰国以降の活動もほとんど判っていない。

昭和六一年（一九八六）一月一八日に死去した。

注

（1）吉鹿則行については游珮芸「第Ⅰ部第五章　野口雨情の台湾行脚」（明石書店『植民地台湾の児童文化』）に、雨情一行の台北での世話人であり、講演・演奏会は吉鹿が代表を務める「童謡研究会」が主催したとあり、また吉鹿と雨情は子弟の関係であると、当時の『台湾日日新報』を引いて説明している。さらに第五章の注（12）には「帝国秘密探偵社の『大衆人事録』（一九四二年）によれば、吉鹿は、一九〇四年生まれで、台湾中学を卒業した後、父善次郎が創立した台湾勧業無盡（株）に入社し、新竹支店勤務を経て、一九三五年本店に転じた。つまり、吉鹿は、会社勤務の傍ら、童謡の創作などの児童文化活動に携わっていたのである。」とある。尚、吉鹿善次郎の家は旧台北駅前、鉄道ホテルと台北郵便局の間（現在の忠孝西路と重慶南路の西角）にあった（昭和三年一二月東京交通社発行「大日

本職業別明細図　台北市」)。尚、本文の吉鹿に関する記述は「台湾に於ける代表的童謡作家」から。

(2) 日高紅椿『童謡集　アローハ(日本歌謡シリーズNo.19)』(日本歌謡芸術協会、昭和五五年三月二六日)の「著者略歴」に拠る。本籍を「鹿児島市」と書いているのは、本書だけである。おそらく自ら書いたと思われるこの「著者略歴」では、昭和五五年当時は、「東京都世田谷区奥沢」に住んでいるとある。

(3) 昭和一〇年(一九三五)一〇月発行の『童話研究』(日本童話協会)第一五巻第五号掲載の「台中児童倶楽部の会員」の中に「商工銀行支店　日高紅椿」とある。

(4) 『台湾芸術』編輯部「台湾文芸雑誌興亡史(二)」(『台湾芸術』第二号、昭和一五年四月一日)

(5) (2)と同じ。

(6) 野口雨情の来台講演については、日高紅椿「台湾公演旅行」(金の星社『みんなで書いた野口雨情伝』、一九七三年七月)に詳しい。尚、該書は千部限定本で、一九八二年一一月には再版が出ている。

(7) 注(6)の「台湾公演旅行」の中に「大正十四年十月、子供たちによき童心を植え付けようと、わたしたちは台中童謡劇協会を創設し、子供に童謡独唱・合唱や童謡舞踊・児童劇の公演を行った」とある。

(8) 大分市の童仙房出版部から「新興日本童謡詩人叢書第三編」として出版された。次の童謡が作曲され五線譜も添付されて、音楽としての「童謡」となったが、これはおそらく台湾では初めてのことであったと思われる〈「背戸」(高木正雄作曲)「新高山」(高木正雄作曲)「柳の雨だれ」(小林柳美作曲)「厩のお馬」(高木正雄作曲)〉。また、本書には日高紅椿の写真があり、さらに「台湾台中童謡劇協会　日高紅椿」の署名と共に「自序」において児童芸術論を簡述している。

(9) 『童話研究』第七巻第四号(昭和三年七月二〇日)の「童話界消息」に「◎台中童謡劇協会　坂本登氏を会長とし小川平次郎氏、田中春雄氏其他の諸氏によりて台中童謡劇協会が起され、童謡と児童劇の研究に努めてゐる。機関誌として童必《ママ》雑誌『三日月』が出る。」とあり、日高紅椿の名が見当たらない。尚、坂本登は当時の台湾新聞社支配人。

(10) 前者は、日高紅椿「本島人芸姐と舞踊(一)私の経験を語る」(『台湾芸術新報』創刊号、昭和一〇年八月一日)。後者は、前出の日高紅椿「台湾公演旅行」。日高紅椿批判の実際の一例として、大正一五年七月八日の『台湾日日新報』「公開欄」に載った「愛児二生」（仮名）の日高紅椿批難文「日高紅椿よ」を以下に収録しておく。「日高紅椿よ！「……人騒がせの徒輩と軽蔑する」なんかんと、軽蔑されて微塵も痛い者はなからうが、それ程云ふ事が聞き度くば聞かさん／一体『……教育を芸術に育くみ』とは何と云ふことかの、娘の子を集めてコーラスガールにあやかしめることが芸術なら、屁をひることも芸術かね？又教育とは何事ぞ、稚拙歯を浮かす童謡とやら申すものを歌へる事が教育と心得るのが君の身上か！／歯の浮くやうなキザな遊戯に堕して、いや遊戯以上に出れない身上で、芸術家とやら面が聞いてあきれる。／童心は君一人の占有物で、君一人だけが知つてるやうなお目出たさも亦君の身上だ。『童心を知らない……』などとそれ程童心が気にかゝるなら、日高紅椿よ！総身の智慧を絞つて見るに堪へたる論陣を布け、然らば我一糸を報いてお目見得せん」

(11)　前者は、『金の星』第七巻第五号（大正一四年五月一日）の末尾の「読者だより」。署名は「台湾台中市明治町五三六　日高紅椿」。尚、本号の掲載の日高紅椿の童謡「屁のお馬」は、募集童謡（大人篇）に応募して二等に当選している。因みに一等は名方まさるの「天神さん」で賞金は一〇円、二等は五円だった。後者は、『金の星』第七巻第七号（同前年七月一日）末尾の「読者だより」。

(12)　大正一四年八月一七日『台湾日日新報』（夕刊）に「鈴蘭社童謡劇　非常な成功」という記事があり、「台中鈴蘭社主催第二回童謡劇大会は十五日午後七時より台中座に於て開催されたが、非常な人気で唯満員立錐の余地なき盛況で予定のプログラムは進行し各番毎に大喝采、殊に童謡劇は非常な出来栄えで殆ど涙含ましい程であつたのは同人諸氏の努力が認められ、十一時頃終演、要するに大成功であつた」とある。

(13)　「日高子供楽園」創設や第一回大会のプログラム等については『童話研究』第九巻第八号（昭和五年八月二五日）に、「台湾日高児童楽園の第一回童謡楽劇大会」という日高紅椿署名記事が、次のように記している。

「台湾の台中市で五年前から台中童謡劇協会を起して児童芸術一般の普及向上に努めて第八回大会まで開催したが部（都）合に依つてそれから退会して私を中心として日高児童楽園が先般創設され、去る六月七、八日両日間当地台中座で大盛況裏に第一回童謡楽劇大会を開催した。植民地に児童芸術を普及さす事は丁度畑に種を蒔くと同じと考へて今後益々台湾を舞台にして斯道に精進して児童芸術一般を普及向上せしやうと思つてゐる。本会の蘆谷蘆村先生も顧問になつて頂いてゐるが各諸先生も夫々遠い所ながら御後援に預つてゐる。第二回は今秋の予定で今夏中に小会を開催する予定もある。生徒は目下二十一名、小学生と幼稚園児からなり毎日曜日だけ集合して研究してゐる。弊園はこの外に近く童謡部とハーモニカバンドとトリオとそれから児童バンドも設ける企てがある。第一回大会のプログラムは別紙の通りであつた。

プログラム

「序曲　童謡二部唱「波がしら」（葛原しげる謡本居長世曲）」　本科生徒一同

一、「童謡ダンス（兎のダンス）」上村薫振付

二、「童謡独唱　A桃の花（日高紅椿謡・小林柳美曲）B私の家（国定教科書・黒澤隆朝　曲）日高多歌子伴奏」大久保ユリ子

三、「琵琶童謡舞踊　双六歌（日高紅椿振付）」

四、「童謡舞踊　まりつき歌（日高紅椿振付）」

五、「ダンス　スズラン（上村薫振付）」

六、「童謡舞踊　あゆやさん（上村薫振付）」

七、「童謡舞踊　チヤボ（日高紅椿振付）」

八、「ダンス　ステツキダンス（上村薫振付）」

九、「童謡舞踊　稲穂の雀（上村薫振付）」

一〇、「話劇　いたづら狸一幕」幼稚科生一同

一一、「新舞踊　春の夢（日高紅椿振付）」（以上、第一部）

一、「児童劇　母の手紙　一幕（脚色演出・日高紅椿／舞台装置・東光社同人）」

二、「日本新舞踊（生田流箏曲）春雨（日高紅椿振付）」舞踊　佐井延子

三、「童謡舞踊　雪だるま（上村薫振付）」

四、「童謡舞踊　落葉の踊（上村薫振付）」

（ポリドールレコード一九三番B使用）大久保ユリ子
五、「ダンス　南京娘さん（日高紅椿振付）」
六、「童謡舞踊　朝の鈴（上村薫振付）」
七、「童謡舞踊　春が来る（上村薫振付）」
八、「童謡舞踊　青い眼の人形（日高紅椿振付）」
九、「童謡独唱　A小燕（日高多歌子・宮森白舟曲）B鈴虫（白鳥省吾・室崎琴月曲）日高多歌子伴奏」
一〇、「童謡表現　毬ちゃんの絵本（日高紅椿振付）」
一一、「童謡舞踊（弊楽園顧問作品）ながさき（林きむ子振付）」澁谷香代子
一二、「ダンス　世界平和（上村薫・日高紅椿振付）」
（番外）「生田流箏曲（三の景色）」尺八・関段敏男／琴・高橋静子・佐田富士子／替手・菊橋大勾當（以上、第二部）
「童謡楽劇　マヤ子　六景」
(14)「台中　日高児童楽園　第八回童話楽劇大会　八月一・二日台中座で」（『台湾芸術新報』第二巻第七号、昭和一一年七月一日）
(15)「日高児童楽園の日高紅椿氏転居」（『台湾芸術新報』第三巻第五号、昭和一二年五月一日）
(16)「拍手の嵐を呼んだ台中童謡劇公演」（『台湾教育』第三四七号、昭和六年六月一日）
(17)菅忠道『日本の児童文学（増補改訂版）』（大月書店、一九六六年五月一四日）「V　童心文学の開花」
(18)童謡に曲が付けられて唱われるようになったのは、西条八十作詞の「かなりや」が初めてである。歌詞の発表は大正七年（一九一八）一一月号『赤い鳥』。成田為三の曲が付いたのは翌年の五月号の「赤い鳥曲譜集」である（上田信道『謎とき名作童謡の誕生』、平凡社新書、二〇〇二年一二月）。
『厩のお馬』の「内容」は以下の通り。

【内容】〈作曲〉「背戸」（高木正雄作曲）「新高山」（高木正雄作曲）「柳の雨だれ」（小林柳美作曲）「厩のお馬」（高木正雄作曲）／日高紅椿写真／「自序」（台湾台中童謡劇協会　日高紅椿）／／背戸／／柳の雨だれ／月なし夜／小学

一年生／せんだんの木／鷹／背戸／お正月／ひー・ふー・みー／雀の餅屋／雨だれ小坊主／雀のひつこし／蜂の巣／厩のお馬／／厩のお馬／藪雀／黒蟻の旅／お寺の雀／台湾町／小さな木瓜／雀の嫁入／日ぐれの竹やぶ／台湾の夏／つぶろの電車／夕なぎ／生蕃山の昼／／新高山／／峠茶屋／小川／蕃社の夜／蚊帳／新高山／青い丘／学校を休んだ朝／支那人さん／蟻の行列／お墓参り／帰り路／はねつるべ／／つり橋／／つり橋／登校の朝／朝の古亭庄／軍ごつこ／夕傘／杵つき／夜中の田圃／木のかげ／兎と亀／蛍の子／つばめ／車屋さん／なす畑

(19) 『台湾芸術新報』第四巻第七号（昭和一三年七月一日）掲載の「本島舞踊界に活躍する人々」では日高紅椿について「台中新舞踊界になくてはならぬ人であつたが一昨年台北に転住し台北に地盤を作りつゝある。忠臣蔵の如き大物をレビユー化するなど新作に苦心してゐる昨年は台北市公会堂に新舞踊大会を開催し非常な喝采を博し日高舞踊団の存在を認識せしめた」とある。

(20) 『台湾芸術新報』第二六号（昭和一二年九月一日）に「日高児童楽園主催　童謡楽劇大会盛会」という見出しで、以下のような記事がある。

「台中市名物と称された子供達や各家庭に喜ばれて来た児童芸術の研究所である日高児童楽園は日高紅椿氏の台北転出により解散したが去る六月末台北市に楽園再起となり二十数名の生徒を得て七月十日開園し早くも八月二十一日午後六時より台北市公会堂に於て台中の旧生徒十数名の応援加入ありて華々しく第一回作品発表の童謡楽劇大会を開催した当夜は童謡舞踊に非常な趣味をこらし殊にこども忠臣蔵全十景は大好評を博した尚ほ当夜は満員の盛況で非常な成功であつた。」

(21) 『児童街』創刊号（昭和一四年六月一〇日）の「消息」欄。

(22) 『児童街』第一巻第三号（昭和一四年八月二六日）の巻末「会報」に「◎日高児童楽園／八月の村岡女史歓迎子供大会に出演の予定だが、これが終れば解散する由、歴史ある此の楽園の解散は誠に惜しいことである。」とある。尚、この年の一〇月三〇日には、野口雨情が二度目の来台をして一ヶ月余滞在する。

(23) 日高紅椿「藤原義江歌劇団の歌劇『カルメン』を観て――オペラ運動を考へる」（『台湾芸術新報』第五巻第六号、昭和一四年六月一日）。以下の引用文も同じ。

(24)「伴奏が望まれない。事も覧《マ》悟せねばならない然し《マ》、てそれでも」。この部分はおそらく「伴奏が望まれない事も覚悟せねばならない。然して、それでも」の誤りだと思う。

(25) 注(23)に同じ。

(26) 日高紅椿「協会改組に就て――理論より先づ歩め――」(『児童街』第二巻第三号、昭和一五年六月)中に、「自個の団体を解散してすつかり協会から遠去つてゐた私ではあつたが」とあり、この号に付された「台北児童芸術協会加盟団体」欄には「日高児童楽園　日高紅椿　福田九十九」とある。

(27) 日高紅椿「協会改組に就て――理論より先づ歩め――」の冒頭に「台北児童芸術協会が設立されてから、去る五月五日を以て満一箇年となつた」とある。しかし、機関誌『児童街』創刊号(昭和一四年六月一〇日)の「編輯後記」で、編輯者の竹内治が「昔から、幾度か計画され、幾度か実行に遷しかけられたがその度に種々の支障に妨げられて、終に今日迄発行され得なかつた童心芸術の機関誌が(傍点筆者)」とあるので、機関誌発行よりかなり前に組織化されていたのかも知れない。

(28) 引用は、村山勇「改組後に於ける協会の使命」(『児童街』第二巻第三号、昭和一五年六月)。

(29) 日高紅椿「協会改組に就て――理論より先づ歩め――」。

(30) この騒動について、そして日高紅椿の「芸術協会」での立場については、竹内治「協会改組日記」(『児童街』第二巻第三号、昭和一五年六月)に詳しい。ただし、この一ヶ月に渡る日記には、結局三人の退会の直接の原因の詳細は書かれてはいない。八六年一月一八日

日高紅椿著作目録（稿）

■明治三七年（一九〇四）

＊八月一一日、日高捷一、鹿児島県に生まれる。

■大正一一年（一九二二）

六月、『金の船』が『金の星』となる。

■大正一二年（一九二三）

この頃、日高紅椿は台北商業学校を卒業。また、この年に商工銀行台中支店勤務のため台中市に移転したと思われる。

■大正一三年（一九二四）

＊『台湾日日新報』大正一三年八月一一日（日刊）「盛会であった童謡劇大会」に拠ると、
「童謡研究鈴蘭社主催の童謡劇大会は九日午後七時より台中小学校講堂で開催、出演者第二小学校五六年女生徒達で西（日）高江（紅）椿の同社設置の趣旨を挨拶に代へて述べプログラムに移り

一、童謡合唱／二、童謡劇「蝶の親子」三幕／三、童謡独唱／四、童謡劇「星の子供」一幕／五、童謡合唱／六、童謡独唱／七、童謡独唱／八、童謡劇「ヘビーの病気」一幕／九、童謡独唱／十、童謡独唱／十一、童謡独唱／十二、童謡劇「頭目の娘」一幕

何れも熱心に演じ仲々の上出来で喝采を博し午後十時閉会入場者は約七百名小学校生徒の見物約三分の二を占めて居た」とある。

一二月一日、「枯れ葉（推薦）」（金の星社『金の星』第六巻第一二号）

＊この頃から童謡舞踊や児童劇を始めるが「子供に芸者や俳優の真似事をさせてと批難の声を浴びせられた事もあった」と言う。「本島人芸姐と舞踊（一）」（『台湾芸術新報』創刊号、昭和一〇年八月）に拠る。

■大正一四年（一九二五）

三月、日高紅椿、童謡誌『すゞらん』（鈴蘭社）を創刊。主な執筆者に日高紅椿、古川わたる、坂本都詩雄、保坂瀧雄、西川満等がいた。第二〇輯まで続いたといわれる。

四月一日、「かまきり」（コドモ社『童話』第六巻第四号）〈童謡大人の部佳作　吉江孤雁選〉

四月一日、「蜂の巣（推薦）」（『金の星』第七巻第四号）

五月一日、「お山のすそ」（『童話』第六巻第五号）〈童謡大人の部佳作　吉江孤雁選〉

五月一日、「厩のお馬（二等）」（『金の星』第七巻第五号）

＊本号末に「読者だより」があり、（台湾台中市明治町五三六　日高紅椿）が書簡を寄せて、次のように言っている。

「童謡は独り児童のものではない。児童の親たるべき大人も大に研究せねばならないと思ふ。また教育的でな

くとも趣味としても甚だ意味あることである。私は毎月一回『すゞらん』と云ふ可愛い童謡誌を出してゐる鈴蘭社を設けてゐる。まだ御入会下さらない方々の、御迎へを喜んで待つてゐます。一冊二十銭で三十頁の活版色刷ものです。」

五月二七日、「童謡集　かのぼりの鈴／宿さがし／山の小鳥」（『台湾日日新報』）

六月一日、「宿なし雀」（『金の星』第七巻第六号）

七月一日の『金の星』（第七巻第七号）末の「読者だより」では、（台湾　日高紅椿）が書簡を寄せて、次のように言っている。

「童謡の盛な内地を遠くから羨しく望んでゐる一人です。童謡は民謡のやうに民衆化せねばならないと思ひます。趣味家のみ専有すべき芸術ではありません。いやしくも子供の親たるべき人は、是非研究して欲しく思ひます。童謡は芳しい芸術であると同時に、教育であるべきであると思つてゐます。終りに五月の童謡号に拙作を二等に当選さして頂いた事を厚くお礼申上ます。」

＊右記の「二等」とは、『金の星』第七巻第五号掲載の「厩のお馬」を指す。金の星社の募集童謡（大人篇）に応募して当選した。因みに一等は名方まさるの「天神さん」で賞金は一〇円、二等は五円だった。

八月一日、「宿さがし」（『童話』第六巻第八号）〈童謡大人の部佳作　吉江孤雁選〉

＊八月一三日夜七時から一一時まで、鈴蘭会「第二回童謡劇大会」を台中座において開催、大盛況裡に終わる。

九月一日、「牛かひ」（『童話』第六巻第九号）〈童謡大人の部佳作　吉江孤雁選〉

一〇月一日、「とんぼの尾つぽ」（『金の星』第七巻第一〇号）

一〇月九日、「童謡　朝起き」（『台湾日日新報』）

＊一〇月、「子供たちによき童心を植え付けようと、わたしたち（日高紅椿等）は台中童謡劇協会を創設し、子供の童謡独唱・合唱や童謡舞踊・児童劇の講演を行った。／ところが、子供をステージで歌わせ、踊らせ、芝居をさせることは、かわらこじきの行為だと、老骨校長に反対されたり、新聞紙上でも多くの非難を受けたり、さんざんな目にあっていた頃だけに、雨情先生らを迎え得たことは、何よりの救いと大喜び。」（日高紅椿「台湾講演旅行」『みんなで書いた野口雨情伝』金の星社　一九七三年七月）

一一月六日、「童謡集　博多人形」（『台湾日日新報』）

一一月一三日、「子供は父の父　良心＝童心＝踊る心　童心と云ふこと」（『台湾日日新報』）

一二月五日、「児童と遊びて」（『台湾日日新報』）

■大正一五年（一九二六）

一月一日、「ひーふーみ」（シヤボン玉社『しやぼん玉』第一〇輯）

二月一日、「菊の花」（『金の星』第八巻第二号）

二月一日、「汽車（佳作）」（赤い鳥社『赤い鳥』第一六巻第二号）〈北原白秋選〉

＊タイトルの後に「台湾台中市明治町五三六」とあり。

二月、台中童謡劇協会、第一回公演を行う。その後、毎年二・三回の公演を行う。当時にあっては、台湾唯一の児童芸術研究団体。

四月一日、「牛かひ」（『金の星』第八巻第四号）

七月一日、「絵日傘」（『金の星』第八巻第七号）

七月三日、「台中愛児生に　回答を求む」
＊六月二四日の『台湾日日新報』夕刊「ウエルカム欄」に日高紅椿批判が掲載されたのを受けての回答。「台中童謡劇協会　日高紅椿」と署名。また七月八日には「愛児二生」という仮名人物が「日高紅椿よ」という一文を投稿して、下記のように述べている。
「日高紅椿よ！「……人騒がせの徒輩と軽蔑する」なんかんと、軽蔑されて微塵も痛い者はなからうが、それ程云ふ事が聞き度くば聞かさん／一体『……教育を芸術に育くみ』とは何と云ふことかの、娘の子を集めてコーラスガールにあやかしめることが芸術なら、屁をひることも芸術かね？又教育とは何事ぞ、稚拙歯を浮かす童謡とやら申すものを歌へる事が教育と心得るのが君の身上か！／歯の浮くやうなキザな遊戯に堕して、いや遊戯以上に出れない身上で、芸術家とやら面が聞いてあきれる。／童心は君一人の占有物で、喜美一人だけが知つてるやうなお目出たさも亦君の身上だ。『童心を知らない……』などとそれ程童心が気にかゝるなら、日高紅椿よ！総身の智慧を絞つて見るに堪へたる論陣を布け、然らば我一糸を報いてお目見得せん」
七月　＊この年の七月号で雑誌『童話』は廃刊。
八月一日、「つばめスイスイ」（『金の星』第八巻第八号）
八月一日、「な畑（佳作）」（『赤い鳥』第一七巻第二号）〈北原白秋選〉
＊タイトルの後に「台湾台中市老松町一」とあり。
八月、台中童謡劇協会、第二回公演を行う。
九月一七日、「童謡集　きまぐれ蜻蛉」（『台湾日日新報』）
九月二六日、「童謡集　お伽ぎ唄」（『台湾日日新報』）

一〇月一日、「峠茶屋（入選）」（『赤い鳥』第一七巻第四号）〈北原白秋選〉
＊タイトルの後に「台湾台中市老松町一ノ一八」とあり。
一〇月一五日、「童謡『わつしよい』『わつしよい』／夕傘・異人さん・わつしよい」（『台湾日日新報』）
一一月一日　＊『赤い鳥』一一月号（第一七巻第五号）の「童詩童謡選外佳作」となる（名前のみで作品はなし）。
一一月一二日、「童謡集　秋風が吹く／かり・夕星・小雉・稲田の夜番」（『台湾日日新報』）
一二月二四日、「童謡集　さ、やき／登校の朝・お牛・台湾烏」（『台湾日日新報』）

■大正一六年／昭和二年（一九二七）
二月一日、＊『赤い鳥』二月号（第一八巻第二号）の「童詩童謡選外佳作」となる（名前のみで作品はなし）。

三月一日、「台湾烏」（『金の星』第九巻第三号）

四月四日、＊野口雨情、作曲家中山晋平と歌手斎藤千夜子を伴い初来台。四月一八日帰る。

スケジュールは四月五・六日（台北）／七日（新竹）／八・九日（台中）／一〇日彰化／一一日（嘉義）／一二・一三日（台南）／一四日（高雄）／一五日（屏東）／一六日・一七日（基隆）／一八日基隆より船で「内地」へ帰る。雨情に限って言えば、昼間は小中学生に、夜は一般向けに講演。

『台湾日日新報』昭和二年四月五日付の「雨情氏来る　昨日吉野丸で」及び「講演と演奏」記事から、台北（医専講堂）での概要が、以下のように判る。
一、講演　　野口雨情
一、童謡合唱指導　　中山晋平

一、童謡独唱　　　　　　佐藤千夜子
　　作曲及伴奏　　　　　中山晋平
一、小曲独唱　　　　　　佐藤千夜子
　　作曲及伴奏　　　　　中山晋平
　　番外泰西名曲独唱　　佐藤千夜子
一、童民謡自由独唱　　　野口雨情
一、民謡独唱　　　　　　佐藤千夜子
　　作曲及伴奏　　　　　中山晋平

そして、台北の主催は、「童謡研究会」（代表：吉鹿則行一九〇四年〜？）である。

以上の状況は、游珮芸『植民地台湾の児童文化』に拠る。

〈先生がわたしたちの台中を訪れたのが、四月八日の午前十一時、ひょうぜんとした詰めえり姿、ちょぼひげ、そぼくにつきるいでたちで、なつかしさが先にたった。そして直ちに神社参詣のお伴をした時、神社の森でさえずる鳥の声に、先生はふと立ち止まり、

「あれは何という鳥だ。」と問われたのでわたしは、

「ペタコという、台湾にしかいない頭の白い小鳥で、雀のように家の近くにもよく来て泣きます。」と説明したら、先生の印象に強く残られたらしく、当夜さっそく創作されたのが、左の一作――

白頭哥《ペタコ》　お母さんに白い帽子　もろた
白頭哥　白い帽子　かぶってる

この白頭哥というのは台湾語で、ペエタウコ、これを日本人が略称して「ペタコ」と言っていたもの。先生が帰日後、これを童謡につくられ、中山晋平先生が作曲されて、以来広くコドモたちに愛唱されたもとなのであった。〉以上、日高紅椿「台湾公演旅行」から

五月六日、「童謡集　紅雀／水車・孔雀・夕ぐれかげぼし」（『台湾日日新報』）
六月三日、「北原白秋氏と菊池寛氏の争ひ」（『台湾日日新報』）
七月二日、「詩・豊年だ万作だ」（『台湾日日新報』）
九月一六日、「童謡　日ぐれ道」（『台湾日日新報』）
一二月二日、「童謡　セキレイ」（『台湾日日新報』）
一二月九日、「童謡の力」（『台湾日日新報』）

■昭和三年（一九二八）

四月二七日、「童話集　そろそろ夏ですよ」（『台湾日日新報』）
五月二五日、「童謡童心雑言」（『台湾日日新報』）
七月一日　＊『赤い鳥』二月号（第一八巻第二号）の「童詩童謡選外佳作」となる（名前のみで作品はなし）。
七月二三日、「童謡　此の町」（『台湾日日新報』）
＊『童話研究』第七巻第四号（昭和三年七月二〇日）の「童話界消息」に次のようにある。
「◎台中童謡劇協会　坂本登氏を会長とし小川平次郎氏、田中春雄氏其他の諸氏によりて台中童謡劇協会が起され、童謡と児童劇の研究に努めてゐる。機関誌として童必《ママ》雑誌『三日月』が出る。」

八月一三日、「日高紅椿集／はねつるべ・小坊主・黒蟻の旅・藪雀・台湾の夏・雀のひつこし・赤い月・水牛・たんぼのたにし・厩のお馬」（吉鹿則行編著『童謡研究』〈台北・赤い處女地社〉の第二編に収録）
一一月五日、「童謡集　秋の夜」（『台湾日日新報』）
一一月一八日、「水牛と娘」（『台湾日日新報』）
一二月一日、「童謡　年の暮」（『台湾日日新報』）

■昭和四年（一九二九）
一月一四日、「芸術…それから　舞踊の美（童謡舞踊を提唱す）」（『台湾日日新報』）
二月二五日、「童謡　お寺の階段」（『台湾日日新報』）
三月　＊三月号で『赤い鳥』休刊。
四月　「蟻の行列」（新興日本童謡詩人会『童謡詩人』四月号）＋
五月　「雀のお祭」（『童謡詩人』五月号）＋
七月　〈論説〉（『童謡詩人』七月号）＋
七月　＊七月号で『金の星』終刊。
七月二二日、「童謡　夏の三景／私と坊やと・赤とんぼ・いくさごつこ」（『台湾日日新報』）
九月九日、「童謡集　背戸三景／せどの兵隊さん・夏・雀の水のみ」（『台湾日日新報』）
九月三〇日、「童謡集　初秋風景／朝の古亭庄・月見草・落葉」（『台湾日日新報』）
＊九月三〇日の『台湾日日新報』に、無記名での「文芸消息」として「日高児童楽園」が紹介されている。

一〇月五日、『厩のお馬』（童仙房出版部〈大分市〉「新興日本童謡詩人叢書第三編」）

＊日高紅椿最初の単行本。

【内容】

〈作曲〉「背戸」（高木正雄作曲）「新高山」（高木正雄作曲）「柳の雨だれ」（小林柳美作曲）「厩のお馬」（高木正雄作曲）／日高紅椿写真／「自序」（台湾台中童謡劇協会　日高紅椿）／／背戸／／柳の雨だれ／月なし夜／小学一年生／せんだんの木／鷹／背戸／お正月／ひー・ふー・みー／雀の餅屋／雨だれ小坊主／雀のひっこし／蜂の巣／／厩のお馬／／厩のお馬／藪雀／黒蟻の旅／お寺の雀／台湾町／小さな木瓜／雀の嫁入／日ぐれの竹やぶ／台湾の夏／つぶろの電車／夕なぎ／生蕃山の昼／／新高山／／峠茶屋／小川／蕃社の夜／蚊帳／新高山／青い丘／学校を休んだ朝／支那人さん／蟻の行列／お墓参り／帰り路／はねつるべ／／つり橋／／つり橋／登校の朝／朝の古亭庄／軍ごっこ／夕傘／杵つき／夜中の田圃／木のかげ／兎と亀／蛍の子／つばめ／車屋さん／なす畑

＊一〇月二八日の『台湾日日新報』の「文芸消息」欄に日高紅椿の童謡集『厩のお馬』の紹介が載った。

＊一〇月の『童謡詩人』一〇月号に〈「作曲」／「背戸」「厩のお馬」日高紅椿作詩、高木正雄作曲〉とある。＋

一一月四日、「童話集　おう寒小寒の月夜」（『台湾日日新報』）

一一月一五日　＊『童話研究』第八巻第八号の「会員加盟」欄に「台湾　岩谷隆智（津川福一氏紹介）／台湾　日高紅終（「椿」の誤記）／台湾　有矢鐘一（津川主一氏紹介）」とある。

一一月二三日、「冬の日ぐれ」（シヤボン玉社『シヤボン玉』第二四輯）

一一月二三日、＊シヤボン玉社『シヤボン玉』第二四輯の「新刊紹介」欄に次のようにある。

〈◆日高紅椿氏……日高児童楽園を新たに組織し童謡劇を研究、実演さる。同氏振付童謡舞踊集「河鹿」「柳の雨だれ」寄贈、曲譜付　各輯三十五銭　台湾台中市老松町一ノ十八　同園〉

一二月五日、「童謡　ひーふーみー・雨だれ小坊主・登校の朝」(『第一教育』第八巻第一一号)

一二月一五日、「遠足帰り」「月夜です」(『童謡詩人』一二月号)

＊「昭和四年」中の末尾に＋印のあるものは、上記の『童謡詩人』一二月号掲載の「童謡詩人昭和四年度収穫月別一覧表」に拠った。

■昭和五年(一九三〇)

一月一日、「月見草」「落葉」(『童謡詩人』一月号)

一月一日、「童謡小品舞踊二つ」(『第一教育』第九巻第一号)

一月二五日、「童謡の火事――過去それから将来へ」(風景詩社『風景』創刊号)

一月二五日、「小雨の降る日(童謡)」(『風景』創刊号)

二月七日、「童謡舞踊　チンチン雀」(『第一教育』第九巻第二号)

二月七日、「黄金虫」(『第一教育』第九巻第二号)

三月七日、「童話劇　いたづら狸」(『第一教育』第九巻第三号)

三月一〇日、「乞食」(『童謡詩人』三月号)

三月一六日、＊『台湾日日新報』に無記名で「日高児童楽団　童話童謡の夕」という記事が載っている。

三月二五日、「夜が更けたの(童謡)」(『風景』第二輯)

四月一五日、「日ぐれ夜道」「冬の夜」（新興日本詩人会編〈長尾豊・平木二六・玉置光三・島田忠巳・後藤楢根〉『一九三〇年版年刊新興童謡集』）

六月、＊日高紅椿、台中で日高児童楽園を開設し（前年秋）、第一回童謡楽劇大会を実施。

八月二五日、「朝の嘉義街」（日本童話協会『童話研究』第九巻第八号）

八月二五日、『童話研究』第九巻第八号に「台湾日高児童楽園の第一回童謡楽劇大会」という日高紅椿署名記事が以下のようにある。

〈台湾の台中市で五年前から台中童謡劇協会を起して児童芸術一般の普及向上に努めて第八回大会まで開催したが部（都）合に依つてそれから退会して私を中心として日高児童楽園が先般創設され、去る六月七、八日両日間当地台中座で大盛況裏に第一回童謡楽劇大会を開催した。植民地に児童芸術を普及さす事は丁度畑に種を蒔くと同じと考へて今後益々台湾を舞台にして斯道に精進して児童芸術一般を普及向上せしやうと思つてゐる。本会の蘆谷蘆村先生も顧問になつて頂いてゐるが各諸先生も夫々遠い所ながら御後援に預つてゐる。第二回は今秋の予定で今夏中に小会を開催する予定もある。生徒は目下二十一名、小学生と幼稚園児からなり毎日曜日だけ集合して研究してゐる。弊園はこの外に近く童謡部とハーモニカバンドとトリオとそれから児童バンドも設ける企てがある。第一回大会のプログラムは別紙の通りであつた。

プログラム

「序曲　童謡二部唱「波がしら」（葛原しげる謡本居長世曲）」　本科生徒一同

一、「童謡ダンス（兎のダンス）」上村薫振付

二、「童謡独唱　A桃の花（日高紅椿謡・小林柳美曲）B私の家（国定教科書・黒澤隆朝　曲）日高多歌子伴奏」大

久保ユリ子
三、「琵琶童謡舞踊　双六歌（日高紅椿振付）」
四、「童謡舞踊　まりつき歌（日高紅椿振付）」
五、「ダンス　スズラン（上村薫振付）」
六、「童謡舞踊　あゆやさん（上村薫振付）」
七、「童謡舞踊　チヤボ（日高紅椿振付）」
八、「ダンス　ステツキダンス（上村薫振付）」
九、「童謡舞踊　稲穂の雀（上村薫振付）」
一〇、「話劇　いたづら狸一幕」幼稚科生一同
一一、「新舞踊　春の夢（日高紅椿振付）」（以上、第一部）
一、「児童劇　母の手紙　一幕（脚色演出・日高紅椿／舞台装置・東光社同人）」
二、「日本新舞踊（生田流箏曲）春雨（日高紅椿振付）」舞踊　佐井延子
三、「童謡舞踊　雪だるま（上村薫振付）」
四、「童謡舞踊　落葉の踊（上村薫振付）」
（ポリドールレコード一九三番B使用）大久保ユリ子
五、「ダンス　南京娘さん（日高紅椿振付）」
六、「童謡舞踊　朝の鈴（上村薫振付）」
七、「童謡舞踊　春が来る（上村薫振付）」

八、「童謡舞踊　青い眼の人形（日高紅椿振付）」
九、「童謡独唱　A小燕（日高多歌子・宮森白舟曲）B鈴虫（白鳥省吾・室崎琴月曲）日高多歌子伴奏」
一〇、「童謡表現　毬ちゃんの絵本（日高紅椿振付）」
一一、「童謡舞踊（弊楽園顧問作品）ながさき（林きむ子振付）」澁谷香代子
一二、「ダンス　世界平和（上村薫・日高紅椿振付）」
（番外）「生田流箏曲（三の景色）」尺八・関段敏男／琴・高橋静子・佐田富士子／替手・菊橋大勾當（以上、第二部）
「童謡楽劇　マヤ子　六景」〉
一〇月一三日、「童謡集　気持いい秋／雀と子供・お客に・日ぐれ」（『台湾日日新報』）
一〇月一五日、「暗い夜空」（『童話研究』第九巻第一〇号）
一二月二五日、「日ぐれ」（『童話研究』第九巻第一二号）
一二月二五日、『童話研究』第九巻第一二号に「日高児童楽園（台湾）の第二回童謡楽劇大会」と題して日高紅椿が次のように報告している。
〈台湾で相変らず真面目に児童芸術の為に活動してゐる。十一月七日、八日両日間台中座で第二回童謡楽劇大会を開催した。丁度台中州下桜で名高い霧社で生蕃が多くの内地人の首を取つた大騒の際に不拘両夜とも大入満員を見た。アンコールが出て大好評を受けたものは第一部の「毬と殿様」「手の鳴る方へ」「タムバリン」「チユンチユン雀」「須坂小唄」「森の鍛冶屋」第三部の「大きくなるよ」「お通りぢや」「スキーダンス」等で児童劇「ボタモチ事件」及び第二部の大がかりな童謡楽劇「孫悟空」も大拍手を受けた。日高児童楽園では東勢、中寮、月眉、新竹、の各地へも各教育者主催で招聘されて公開して台湾各地の子供を喜ばしてゐる。目下新生

徒募集中で十二月から更に研究を続けて来年四五月には第三回を開催する予定〉。

■昭和六年（一九三一）

四月一日、「児童劇　ボタモチ事件（一幕）」（『台湾日日新報』）
四月二日、「児童劇　ボタモチ事件（一幕）」（『台湾日日新報』）
六月一日、「一つ星」（『童謡詩人』六月号／通巻二六冊・復刊二号）
六月一日、「スミレの丘―亡父に捧ぐ―」（『童話研究』第一〇巻第四号）
六月一日、「春の案山子」（『シャボン玉』第三三輯）

＊上記『シャボン玉』第三三輯の「関係諸会合消息」欄に「日高児童楽園第三回楽劇大会――三月二十八、九日、台中座」とあり、「童語」欄に日高紅椿の台湾からの便りが載っている。また、「奥付」には「同人　台湾支社　日高紅椿」とある。また、奥附には「台湾支社　日高紅椿」とある。

八月一日、＊『童謡詩人』八月号末尾の「会員住所録」で日高は委員となっている。

＊一一月一日、『童話研究』第一〇巻第九号の「童話界時事」に「台湾日高児童楽園」として以下のような記事がある。

〈台湾の台中市に於て日高紅椿が指導してゐる台湾唯一の児童芸術研究団である日高児童楽園では左の通り催しを公開した。

○七月十一、十二日　台中座に於て自己主催第四回童謡楽劇大会

童話劇　蠅と女中／児童劇　ブーカー・ワシントン／童謡劇　クシヤミ姫／童謡舞踊、童謡ダンス、ダンス等

十八番
○七月二十五、二十六日　嘉義座に於て嘉義音楽研究会招聘主催童謡楽劇大会
劇　同右／番組両夜共に異り各二十余番
○八月二十二、二十三日　台北市栄座に於て南瀛新報社招聘主催童謡舞踊楽劇大会
童謡劇　クシヤミ姫／児童劇　ブーカー・ワシントン／舞踊、ダンス二十番
同日台湾JFAK放送局より斉唱と童話劇「ボタモチ事件」及び児童劇「ブーカー・ワシントン」を放送。何れも近来にない大入を示し斯界に資する事多かつた。尚今秋十月には台南へ十一月には高雄へ招聘される事になつて居り十一月上旬には毛（「第」の誤植）五回童謡楽劇大会を台中市に於て公開新作品を発表する。〉
一二月一日、「雨だれ兵隊さん」（『童話研究』第一〇巻第一〇号）

■昭和七年（一九三二）
一月三一日、「児童文学繙ゝ……児童詩をめぐる事ども（上）」（『台南新報』）
二月三日、「児童文学繙ゝ……児童詩をめぐる事ども（下）」（『台南新報』）
四月一日、「台湾には」（『童話研究』第一一巻第四号）
＊夏、「～何とかして芸妲に舞踊をやらせてやらうと機会をねらつてゐたが、偶然と云へば偶然であるが、台中酔月楼主人王川流氏の好意と国鉄時報の楊瑤名氏との力に依つて昭和七年夏にその目的を達し、酔月楼芸妲二名に対して舞踊を試に指導して台中座に於て発表するや斯界に相当のセンセーシヨンを起し、その後各地にも招聘され、昭和八年には台北永楽座にも公演したが、大好評を得た事は、記録的である。目下も引続いて研究

を続けてゐるが、やうやく台中の方々には、芸妲に対して舞踊を要求するやうになつて来た事は甚だ嬉しい事である。」と、日高紅椿「本島人芸妲と舞踊（二）」（『台湾芸術新報』創刊号、昭和一〇年八月）にある。

七月二〇日、「平和橋渡らう」（『シヤボン玉』第三九輯）

■昭和八年（一九三三）

五月二七日、「泣いた後」（『シヤボン玉』第四三輯）

一二月一〇日、「雀」（『シヤボン玉』第四五輯）

■昭和九年（一九三四）

＊四月二二日、『シヤボン玉』第四七輯に「全国童謡人懇親晩餐会の記」という記事が載っている。その中に「シヤボン玉社創立十周年記念事業の一つとして、予てからの懸案であつた全国童謡人懇親会が四月二日夜レインボーグリル（丸の内）で催された。～はるばる台中から台湾支社の日高紅椿氏が出席された。～日高紅椿氏が台湾の童謡界について語る」とあり、当日集まった人々の集合写真及びサインを掲載している。また、同号の「童謡人消息」には、「日高紅椿氏――全国童謡人懇親会にはるばる台湾から出席。目下四谷のフイアンセーの家に滞在中。」（日高紅椿はこの年まもなく結婚）とある。おそらくこの四月中に結婚。

一〇月三日、「黒口鳥」（『シヤボン玉』第四九輯）

一一月五日、「童謡集　厩のお馬／せんだんの木・お正月・雀の餅屋・蜂の巣・厩のお馬（以上が拙著童謡集『厩のお馬』より）芽が出た・酒屋の丁稚・ブルドツク・鳩の子・青葉」（台湾文芸聯盟『台湾文芸』第一巻第一号）

＊『台湾文芸』第一巻第一号の巻末に「文芸愛好者氏名住所一覧」が掲載されており、多くの台湾人愛好者の中に、

日本人文芸関係者として、日高紅椿（台中市栄町商工銀行）の外に、川平朝申（台北刑務所）、本田茂光（大屯郡霧峰公学校）、西川満（台北市台湾日日新報社編輯局）、林善三郎（大屯郡役所）、保坂瀧雄（台北市龍口町四丁目）、宮尾進（台北・台湾日日新報社）、柴山武矩（台北市川端町相思樹社）等が列記されている。

一二月二二日、「冬の日ぐれ」（『シヤボン玉』第五〇輯）

■昭和一〇年（一九三五）

二月一日、「童謡集　秋の風景／温泉にて・夜なき虫」（『台湾文芸』第二巻第二号）

三月五日、「童謡集　秋の風景（続）／初秋だより」（『台湾文芸』第二巻第三号）

四月二二日　「芽が出た」（『シヤボン玉』第五一輯）

＊上記『シヤボン玉』第五一輯に「童謡交響楽　台湾支社長　日高紅椿の巻」があり、簡単な近況が語られている。（新婚夫婦の写真付き）

八月一日、「本島芸妲と舞踊（一）私の体験を語る」（台湾芸術新報社『台湾芸術新報』創刊号）

＊一〇月一日の『童話研究』第一五巻第五号に台中の童話界の状況の一端が、次のように記されている。

〈「台中市の童話家」

砥上如山氏去つて後の台中童話界はや、寂寥を感じつ、あつたが、今春、細野氏が図書館主任となつてから、図書館中心に児童倶楽部の復活を見、毎月一回公開童話会を開催することとなり、特に夏休中は毎週土曜日児童室を中心に童話会を開くこと五回、やうやく童話気分の勃興を見るに至つた。／これ等の催により、当台中市内に童話に興味を有する人々の相当多いことを知り得たのは何よりの幸であつた。／此等の会に実演され、

又出席された方々は次の如くである。（五十音順）
村上小学校　岡田寅男／台中新報社　近藤潔／明治小学校　佐方博／曙公学校　施炳坤／附属公学校　土持達郎／商工銀行支店　日高紅椿／台中州図書館　細野浩三／印刷業　三島徳次／台中寺住職　水上霊基／基督教会牧師　山里忠男／台中第二中学校　山崎謙太郎
因に右の中台中放送局が五月開局されてから、細野、水上、近藤の三氏が童話を、日高氏は童話劇を放送された。〉

＊九月六日の『台湾芸術新報』（台湾芸術新報社）に「台中通信」として、以下の二つの記事が掲載されている。

「日高児童楽園　第七回童謡劇大会　八月二十三、四台中公会堂に於て」

台中にて児童芸術に一意専心してゐる日高児童楽園では去る八月二十三、四日台中公会堂に於て第七回童謡楽劇大会を開催して大好評を博したが、生徒二十五名、研究生二名が童謡舞踊十五曲、新舞踊、ダンス、舞踊、詩十曲の外呼びものである田中春踊氏傑作児童レヴユー「四季の流れ気《ママ》景日高紅椿作舞踊劇「エリザーの生贄」一幕」は高木銑助氏の舞台装置と共に大好評を博した。

「台中女給オンパレート　華やかに開催　九月二、三日両日台中公会堂に於て」

台中のカフヱーは従来料理組合に入つてゐるが今回独立してカフヱー組合を組織しその披露の意味会にて去る九月二、三日両日間台中公会堂に於て組合カフヱーの所属女給オンパレートを開催した。舞踊ダンスの振付は日高紅椿、田中春踊の両氏に依嘱、懸命に練習中《ママ》し、これ等熱ある人々の舞踊ダンスは蓋し大好評を博したものと見られてゐるが今回の出しものとしてレヴユー「忠臣蔵」を選び日高紅椿脚色演出、田中春踊日高紅椿按舞振付、杉山一夫音楽指揮作曲、編曲桜井武一殺陣指導高木銑助舞台装置後藤英童導演といふ大掛な八景ものので、台中始つて以来の演出として赤穂義士四十七士が最後の場面にずらりと登場するあたり見る目もさむるものがあつたレヴユーとしての忠臣蔵如何に演出されるかは非常なる期待がかけられている。

一一月一日、「たにし」(『シヤボン玉』第五三輯)

■昭和一一年(一九三六)

＊一月一日の『台湾芸術新報』六号の「本島舞踊界に活躍する人」として「日高紅椿、田中久夫　台中新舞踊界になくてはならぬ御両人で、昨夏は忠臣蔵の如き大物をレヴユー化するなど、若い両君は始終新作に苦心してゐる処に潑剌たる意気ありである」とある。田中久夫は別名・田中春踊で、日高・古川わたると並ぶ「日高児童楽園」の主要なメムバー。

＊八月一五日・六日、台中・日高児童楽園「第八回　童謡楽劇大会」(台中座、午後七時開演)一、童謡楽劇「こども忠臣蔵　全十景」、二、児童バレー「お伽祭　全六齣」Ⅲ、童謡舞踊ダンス　外二五曲

一一月四日、「赤チヤン(珠美チヤンへ)」(『シヤボン玉』第五六輯)

■昭和一二年(一九三七)

＊二月二二日発行の『シヤボン玉』第五六輯はシヤボン玉社の組織変更し「社友」を元来の「普通社友」「維持社友」「特別社友」から「特別社友」を廃し、新たな同人組織を置いた。「台中市宝町三ノ八　日高紅椿」は「外地」唯一の「同人」となっている。

＊四月一一日、長年住み慣れた台中を離れ、「台北市古亭町二二九」に転居。台中の「日高児童楽園」等は解散する(『台湾芸術新報』第三巻第五号、昭和一二年五月一日)。

七月一日、「日高紅椿作品　蛍の迷子・私の影法師・粟祭」（『シヤボン玉』第五八輯）

＊七月四日新宿伊勢丹ホール開催の「シヤボン玉社童謡作品発表会」で、日高紅椿の童謡「市兵衛爺さん」（小林福子作曲）、「私の影法師」（小林柳美作曲）、童謡舞踊「蛍の迷子」（中御門龍夫作曲）、合唱「粟祭」（大井辰夫作曲）が発表された。

＊七月三日の『台湾日日新報』に「日高児童楽園　台北で再興」という記事があり、次のようにある。

「大正十三年来台中市に於て児童劇同様舞踊の研究発表をして来た日高紅椿氏が去る四月台北に転出したるため同氏主宰の日高児童楽園は止むなく一旦解散さるるに至つたが、今般台北に於て左記の通り日高児童楽園を再興すべく生徒募集中である。

七月十日開園式を挙行し、七月十一日より研究開始、八月下旬公会堂又は榮座に於て第一回童謡楽劇大会を開催する予定で同団の規定は左の通りである。

一、生徒は尋常五年以下六歳に至る女子で保護者の同意あること

二、学業成績はなるべく中以上

三、募集人員三十名

四、一週間一回日曜日午後だけの集り、（夜間なし）但し今回に限り夏休み中は毎日夕方二時間の研究

五、申込金一円申込と同時に、月謝五十銭毎月月始めに納入すること（但し第一回講演迄は一切免除）

六、研究所…台北市古亭町二二九（本郷村北一條）

七、締切日…七月七日（開園日迄に入園許可通知を郵送す）

八、申込…研究所宛生徒各学年を記入の上ハガキにて申込まれたし

尚大人向きの日高新舞踊研究所も同時に研究生募集中で女学校生徒又はそれと同年齢以上の女子ならば申込を歓迎すると」

＊八月二一日の『台湾日日新報』に「日高児童楽園の献金舞踊大会」という、次のような記事がある。

「非常時局に相応しき催物として、日本武士道の精華忠臣蔵が子供に向脚《ママ》色され、台北市日高児童楽園の主催により可愛いい子供達の出演で、二十一日夜公会堂で、その第一回童謡楽劇大会が開催される。プログラムは、童謡、舞踊を加へて最後に『こども忠臣蔵』が上演され小さな大石内蔵助を始め義士四十七士が誰にも判る様に歌と踊りで全十景を舞台で所作するが一寸変つた演出で一般に非常に期待されてゐる、同楽園では当夜の入場料及び費用の剰余金を全て国防献金する由である」

＊また、九月一日発行の『台湾芸術新報』第二六号には次のようにある。

「日高児童楽園主催　童謡楽劇大会盛会／台中市名物と称され子供達や各家庭に喜ばれて来た児童芸術の研究所である日高児童楽園は日高紅椿氏の台北転出により解散したが去る六月末台北市に楽園再起となり二十数名の生徒を得て七月十日開園し早くも八月二十一日午後六時より台北市公会堂に於て台中の旧生徒十数名の応援加入ありて華々しく第一回作品発表の童話楽劇大会を開催した当夜は童謡舞踊に非常な趣向をこらし殊にこども忠臣蔵全十景は大好評を博した尚ほ当夜は満員の盛況で非常な成功であつた。」とある。

■昭和一三年（一九三八）

五月二八日、「童謡　矢車」（『台湾日日新報』）

五月　小公学校の卒業の台湾人五〇名で大稲埕に帝国少女歌劇団が成立。

■昭和一四年（一九三九）

五月一七日、「芸術舞踊の殿堂　石井漠春季公演を見る」（『台湾日日新報』）

六月一日、「藤原歌義江歌劇団のカルメンを観て」（『台湾芸術新報』第五巻第六号）

六月一〇日、「随想　台湾の郷土芸術」（台北児童芸術協会『児童街』創刊号）

六月一〇日、＊上記創刊号の「消息」欄に、次のようにある。

〈◇日高児童楽園

一昨年夏出北第一回童謡楽劇大会を開催して後今次の事変で昨年は独立した発表会を控へてゐたが、今夏公会堂に於て第二回大会を次のプランにて華々しく開催すると

一、童謡楽劇「こども勧進帳」全八景

第一回の「こども忠臣蔵」と同様大掛りなもの、音楽、舞踊、劇の綜合的な楽劇。

二、児童レヴュー「月・雪・花」全三景

移動的舞台演出のもくろみ

三、童謡舞踊、ダンス数種

四、新舞踊研究所員の新舞踊数種

◇日高紅椿氏上京

四月十日出帆の高砂丸にて上京、童謡研究誌シヤボン玉社の全国童謡作詞コンクールに童謡「粟祭り」二等入選、これが発表会が四月三十日東京東宝小劇場に於て開催されるが、当日左の自作舞踊を発表する。

一、蕃　踊「打猟」

二、支那舞踊「万里の長城」

　尚帰台は五月八日入港の蓬莱丸、帰台後去夏誕生したる大稲埕の帝国少女歌劇団に第二回の新作を振付ける事になつてゐる。今夏の日高児童楽園第二回発表会の準備と共に大多忙せねばならぬと考へてゐる。〉尚、創刊号の巻末の「加盟団体名並所在」には「日高児童楽園（日高紅椿）台北市古亭町二二一」とある。

七月二三日、「童謡舞踊の振付＝主として私の振付に就て＝」（『児童街』第一巻第二号）

七月二三日、「童謡　一列に列んで」（『児童街』第一巻第二号）

八月二〇日、＊台湾放送協会の招聘により八月一九日に来台の村岡花子の歓迎子供大会を台北放送局主催で行う。

一、童話　村岡花子、西岡英夫、山口充一

二、童謡　すみれ唱歌帳、オラトリオ女声合唱団

三、舞踊　日高児童楽園

四、映画　漫画　その他

八月二六日、＊『児童街』第一巻第三号の巻末「会報」に「◎日高児童楽園／八月の村岡女史歓迎子供大会に出演の予定だが、これが終れば解散する由、歴史ある此の楽園の解散は誠に惜しいことである。」とあり、「会員消息」には「◎日高紅椿氏　氏の振付になる帝国少女歌劇の講演で七月は、随分と忙しかつた様です。」とある。」

九月二八日、＊『児童街』第一巻第四号の「会報」に「▲日高児童楽園　村岡花子先生の歓迎子供大会に出演。子供のためのレビュー『興亜の春』を演じ、大成功に終つた。」とある。

一〇月三〇日、＊野口雨情が再度来台。一ヶ月余り台湾に滞在。翌三一日に台湾詩人協会と台北児童芸術協会が

歓迎会を共同開催。

■昭和一五年（一九四〇）

二月二八日、＊午後七時から協和会館で行われた昭和一五年度台北児童芸術協会総会に出席。「規約」の変更及び一五年度の「事業計画」その他を可決した。「規約」変更及び「事業計画」は、以下の通り（いずれも昭和一五年四月一一日『児童街』第二巻第二号「会報」から）。

＊〈　　＝規約＝

第一条　本会ヲ台北児童芸術協会ト称ス

第二条　本会ハ児童芸術ノ真摯ナル研究者ニシテ本会ノ主旨ニ賛同セル者ヲ以テ組織ス

第三条　本会ハ児童芸術ノ向上発展ヲ計ルヲ以テ目的トシ之カ研究並実践運動ヲナスモノトス

第四条　本会ハ左ノ事業ヲ行フ

一、公演会

二、ラヂオ放送

三、各種研究会

四、機関誌ノ発行

五、其他必要ト認ムル事業

第五条　本会ニ顧問、賛助員ヲ置クコトヲ得顧問ハ台湾ニ於ケル児童芸術運動ニ功労アリタル者幹事会ニ於テ推挙スルモノトス

賛助員はハ本会ノ主旨ニ賛同シ本会ニ対シテ年額金弐円也以上ヲ賛助費トシテ拠出スルモノトス

第六条　本会ニ会員及誌友ヲ置ク
会員は幹事会ニテ入会ヲ承認シタル者ニシテ会費月額金五拾銭也ヲ半箇年分以上前納スルモノトス
誌友ハ本会ノ機関誌「児童街」ノ購読者ニシテ誌代年額金弐円也ヲ前納スルモノトス

第七条　本会ハ目的遂行上総会ヲ最高機関トシ其ノ下ニ幹事会ヲ置キ幹事会ハ文芸部研究所事務局ヲ統轄ス
文芸部ノ下ニ脚本委員会、演出委員会ヲ置キ、研究所ノ下ニ創作童話研究部、実演童話研究部、紙芝居研究部、童謡研究部、舞踊研究部、児童劇研究部ヲ置キ、事務局ノ下ニ庶務部、会計、部編輯部ヲ置ク、児童劇研究部ノ下ニ幹事会ノ承認ヲ得タル児童劇団ヲ付属セシム

第八条　総会ハ毎年一回定期総会ヲ開キ別ニ幹事会ニ於テ必要ト認メタル時ハ臨時総会ヲ開クコトヲ得
幹事会はハ幹事及三部長ヲ以テ組織ス各部門委員ハ幹事会ニ出席スルコトヲ得但決議権ヲ有セズ
決議ハ総て出席者過半数以上ノ同意ヲ要ス

第九条　本会ニ左ノ役員ヲ置ク
一、会長（一名）
本会ヲ代表シ本会ノ一切ヲ統轄スルモノトシ台湾ニ於ケル児童芸術運動ニ功労アリタルモノノ中ヨリ幹事会ニ於テ推挙スルモノトス但任期ヲ定メズ
二、副会長（二名）
会長ヲ輔佐シ会長不在ノ際ハ之ニ代ルモノトシ、台湾ニ於ケル児童芸術運動ニ功労アリタルモノノ中ヨリ幹事会ニ於テ推挙スルモノトス但任期ヲ定メズ

三、幹事（五名）
会員ノ互選ニ依ルモノトス
四、部長（三名）
文芸部、研究所、事務局ノ長ヲ云ヒ、各部門委員ノ互選ニ依ル
五、委員（十一名）
各部門ノ長トン《ママ》各部門所属会員ノ互選ニ依ル
会長、副会長ヲ除キタル他ノ役員ノ任期ハ二箇年トス但再任期ヲ妨ゲズ

第十条　本会ノ会計年度ハ其ノ年ノ一月ヨリ始リ同年十二月ニ終ルモノトシ、会費、誌代、謝礼金、賛助金、寄付金及其他ノ雑収入ヲ以テ経営ス

第十一条　本会ノ名誉ヲ毀損シタル場合ハ除名スルコトアルベシ

第十二条　本会ノ事務所ハ台北市表町二ノ十台湾子供世界社内ニ置ク

第十三条　本規約ノ改正又ハ変更ハ総会の決議ヲ要ス

尚、以下に『児童街』創刊号（昭和一四年六月一〇日）の「消息」欄に載った「協会規約」を参考までに付録する。

「協会規約」

一、本会ハ台北児童芸術協会ト称ス

一、本協会ハ台北市内ニ於ケル各児童芸術団体ノ融合ヲ計ルト共ニ、各団体ノ研究並ニ運動ヲ活発ナラシメ以テ台湾ニ於ケル児童芸術ノ向上発展ニ資セントス

一、本協会ハ台北市内ノ各児童芸術団体ヲ以テ組織シ、各加盟団体所属ノ指導者ヲ協会会員トナシ、他ニ顧問、賛助員ヲ置ク

一、本協会ニ左ノ検関ヲ置ク
　代表者会。企画委員会。常務委員会。編輯委員会。

一、本協会ハ左記ノ行事ヲ行フ
　合同発表会。童話会。ラヂオ放送。機関誌発行。研究会。講習会。座談会。

一、本協会ハ主トシテ会費並ニ顧問、賛助員ヨリノ寄附ヲ以テ経営ス

一、本協会ノ事務所ハ当分ノ間台北市表町台湾子供世界社内ニ置ク

「事業計画」

四月九日（火）　愛馬の日に出演
四月十二日（金）　幼児童話研究会
四月十七日（水）　児童劇脚本研究会
四月二十四日（水）　創作童話研究会
五月四日（土）　子供大会
五月十四日（火）　幼児童話研究会
五月二十三日（木）　童謡研究会
五月三十日（木）　児童劇脚本研究会

六月五日（水）　幼児童話研究会
六月十二日（水）　創作童話研究会
六月二十日（木）　児童劇脚本研究会
七月十三日（土）　紙芝居大会
七月十七日（水）　児童劇脚本研究会
八月十七日（土）　第一回発表会
十月十三日（日）　児童文化展
十一月六日（水）　童話と紙芝居の夕
十二月十五日（日）　子供大会
機関誌「児童街」の発行（月刊）〉　（曜日は便宜上筆者が入れた）

なお、創刊号には「会員名簿」と共に「加盟団体名並所在（弧内ハ代表者）」があり、「改組記念号」掲載の「台北児童芸術協会加盟団体」と比較してみると興味深い。

「会員名簿」（創刊号）
西岡英夫　（顧問）　御成町四ノ二
山口充一　（賛助員）　大安十二甲四一二
吉鹿則行　（賛助員）
吉川省三　（賛助員）　東門町一九六

村山　勇　（賛助員）　錦町
中山　侑　（賛助員）　新公園内放送局
小原伊登子　（賛助員）　新公園内放送局
川平朝申　（銀の光）　錦町
川平朝甫　（銀の光）　福住町五五
川平朝宜　（銀の光）　錦町五五
日高紅椿　（日　高）　古亭町二三一
福田九十九　（日　高）　川端町一五〇
竹内　治　（ねむのき）　児玉町三ノ九
行成弘三　（ねむのき）　福住町二四
内田貞二　（ねむのき）　錦町
鶴丸詩光　（日の丸）　御成町一ノ一〇
相馬森一　（南の星）　応召中
吉川誠一　（南の星）　表町二ノ一〇
上田　稔　（愛　国）　建成町二ノ一
横尾イマ　（なでしこ）　大正町一ノ三一
行成清子　（行　成）　福住町五五
中島俊男　（パパヤノ木）　築地町一ノ一七吉田方

「加盟団体名並所在（弧内ハ代表者）」（創刊号）
銀の光子供楽園（川平朝申）台北市福住町五五
日高児童楽園（日高紅椿）台北市古亭町二二一
ねむの木子供楽園（竹内治）台北市児玉町三ノ九（竹内方）
日の丸児童会（鶴丸詩光）台北市御成町
南の星子供サークル（相馬森一）台北市表町二ノ一〇台湾第一教育会館内
愛国児童会（上田稔）台北市建成町二ノ一（上田方）
なでしこ児童楽園（横尾イマ）台北市大正町一ノ三一
行成舞踊研究会（行成清子）台北市福住町二四（行成方）
パパヤノ木オハナシクラブ（中島俊男）台北市築地町一ノ一七（吉田方中島）

「台北児童芸術協会加盟団体」（改組記念号）
ねむの木子供倶楽部（児玉町三ノ九）
竹内　治　　行成弘三　　内田貞二　　宮田國彌　　只野　茂　　佐野政彦
なでしこ児童楽園（大正町一ノ三一）
横尾イマ
コスモス座（川端町一八九）
長船正人　　江里口孟

銀の光子供楽園（福住町五五）
　川平朝申　川平朝甫　川平朝宜　福留　榮　新　幸雄　比嘉　博
日の丸児童会（幸町一八〇）
　鶴丸詩光　児玉孝雄　永井　隆
日高児童楽園（古亭町二二九）
　日高紅椿　福田九十九
顧　問
　西岡英夫
賛助員
　山口充一　細野浩三　吉川省三　吉鹿則行　村山　勇　宮田彌太郎
　中山　侑　豊田義次　野村幸一　黄得時
四月二八日　＊〈日高氏より来電、協会の将来について、面談したい事があるからとて、午後四時半、オリンピアにて会ふ、会員の一部脱退を案じ、仲介の労をとらうといふ懇篤な言葉、協会の将来こそ思へ、微塵も個人的感情を有しない事を言明し、労を謝して別る。〉＋
五月三日　＊〈脱退会員と懇談の結果、終に妥協を見出し得なかつた日高氏、此の際改組し、新しく出発し直しては如何との言、小生異存は無きも、一存には決め難く会員達と相談の上といふ事になり、川平（朝申）、川平（朝甫）氏と会し、いよいよ改組に決定、此後は徒らに理論のみに走らず、専ら実践運動に乗出す事、並に、協会を各団体の親睦機関として融和の中に、本来を《ママ》目的達成に邁進する事等一致し、茲にいよいよ改組の機運

増々濃厚となる。〉＋
五月五日　＊〈日高紅椿氏宅にて会員一同参集、出席者川平朝甫、日高紅椿、行成弘三、竹内治、横尾イマ、新幸雄の諸氏、協会改組に就て各自の忌憚なき意見を交換し、深更も忘れて懇談する。その結果、
此後各児童団体を中心として協会を結成すること。協会を各団体の相互親睦機関と倣して、益々斯道の発展を期すこと。地味にして堅実に、専ら実践主義で行くこと等に衆議一致す。なほ、本日決定の大体の項目を掲げると、
1　会員の実演又は加盟団体及び会員のラヂオ放送により収入したる謝礼金は其の一割を協会に寄附すること。
2　加盟団体の単独発表会に於ける純益の五分を寄贈のこと。
3　会員会費を月額十銭として、（六ヶ月、六十銭、一ヶ年、一円）納入すること。
4　代表者を当分置かざること、
5　年二回の合同発表会開催、
第一回発表会、七月下旬（於公会堂）
第二回発表会、十二月中旬（未定）
6　毎月一回童話会開催、並に小、公学校巡回童話会を計画にこと、
7　毎月一回定期集会をなすこと、〉＋　おそらくこの日、台北児童芸術協会改組。
五月八日、＊〈賛助員了解の下に、いよいよ改組を決定し積極的運動に乗出す事となり、第一回を刑務所演武場に於て挙行の予定、なほ、機関誌児童街発刊の件で日高氏宅にて打合せる。〉＋

五月一一日、＊〈第一回童話会、刑務所演武場に於て午後七時半より挙行、当日のプログラムは、

第一回童話会

プログラム

一、舞踊、七五三　（なでしこ会）
二、ランドセル行進曲　（銀の光）
三、童話、梅干婆さん　（川平朝甫）
四、舞踊、娘々祭　（銀の光）
五、舞踊、建国維新頌　（なでしこ）
六、亜細亜の子供　（銀の光）
七、童話、蟹満寺　（長船正人）
八、舞踊、愛国行進曲　（なでしこ）
九、舞踊、桜をどり　（銀の光）
十、舞踊、愛馬進軍歌　（なでしこ）
十一、童話、金角大王　（行成弘三）
十二、舞踊、島の朝比奈　（なでしこ）
十三、舞踊、ふりそで人形　（日高楽園）
十四、舞踊、紀元二六〇〇年　（銀の光）

協会改組第一回の事業として、各員大いに張切りまた刑務所側としても、舞台設備等御努力下された故で、

定刻前より早くも子供達が押しかけ、父兄などの顔も相当に見えて会場は殆んど満員の盛況であつた。先ず「なでしこ会」の舞踊より始められ約二時間に亘つて、初夏の一夜を楽しく、有意義に過ごす事が出来た。協会第一回事業としてはさゝやか乍らも成功であつたと云へる。

なほ、今後此の種の発表会を催す場合に、「我々の仕事は、我々の手で」といふ立前から、例へば童話口演の場合でも、会員の手により原作されたものを、会員により口演する、また童謡などに於ても同じく、会員の作品を会員により作曲して、会員によつて発表するといふ様なことについても、考へられるのではないだらうか。

積極的に乗出した協会の此後の事業ではなからうかと思つた。〉＋

五月一八日、＊〈森永製菓主催の「母の会」特別出演も件で森永喫茶店に会合、出席者、川平朝宜、川平朝甫、日高紅椿、横尾イマ、鶴丸詩光、竹内治の諸氏並に主催者、森永側より乾定夫氏を交へて、談合の結果、出演に決定し、各団体より夫々出演題目の提出を約して散会。〉＋

五月一九日、＊〈日高氏宅にて「児童街」編輯打合せを行ふ。〉＋

五月二六日、＊〈森永製菓主催「母の会」に特別出演する。／久しく打続いてゐた雨が、珍しく晴れ上つて、朝から家になど閉ぢ込つて居れ相もない様な日和だつた。遊園地の広場には今日の日和を讃へる様に、人々の心をうきうきさせるレコードの音が、ひつきりなしに聞えて来る。その中を、母に連れだつた女の子、父に手をひかれる男の子、若い姉さんにしがつた児あど、遊園地は珍しく、華やかな色で一ぱいだつた。／舞台が低く、協会折角の出演も、充分に観覧させる事が出来なかつたが、日曜日和の野外舞踊としては楽しいものだつた。〉＋

五月二九日、＊〈月例会員会、川平朝甫氏宅に開催、／雨の中を会員多数出席され、日高紅椿氏の森永「母の会」

出演経過報告あり、次いで第二回童話会並に「児童祭」挙行に関する打合せを行ふ。「児童祭」七月二八日の予定。〉＋（以上、この年の＋印は、竹内治「協会改組日記」〈『児童街〈改組記念号〉』第二巻第三号、昭和一五年六月〉）

なお、「規約」の改正もあったので、以下に記しておく。

＊〈台北児童芸術協会規約（本規約は五月五日協会改組と同時に制定されたものである）

第一条　本会ヲ台北児童芸術協会ト称ス

第二条　本会ハ児童芸術研究団体ヲ以テ結成シ各団体ノ指導者ヲ以テ会員トス

第三条　本会ハ児童芸術ノ向上発展並ニ会員相互ノ親睦ヲ図リ之カ研究並ニ実践運動ヲナスヲ目的トス

第四条　本会ハ左ノ事業ヲ行フ

一、公演会

二、ラヂオ放送

三、加盟団体単独発表会ノ後援

四、児童芸術研究会

五、機関誌「児童街」ノ発行

六、其他必要ト認ムル事業

第五条　会員中ヨリ本会ノ代表者一名ヲ互選シ会務一切ヲ統轄スルモノトス新ニ入会セントスル者ハ会員会ノ承認ヲ要ス会員ニシテ本会ノ名誉ヲ毀損シタル者ハ除名スルコトアルベシ

第六条　本会ハ目的遂行ノタメ毎月一回以上会員会ヲ開催シ会務一切ヲ議決ス決議ハ総テ出席会員ノ過半数以上ノ同意ヲ要ス但シ会務ニシテ急遽ヲ要スル場合ハ代表者ニ一任ス

第七条　本会ハ会員会ノ推挙ニヨリ顧問賛助員客員ヲ置クコトヲ得〉

六月、「協会改組に就て—理論より先づ歩め—」（『児童街』第二巻第三号）

六月、「童謡　お星さま」（『児童街』第二巻第三号）

六月、＊本号の末尾にある、会員の竹内治による「協会改組日記」に拠れば、日高紅椿を中心にした改組劇が書きこまれている。また、改組後に「第一回童話会」が行われたが、解散したはずの日高楽園が「舞踊　ふりそで人形」を演じている。

六月二三日、台北児童聯盟（「協会」の誤りか）では、廿二日午後七時から市内寿小学校に於て、「『童話と舞踊の夕』を開催、西岡英夫、村山勇、永井豊三氏の童話及び日高児童学園（楽園）、銀の光子供楽園、なでしこ児童楽団（楽園）の童謡舞踊を行ふが、一般市民の来場を歓迎すると」と二二日の『台湾日日新報』にある。

七‐二八（日）／二九（月）＊台北児童芸術協会が主催する「皇紀二千六百年に贈る　児童祭」が、台北公会堂で行われる。『児童街』第二巻第三号の末尾に「大台北市の誇り得る一大年中行事として、本協会加盟児童芸術団体の合同作品発表豪華版、舞踊、音楽、劇のバラエテイによる『皇紀二千六百年』絵巻物として、協会が贈る家庭と子供を結ぶ夏の良心作。」という宣伝文があり、「建国バラエテー　紀元二千六百年　全十四景」として「第一景・プロローグ／第二景・天の岩屋（神代）／第三景・大蛇退治（神代）／第四景・建国おどり（創業）／第五景・菅公（平安時代）／第六景・源平盛衰記一白拍子の踊り、2源平の踊り／第七景・桜井駅（吉野朝）／第八景・大名行列（徳川時代）／第九景・忠臣蔵（元禄時代）／第十景・明治維新／第十一景・大和魂1水兵の母（日清役）、2広瀬中佐（日露役）、3肉弾三勇士（満洲《ママ》事変）／第十二景・いざ征け／第十三景・日満支親善／第十四景・エピローグ（総出演生徒百名）」とある。

■昭和一六年（一九四一）
四月一三日、「大蛇退治　一幕（児童劇の部）」（台湾総督府情報部編『手軽に出来る青少年劇脚本集　第一輯』）

■昭和一八年（一九四三）
七月一九日、「童謡　お山の子供」（『興南新聞』）

【参考】

■昭和三五年（一九六〇）
一二月、＊台湾から日本へ引き揚げる。その後、日本の国内全域を旅行し、国外にもしばしば及んだ。

■昭和四八年（一九七三）
七月、「台湾公演旅行」（金の星社、発行人：斎藤佐次郎・古茂田信男・高田三九三『みんなで書いた野口雨情伝』「第一部　雨情伝記篇／東京時代Ⅲ　作詩・公園・揮毫の旅」収録）＊この本は一九八二年一一月に再版された。

■昭和五五年（一九八〇）
三月二六日、『アローハ』（発行者：綱島嘉之助〈日本歌謡芸術協会・日本歌謡シリーズNo19〉）
【内容】「自序」／／外国の旅／／アローハ／ワイキキの浜辺で／またアローハ／ナイアガラの滝／やしの木とびんろう樹／ジープニ／太陽のピラミッド／デズニランド／衛兵さん／コマブスムニダ／／国内の旅／／サロベツ原野／オロロン鳥／マリモ／夕日が沈むよ／わんこそば／榛名湖畔／早い朝の十和田湖／秋のいろは坂／ぼっち笠のねえちゃん／わかさぎ舟／がまの岩／つばきのトンネル／ドラムカン小橋／雨の油壺港／婆沙羅峠

の狐／長良川の鵜飼／天の橋立／闘牛／平和記念像／かる石拾い／沖縄のおねえちゃん／あおい海／「著者略歴」

■昭和五八年（一九八三）

二月一五日、『日高紅椿童謡集・ひとつ星』（日本定形詩人会）〈日本定形詩人会叢書・17〉

【内容】＊印のついているものは作曲されており、作曲者名がその童謡の頁に入っている。

自序／／ひとつ星／／＊ひとつ星／お正月の朝／＊春だよ／客間／＊春びより／＊芽が出た／＊春よ　来い／＊白い雲／赤ちゃんパパ／矢祭山／＊袋田の滝／三原のお山／＊ひばりの子／＊あのね　えーと／ひまわり／にぎりずし／＊こっくりこ／あさがお／秋の野っぱら／＊きかん坊や／／赤ちゃんの子猫／／＊赤ちゃんの子猫／へんちょこりんのお花／秋の野道／柿ひとつ／＊へたな絵／＊お百姓さん／つめたい朝／＊三日月さん／気ながくも／＊さむい　あさ／こがねむしのレスリング／＊かたいっぽう／＊雀のけんか／雀と烏と白うさぎ／＊春を呼ぶ／＊雀の水あそび／＊つよい子／＊空／黒とんぼ／泣いた　あと／／てんと虫／／てんと虫／＊赤ちゃん／春の日なた／せみ林／ばくちく／秋の日ぐれ／さむい朝／春が来るって／春のかかし／もやの朝だよ／畑　掘り／＊梅かな　桃かな／もみじばやし／うみねこ／おかあさん／大島の椿／つれたおさかな／浜名湖に白鳥／＊富士の山／ワイキキ浜辺で／／梅ばやし／／梅ばやし／＊赤ちゃん／＊雨ふり／授業参かん日／早起き／＊冬の夕ぐれ／西洋の赤ちゃん／＊ヨチヨチ　アンヨ／おこされて／＊あの子と／＊あおがえる／夏だ／＊あたしの影ぼうし／＊日なた　ぼっこ／＊雀の餅屋／＊学校を休んだ朝／帰り路／＊月下美人の花／マウント・クック雪山へ／ペンギン鳥

第四章　まど・みちおと台湾

——忘れられた「戦争協力詩」

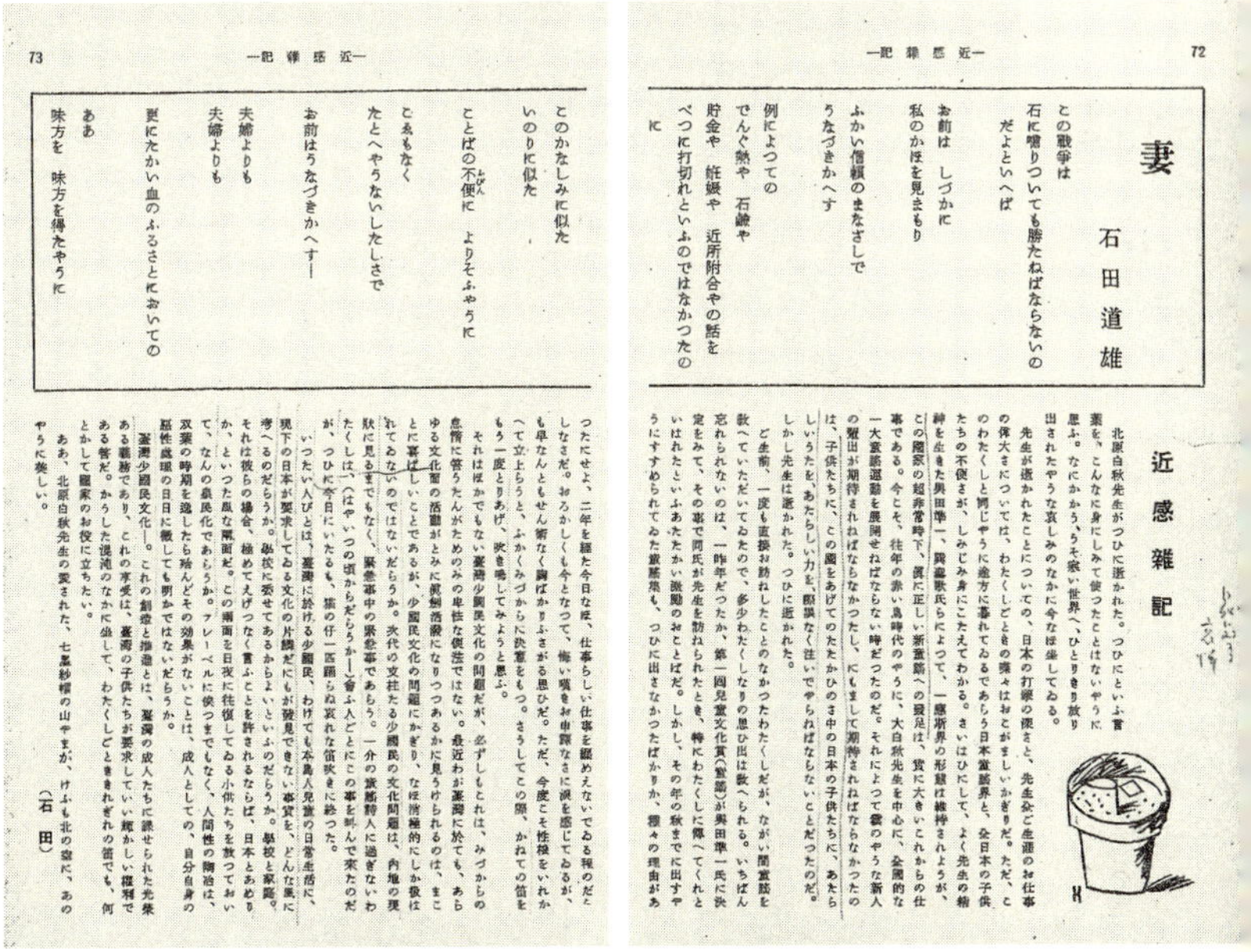
72　—近感雑記—

妻
石田道雄

この戦争は
石に嚙りついても勝たねばならないの
だよといへば

お前は　しづかに
私のかほを見まもり

ふかい信頼のまなざしで
うなづきかへす

例によつての
でんぐ熱や　石鹸や
貯金や　姙娠や　近所附合やの話を
べつに打切れといふのではなかつたの
に

このかなしみに似た
いのりに似た
ことばの不便《ふびん》に　よりそふやうに
こゑもなく
たとへやうないしたしさで
お前はうなづきかへす—

夫婦よりも
夫婦よりも
更にたかい血のふるさとにおいての

ああ
味方を　味方を得たやうに

近感雑記

北原白秋先生がつひに逝かれた。つひにといふ言葉を、こんなに身にしみて使つたことはないやうに思ふ。なにかかう、うそ寂い世界へ、ひとりきり放り出されたやうな哀しみのなかに今なほ坐してゐる。

先生が逝かれたことについての、日本の打撃の深さと、先生ご生涯のお仕事の偉大さについては、わたくしごときの喋々はおこがましいかぎりだ。ただ、このわたくしと同じやうに途方に暮れてゐるであらう日本童謡界と、全日本の子供たちの不便さが、しみじみ身にこたえてわかる。さいはひにして、よく先生の精神を生きた與田準一、巽聖歌氏らによつて、一應斯界の形態は維持されようが、この國家の超非常時下、眞に正しい新童謡への發足は、實に大きいこれからの仕事である。今こそ、往年の赤い鳥時代のやうに、大白秋先生を中心に、全國的な一大童謡運動を展開せねばならない時だつたのだ。それによつて僕のやうな新人の輩出が期待されねばならなかつたし、にもまして期待されねばならなかつたのは、子供たちに、この國をあげてのたたかひのさ中の日本の子供たちに、あたらしいうたを、あたらしい力を、間違なく注いでやらねばならないことだつたのだ。しかし先生は逝かれた。つひに逝かれた。

ご生前、一度も直接お訪ねしたことのなかつたわたくしだが、ながい間童謡を敎へていただいてゐたので、多少わたくしなりの思ひ出は數へられる。いちばん忘れられないのは、一昨年だつたか、第一回兒童文化賞(童謡)が與田準一氏に決定をみて、その事で同氏が先生を訪ねられたとき、特にわたくしに傳へてくれといはれたといふあたたかい激勵のおことばだ。しかし、その年の秋までに出すやうにすすめられてゐた童謡集も、つひに出さなかつたばかりか、種々の理由があ

73　—近感雑記—

つたにせよ、二年を經た今日なほ、仕事らしい仕事を纒めえないでゐる程のだらしなさだ。おろかしくも今となつて、悔いとお申譯なさに涙を感じてゐるが、も早なんともせん術なく胸ばかりふさがる思ひだ。ただ、今度こそ性根をいれかへて立上らうと、ふかくみづからに決意をもつ。さうしてこの際、かねての笛をもう一度とりあげ、吹き鳴してみようと思ふ。

それはほかでもない臺灣少國民文化の問題だが、必ずしもこれは、みづからの怠惰に答うたんがためのみの卑怯な便法ではない。最近わが臺灣に於ても、あらゆる文化面の活動がとみに旺盛活潑になりつつあるかに見うけられるのは、まことに喜ばしいことであるが、少國民文化の問題にかぎり、なほ消極的にしか扱はれてゐないのではないだらうか。次代の支柱たる少國民の文化問題は、內地の現狀に見るまでもなく、緊急事中の緊急事であらう。一介の童謡詩人に過ぎないわたくしは、(はやいつの頃からだらうか—)會ふ人ごとにこの事を叫んで來たのだが、つひに今日にいたるも、猫の仔一匹踊らぬ哀れな笛吹きに終つた。

いつたい人びとは、臺灣に於ける少國民、わけても本島人兒童の日常生活に、現下の日本が要求してゐる文化の片鱗だにもが發見できない事實を、どんな風に考へるのだらうか。學校に委せてあるからよいといふのだらうか。學校と家庭。それは彼らの場合、極めてえげつなく言ふことを許されるならば、日本とあめりか、といつた風な兩面だ。この兩面を日夜に往復してゐる小供たちを放つておいて、なんの皇民化であらうか。フレーベルに俟つまでもなく、人間性の陶冶は、双葉の時期を逸したら殆んどその効果がないことは、成人としての、自分自身の惡性循環の日日に徵しても明かではないだらうか。

臺灣少國民文化—。これの創造と指導とは、臺灣の成人たちに課せられた光榮ある義務であり、これの享受は、臺灣の子供たちが要求していい輝かしい權利である筈だ。かうした混沌のなかに坐して、わたくしごときもきれぎれの笛でも、何とかして國家のお役に立ちたい。

ああ、北原白秋先生の愛された、七星紗帽の山やまが、けふも北の空に、あのやうに美しい。

(石田)

石田道雄（まど・みちお）の戦争協力詩と「近感雑記」（本文参照）

一　はじめに

一九九二年三月、台湾文学研究会から『「新文学雑誌叢刊」総目・人名索引』(1)を刊行した。「新文学雑誌叢刊」とは、一九八一年三月に台湾の東方文化書局が出版した日本統治期に発行された主要文芸誌の影印版のことで、『人人』(一九二五年創刊、二冊)、『南音』(一九三二年、一〇冊)、『フォルモサ』(一九三三年、三冊)、『先発部隊(第一線)』(一九三四年、二冊)、『台湾文芸』(台湾文芸聯盟、一九三四年、一五冊)、『台湾新文学』(一九三五年、一三冊)、『華麗島』(一九三九年、一冊)、『文芸台湾』(一九四〇年、三八冊)、『台湾文学』(一九四一年、一〇冊)、『台湾文芸』(台湾文学奉公会、一九四四年、六冊)の一一種の雑誌が収録されており、東方文化書局はこれを一七分冊として刊行した。これらの雑誌は、原本の入手がほとんど不可能であり、且つ閲覧さえも難しい日本統治期台湾文学研究の基本資料であったので、この影印版出版による研究者への利便は、計り知れなかった。当時としてはかなり高額ではあったが、私もすぐに購入した。これらの雑誌のすべてに目を通しておくことが、日本統治期の台湾文学を総体的に把握する一番良い方法だと考えたからだ。そして、自分の研究の利便を考えて総目と索引を私家版として作成しておいた。それを台湾文学研究会が公刊してくれたのである。

当時これらの雑誌を閲覧し且つ総目を作成していて気がついたのは、一九三四年（昭和九年）創刊の『台湾文芸』（台湾文芸聯盟）から日本人文芸家の作品の発表が次第に多くなり、戦争期の『華麗島』（台湾詩人協会、後の『文芸台湾』の前身誌）以降には、台湾人作家を凌駕して日本人が大量の作品を発表していることであった。しかし、西川満や濱田隼雄等数名の作家たちを除けば、そのほとんどは経歴はもちろん生卒年さえも分からない人々であった。そこでアトランダムに「保坂瀧雄」「中山侑」「長崎浩」「新田淳」(2)という四名の人物についてその為人を調査してみた。この時点では、彼らの経歴についてはほとんど何も分からない状態であった。調査してみて先ず分かったことは、保坂は台湾総督府文教局社会課、中山は総督府警務局から台北放送局、長崎浩は総督府内台湾国立公園協会から皇民奉公会、新田は総督府文教局編修課というように、彼ら全員が直接あるいは間接的に台湾総督府と関わりのある職業に就いているということである。その他の日本人文芸家についても調べてみたが、かなりの人々が総督府に関連した職業に就いているか、州等の役所勤務あるいは公立学校の教員であることが判った。教員の所属する学校は別として、総督府を初めとする役所等は多くの公的で専門的な機関誌を発行しており、そしてそこには必ず文芸作品が掲載されており、総督府関連機関から発行されている雑誌のみでもかなりの数になるのではないかと予想した。当時、台湾総督府や各州役所が発行する雑誌は、公的機関誌とはいえ娯楽としての文芸を掲載すると共に、その雑誌の所属機関で働く職員の文芸投稿をも受け付ける「文芸欄」を設けることが一般的であった。娯楽の少ない「外地」台湾で働く職員たちに発表の場を提供して、異郷の寂寞を慰めようとしたのである。特に俳句や短歌の投稿は盛んに行われた。以上に掲げた四名は、そのような投稿欄だけでは満足できない文芸家たち（文芸家といっても、台湾では職業としての作家は成立しなかった）であって、故に文芸専門誌を発行するグループに所属していたのであるが、当然、自らの所属職域が発行する公的機関誌にも寄稿していたと考えられた。

そこで、台湾の中央図書館台湾分館（現・国立台湾図書館）に通って総督府系の総合時事月刊誌『台湾時報』を筆頭に『台湾警察時報』、『台法月報』、『台湾教育』等等のような各部局別月刊誌や『台湾地方行政』等の州庁が発行していた雑誌をも含めて数千冊に余る雑誌を調査をした。(3) その結果、膨大な数の日本人文芸家の作品が見つかったのである。(4) そして、これらの日本人文芸家の作品を「日本統治期台湾の日本人作家たち(5)」としてまとめるために調査し、整理する過程で、ある一人の詩人及びその作品に出会った。それが石田道雄――戦後、童謡「ぞうさん」で名前を知られる「まど・みちお」であった。

二　石田道雄の「戦争協力詩」

石田道雄が「まど・みちお」であり、日本統治期の台湾で作品を発表していたことは、すでに知っていた。一九九一年以降、日本統治期の台湾文学について聞き書きのために、東京・阿佐ヶ谷の西川満宅をしばしば訪れていたが、その折り何度か石田道雄のことが西川満の口から出た。(6) 台北工業学校を卒業後、総督府を経て台北州庁に務めていたこと、昭和一四年末、西川満が台湾詩人協会を組織すると、石田道雄も会員になり、その機関誌『華麗島』に詩を寄稿してくれたこと、詩人協会改組後の台湾文芸家協会にも属し(7)『文芸台湾』にも寄稿したこと（後には編輯委員にもなっている）、また、一九七四年（昭和四九年）六月二〇日に西川満宅で往事の『文芸台湾』

の同人を招いて座談会を開いた時に石田道雄も来たこと等である。(8) 故に石田道雄の名を見て、すぐにまど・みちおだと判ったし、まど・みちおという筆名がすでに戦前の台湾でも使用されていたことも知っていた。(9) 但し、戦後のまど・みちおについては、「ぞうさん」等二三の童謡は知っていたが、その履歴や言動に関してはほとんど知識はなかった。そこで、近著によってまど・みちおの戦後を概括する一方、戦前の台湾の新聞や雑誌に発表された作品について、調査中に目に触れたものは複写し、ファイルし、「作品年表」を作成し、若干の作品については目を通した。その時の石田道雄についての印象は、戦前から戦後を通して一貫して同じ色彩の童謡を書いていることに感心する一方で、石田道雄も「他の作家と同様に戦争の影響を受けている」と感じた程度であった。その後、他の日本人作家の調査に忙しく、石田道雄についてそれほど関心を払わなかった。

二〇〇一年五月、伊藤英治編の『まど・みちお全詩集』(以下『全詩集』と略記)の新訂版が理論社から出た。かなり以前に初版が出ていたのは知っていたが、(10) この頃出版された游珮芸氏の「童謡詩人まど・みちおの台湾時代」に刺激され、(11) 且つ「台湾文学小事典」(後述)の出版を考えていたので、石田道雄の台湾における文学事績調査の参考にしようと購入した。該書には作品の他に巻末にまど・みちおの「あとがきにかえて」と編者伊藤英治の「編集を終えて」があり、索引も含め八〇〇頁の大冊であった。最初にまど・みちおの「あとがきにかえて」を読んだが、驚いた。ほとんど全文が戦前、ある本に発表した自らの「戦争協力詩」についてのお詫びと弁明だったからだ。

ある本とは、昭和一九年九月二五日に国民図書刊行会から出版された與田凖一編『少国民のための大東亜戦争詩　北原白秋氏に捧ぐ』(以下『大東亜戦争詩』と略記)である。この本の「あとがき」(昭和十八年八月十日　巽聖歌、佐藤義美、小林純一、與田凖一)には、「わたくしたちの師北原白秋が(昭和一六年=引用者注)十二月八日以来、翌年の十一月二日朝の長逝にいたるまで、『大東亜戦争、少国民詩集』の創作に専心してゐた」とあり、白秋の弟子や知人たちが、彼の意志を継いで「少国民」のために執筆編集し、白秋に献じたアンソロジー詩集であることが判る。内容は、国民学校初等科六学年を初級「日本ノ　アラワシ」、中級「靖国の朝」、上級「忠義」の二年ごと三段階に分け、更にその上に高等科「生ける元帥」を置いて、それぞれ級ごとに六人から一六人の詩人が詩を寄せている。詩人は百田宗治、濱田廣介、川路柳紅、室生犀星、野田宇太郎、新美南吉、野口雨情、水谷まさる、大木惇夫等錚々たる顔ぶれであった。まど・みちおは上級「忠義」に「はるかな　こだま」と「朝」の二篇を寄稿している。これがまど・みちお自身が言う「戦争協力詩」である。いま、先ずこの二篇の詩から「はるかな　こだま」を見てみよう。（『大東亜戦争詩』から引用、傍点及び傍線は中島）

野に立つて
とほく
かしはでをうちならすとき

こたへてくる
ながれてくる
はるかな　はるかな　こだまはなにか。

きよらかな

そぼくな
とほいむかしの日本の
神いますふるさとのよびごゑか。

天の岩戸や
かぐやひめや
日のあたたかな　かちかち山や
はるばる　はるばる　こえてきた
なつかしいふるさとのよびごゑか。

「日本人よ
日本人よ

天皇陛下　をいただいた
光栄の日本人よ

君らの祖先がしてきたやうに

今こそ君らも
君らの敵にむかへ
石にかじりついても
その敵をうちたふせ
――神神はいつも
君らのうへにある。」

ひびいてくる　ながれてくる。
さういふやうにきこえてくる。

そして、まど・みちおは、この詩ともう一篇の詩「朝」を発表した経緯について、『全詩集』の「あとがきにかえて」で、次のように説明し弁明している（かなりの長文なので、一部を省略した）。

じつは私には戦争協力詩を書いたという記憶が全くなかったのですが、この二篇のうちの一篇「はるかなこだま」を、昨年三月初めて目にしました。梅花女子大の谷悦子さんが、原本とは別の印刷物に転載されているのをみつけて、そのコピーを送って下さったのです。まぎれもない拙作で、大ショックでした。／しかし考えてみますと、私はもともと無知でぐうたらで、時流に流されやすい弱い人間です。こういうのを書いていても不思議でないと思われてきました。が、にもかかわらず私は戦前から、人間にかぎらず生き物のいのちは、何ものにも優先して守られなくてはならないと考えていました。戦後も、戦争への反省どころかひどい迷惑をかけた近隣諸国に、お詫びも償いもしない政府のやり方に腹を立てつづけてきました。―略―／つまり、一方で戦争協力詩を書いていながら、臆面もなくその反対の精神活動をしているわけです。これは私に戦争協力詩を書いたという意識がまるでなかったからですが、それは同時にすべてのことを本気でなく、上の空でやっている証拠になりますし、またそこには自分には大甘でひとさまにだけ厳しいという腐った心根も丸見えです。そしてとにかく戦争協力詩を書いたという厳然たる事実だけは動かせません。―略―／また二篇の戦争協力詩にもどりますが、私はそれを、前記アンソロジーの編集部からの依頼によって書いたものと考えます。―略―／そこでなぜ私が戦争協力詩を書いたのか、またそれがなぜ記憶になかったのか、を私なりに考えてみます。まずなぜ書いたか、ですが、私が無知で、ぐうたらで、臆病だったことを別にすれば、たぶん私は非常に昂っていたのだろうと思います。真珠湾攻撃と宣戦布告で昂り、白秋先生のご他界で昂り、―略―つぎに赤紙がきて昂り、ちょうどその頃ガダルカナル島の攻防で日本軍は絶望的苦戦状態にありましたが、入隊して前線行きとなれば明日のいのちが知れぬということで昂り、さらに台湾にいる無名の私にまで中央から、白秋先生に捧げるアンソロジーへの参加よびかけがきたということで昂り、―略―私は昂り勇んでこの二篇を書いたものと思われます。そしておそらくそうすることで、前線へ赴く臆病な私が、慰め、説得し、励まそうとしたのではなかろうかと想像します。―略―／つぎに戦争協力詩を書いた記憶がなぜ私になかったのか、ですが、このように昂り昂った中での作詩というのは、おそらく即興の書流しで、そのために書いたという印象が希薄だったのではなかろうか、ということが一つです。／それからこれはこの全集の校正をしなかったならば考えもつかなかったことですが、この校正をしながらほとほと私は私の記憶力のなさに呆れ返りました。戦前の作はむろんのこと、戦後の作でもまるで見覚えのないのが続々出てきたのです。しかも前に書いたのを忘れていて、似たようなアイデアのものを再度書いている例も幾つも見つかる始末でした。さきに「本気でなく上の空で」と書きましたが、それと生まれつきとが相俟っての、こういうひどい健忘症が私の現実なのでした。そして人間は自分に都合の悪いことはすぐに忘れるといいますが、それもあったのかと思われます。－以下略－

わたしは、『全詩集』（尚、この本では作品はすべて新かな遣いに改編してある）でこの「はるかな　こだま」を読んだ時に、なぜか不思議な違和感を覚えた。なぜ、違和感を感じるのかその時は判らなかったが、この詩を繰り返し読むうちに、その理由がおぼろげながら判ってきた。この詩は、以前どこかで読んだことがあるのだが、以前に読んだ詩とは何かが違う。それも『大東亜戦争詩』等という単行書ではなく、確か雑誌で読んだのではなかったか――それが違和感として残ったのだ。そこで、以前にまとめておいた「石田道雄作品年表」を探し出して調べたが、作品年表に載っているのは『台湾日日新報』や『文芸台湾』等、台湾発行の新聞雑誌に掲載された作品ばかりで、「内地」の出版物に掲載された「はるかな　こだま」というタイトルの詩はなかった（「朝」もなかった）。この二篇の詩の初出はおそらく台湾の紙誌であって、後に『大東亜戦争詩』に再掲載したのではないかと予想したのだが――そこで今までに集めた石田道雄の作品の複写をすべて見ることにした。そして、その中に見い出したのが、昭和一七年九月五日発行『台湾時報』第二七三号に掲載された「てのひら頌歌」という詩であった。もちろん『全詩集』にも収録されていない。

三　忘れられた「戦争協力詩」

「てのひら頌歌」（傍点は中島）

てのひら　ひらひらと
あはれに貧しいてのひらだが

野に立つて　ひとり
かしはでをうてば

こたへてくる　ながれてくる
はるかな　はるかな木霊はなにか

―品たかく
神さびて　きよく
いみじくも素朴なひびき―
それは　悠久三千年の神代から
うつくしくつづいた血のながれ

歴史の山川

はるばるとこえてきた
ながれてきた

言霊のさきはふくにの

なつかし！

ふるさとのこゑ
神いますふるさとのこゑ

日本人私の
日本人私の
さながら安否をとふやうに

ああ　てのひら　てのひら
あはれに貧しいてのひらだが

ちかつて
至尊へ　あはせたてまつる

これは　日本人のてのひらだ
日本人のてのひらだ

前節で掲げた「はるかな　こだま」（以下「こだま」と略称）とこの「てのひら頌歌」（以下「頌歌」と略称）の傍点部とを比較して見れば、「頌歌」を改編して「こだま」が意識的に作られたことは明白である。ただ、「頌歌」は、拍手《かしわで》は「神いますふるさとのこゑ」と言い、てのひらを合わせることで天皇への崇拝を詠ってはいるが、直接的には「戦争協力詩」とは言えないだろう。まど・みちおが「こだま」を「戦争協力詩」とするのは、前節に掲げた詩の下線部「君らの祖先がしてきたやうに／／今こそ君らも／君らの敵にむかへ／／石にかじりついても／その敵をうちたふせ」が加えられたことに起因する。しかし、いずれにしろ「頌歌」は、彼にとっては特異な詩だと言ってよい。『全詩集』の巻頭には戦前の石田道雄の詩が一〇〇篇ほどが収録されているが、「こだま」と「朝」の二篇の「戦争協力詩」を除けば、ほぼすべてが少年詩や童謡の類で「大和民族礼賛」や「天皇礼賛」詩は他に見当たらないからである。二篇の「戦争協力詩」を書いたことについて、まど・みちおは「なぜ私が戦争協力詩を書いたのか、～たぶん私は非常に昂っていたのだろうと思います。真珠湾攻撃と宣戦布告で昂り、白秋先生のご他界で昂り、～つぎに赤紙がきて昂り、ちょうどその頃ガダルカナル島の攻防で日本軍は絶望的苦戦状態にありましたが、入隊して前線行きとなれば明日のいのちが知れぬということで昂り、さらに台湾にいる無名の私にまで中央から、白秋先生に捧げるアンソロジーへの参加よびかけがきたということで昂り、～私は昂り勇んでこの二篇を書いたものと思われます。そしておそらくそうすることで、前線へ赴く臆病な私が、慰め、説得し、励まそうとしたのではなかろうかと想像します」と述べ、真珠湾以来の数々の「昂り」が「戦争協力詩」

を書かせたと弁明している。それでは昭和一七年に、なぜ「頌歌」を書き発表したのであろうか。この詩の発表された昭和一七年といえば、六月五日にミッドウエイ海戦があって日本軍が大敗し、戦況は次第に悪化していくとはいえ、日本社会全体にはもちろん未だ敗戦などという気配はなく、また、白秋はまだ健在で（その死は昭和一七年一一月二日）、石田には赤紙も来てはいない（昭和一八年一月初めに来たと推測される）。まさか「真珠湾攻撃と宣戦布告で昂」って、この「頌歌」を書いて発表したとも思われない。しかし、理由は判らないが、石田には書いて発表しなければならない状況（または心境）があったはずである。

私は以上のように、この時初めて「頌歌」が「こだま」の下敷きになった詩であることや、『全詩集』にも未収録であることを知ったのである。そして、この他にも『台湾時報』には、以下のような『全詩集』未収録の石田道雄の詩があった。

○詩「水墨抄」（『台湾時報』第二七四号、昭和一七年一〇月八日）
○詩「幼年抄」（『台湾時報』第二七五号、同年一一月一〇日）
○詩「妻」（『台湾時報』第二七六号、同年一二月五日）
○散文「近感雑記」（『台湾時報』第二七六号）
○短歌「花礁陣抄」（『台湾時報』第二九九号、昭和一九年一二月二〇日）
○俳句「礁画箋抄」（『台湾時報』第二九九号）

「水墨抄」は日本の農村風景を水墨画風に描いた「けむり」「日本星座」の二篇の詩からなる。「幼年抄」は「星」「兎」「スワン」「鉛筆」「月」「指」の短詩六篇からなるメルヘン的な童謡。いずれも戦後のまど・みちおに通じる詩だ。「花礁陣抄」は、短歌四首、「礁画箋抄」は俳句八句で、その内容から共に応召後に南方から寄稿した作かとも思える。そして、詩「妻」と「近感雑記」――これが前節の初めで述べた「他の作家と同様に戦争の影響を受けている」と感じた作品である。その時はまだ『全詩集』のまど・みちおの「あとがきにかえて」を知らず、彼もまた他の文芸家と同様に時局の圧迫下で当然国策に沿って戦争詩を書いたのだろうと考えたので、そのような感想で通り過ぎてしまったのだが、改めてこの二篇の詩と文を読むとかなり深刻な内容だ。以下、詩「妻」と「近感雑記」を全文引用する。尚、詩「妻」は、『台湾時報』の七二頁から七三頁上部に枠付で、「近感雑記」は、その下部に詩と同様に二頁に渡って掲載されており、末尾に（石田）とある。先ず、詩「妻」を見てみよう（いずれも傍点は中島）。

妻　　　　石田道雄

この戦争は
石に嚙りついても勝たねばならないのだよといへば
お前は　しづかに
私のかほを見まもり
ふかい信頼のまなざしで
うなづきかへす
例によつての

でんぐ熱や　石鹸や
貯金や　妊娠や　近所附合やの話を
べつに打切れといふのではなかつたのに
このかなしみに似た
いのりに似た
ことばの不便に　よりそふやうに
こゑもなく
たとへやうないしたしさで
お前はうなづきかへす—
夫婦よりも
夫婦よりも
更にたかい血のふるさとにおいての
ああ
味方を　味方を得たやうに

先に掲げた「こだま」が「戦争協力詩」なら、この詩も最初の二行によって当然「戦争協力詩」といえるだろう。それも「こだま」よりも描写は深刻だ。「こだま」は、「天皇陛下をいただいた光栄の日本人」に対して「石にかじりついてもその敵をうちたおせ」と叫んでいるだけで、当時においてこのような戦時プロパガンダとしての「戦争協力詩」は、数多く作られており、急迫する戦時という環境が詩人たちに「戦争協力詩」への同調を強いた結果だとも言えよう。(12)「こだま」が掲載された『大東亜戦争詩』も「少国民」に対するそのような一冊だと言える。

しかし、妻という私的な存在に向かって「この戦争は石に囓りついても勝たねばならないのだよ」と語りかける詩は、寡聞にして知らない。そして、この妻への一言が、妻との関係を「夫婦よりも更にたかい血のふるさと」に飛翔させ、それは当然日本人の究極的権威の象徴である天皇に結びつき、天皇の聖なる目的のための戦い――「聖戦」完遂への、妻は昇華して心強い「味方」となる。「こだま」よりはるかに次元の高い「戦争協力詩」としても読める。伊藤英治の「まど・みちお年譜」(13)によれば、石田道雄は、昭和一四年に「旧ホーリネス教会の信者の紹介で、鹿児島から姉のお産の手助けに来ていた永山寿美と出会」い、「十月四日、永山寿美と台北聖教会（旧ホーリネス教会）で池田長十郎牧師の司式にて結婚式を挙げ」た。詩「妻」を発表した頃は、結婚三年目であって、石田は妻には深い愛情を抱いていたようだ。それは、その前年の五月の『文芸台湾』第八号（五月二〇日）に発表した「はるかな歌――わが妻の生れし日のうた」という詩を読んでもよく判る。薩摩と周防（山口県が石田の生まれ故郷）という遠く離れた二人の運命的な出会いと妻に対する深い愛慕の念が暗示的だが軽妙なタッチでに描かれている。そのような妻に向かって、なぜ、わざわざこのように語りかけなければならなかったのか。さらに、『台湾時報』という官報に類する雑誌に、それを何故発表したのかも判らない。その理由は、まど・みちおが言うように「白秋先生のご他界で昂」ったからなのであろうか。
「近感雑記」は、その北原白秋の逝去の報を聞き、「昂った」状態で書かれた一文である。

北原白秋先生がつひに逝かれた。つひにといふ言葉を、こんなに身にしみて使つたことはないやうに思ふ。なにかかう、うそ寒い世界へ、ひとりきり放り出されたやうな哀しみのなかに今なほ坐してゐる。先生が逝かれたことについての、日本の打撃の深さと、先生全ご生涯のお仕事の偉大さについては、わたくしごときの喋々はおこがましいかぎりだ。ただ、このわたくしと同じやうに途方に暮れてゐるであらう日本童謡界と、全日本の子供たちの不便さが、しみじみ身にこたえてわかる。さいはひにして、よく先生の精神を生きた與田準一、巽聖歌氏らによつて、一応斯界の形態は維持されようが、この国家の超非常時下、真に正しい新童謡への発足は、実に大きいこれからの仕事である。今こそ、往年の赤い鳥時代のやうに、大白秋先生を中心に、全国的な一大童謡運動を展開せねばならない時だつたのだ。それによつて雲のやうな新人の輩出が期待されねばならなかつたし、にもまして期待されねばならなかつたのは、子供たちに、この国をあげてのたたかひのさ中の日本の子供たちに、あたらしいうたを、あたらしい力を、際限なく注いでやらねばならないことだつたのだ。しかし先生は逝かれた。つひに逝かれた。

ご生前、一度も直接お訪ねしたことのなかつたわたくしだが、ながい間童謡を教へていただいてゐたので、多少わたくしなりの思ひでは教へられる。いちばん忘れられないのは、一昨年だつたか、第一回児童文化賞（童謡）が與田準一氏に決定をみて、その事で同氏が先生を訪ねられたとき、特にわたくしに伝へてくれといはれたといふあたたかい激励のおことばだ。しかし、その年の秋までに出すやうにすすめられてゐた童謡集も、つひに出さなかつたばかりか、種々の理由があつたにせよ、二年を経た今日なほ、仕事らしい仕事を纏めえないでゐる程のだらしなさだ。おろかしくも今となつて、悔い嘆きお申訳なさに涙を感じてゐるが、も早なんともせん術なく胸ばかりふさがる思ひだ。ただ、今度こそ性根をいれかへて立上らうと、ふかくみづからに決意をもつ。さうしてこの際、かねての笛をもう一度とりあげ、吹き鳴してみようと思ふ。

それはほかでもない台湾少国民文化の問題だが、必ずしもこれは、みづからの怠惰に笞うたんがためのみの卑怯な便法ではない。最近わが台湾に於ても、あらゆる文化面の活動がとみに真剣活潑になりつつあるかに見うけられるのは、まことに喜ばしいことであるが、少国民文化の問題にかぎり、なほ消極的にしか扱はれてゐないのではないだらうか。次代の支柱たる少国民の文化問題は、内地の現状に見るまでもなく、緊急事中の緊急事であらう。一介の童謡詩人に過ぎないわたくしは、（はやいつの頃からだらうか—）会ふ人ごとにこの事を叫んで来たのだが、つひに今日にいたるも、猫の仔一匹踊らぬ哀れな笛吹きに終つた。

いつたい人びとは、台湾に於ける少国民、わけても本島人児童の日常生活に、現下の日本が要求してゐる文化の片鱗だにもが発見できない事実を、どんな風に考へるのだらうか。学校に委せてあるからよいといふのだらうか。学校と家庭。それは彼らの場合、極めてえげつなく言ふことを許されるならば、日本とあめりか、といつた風な両面だ。この両面を日夜に往復してゐる子供たちを放つておいて、なんの皇民化であらうか。フレーベルに俟つまでもなく、人間性の陶冶は、双葉の時期を逸したら殆んどその効果がないことは、成人としての、自分自身の悪性処理の日日に徴しても明かではないだらうか。

台湾少国民文化—。これの創造と推進とは、台湾の成人たちに課せられた光栄ある義務であり、これの享受は、台湾の子供たちが要求していい輝かしい権利である筈だ。かうした混沌のなかに坐して、わたくしごときれぎれの笛でも、何とかして国家のお役に立ちたい。
ああ、北原白秋先生の愛された、七星紗帽の山やまが、けふも北の空に、あのやうに美しい。　（石　田）

　この一文は恩師北原白秋逝去に際して書かれたものなので、「はるか」や「朝」の詩と同じ時期に書かれたのかも知れない。前半部には白秋逝去に対する哀悼と思い出が語られている。前半部において些か気になるのは「この国家の超非常時下、真に正しい新童謡への発足云々」や「この国をあげてのたたかひのさ中の日本の子供たちに、あたらしいうたを云々」という件の「真に正しい新童謡」及び「あたらしいうた」の具体的な内容についてであるが、今は台湾に関係する後半部についてのみ見ることにしよう。

　この後半部は以下のようにまとめられるだろう。石田道雄は予てから「台湾少国民文化」の重要性を主張していた。しかし、それについて台湾人の親たちはほとんど関心を抱かなかった。かれらは「台湾少国民文化」の形成については学校の教育に委ねているが、帰宅した台湾人少国民たちはまさに自由奔放で、学校でしつけられた「台湾少国民文化」は何の役にも立たず、その教育的効果もない。彼はそれを日本とアメリカの差違の如くだと喩えている。「台湾少国民文化」の問題は当時においては緊急時中の緊急時であり、また人間性の陶冶は、双葉の時期を逸したら、その効果は期待できない。故に「台湾少国民文化」の創造と推進は、台湾人成人にとっては光栄ある義務であり、台湾の子供たちにとっては輝かしい権利である、と述べている。それでは、「台湾少国民文化」とは具体的に何を指すのかと言えば、戦時の日本が台湾人少国民に要求する文化——つまり台湾少国民の「皇民化」の推進であり、他の台湾の親たちに率先して、推進醸成の笛を吹き、「何とかして国家のお役に立ちたい」と、石田道雄は宣言しているのだ。となると、少国民のための『大東亜戦争詩』への「はるか」と「朝」の石田道雄の寄稿は、白秋への追悼の意味と共に、この一文の延長上に位置し、この文と対になっていると考えられよう。

台湾時代の石田道雄は、台湾人の子供（原住民族＝「高砂族」ではない）をしばしば詩に描いている。たとえば、以下のような「囝仔《ギナ》さん」という詩がある。(14)

甘蔗《かんしょ》を食べてる　囝仔さん、

「囝仔さん」と　よんだら、

「我不知《ゴアムウツアイ》」

甘蔗を半分　折ってくれた。

水牛番してる　囝仔さん、

「囝仔さん」と　よんだら、

「我不知」

水牛にもたれて　お顔かくした。

龍骨車《りゅうこつしゃ》ふんでる　囝仔さん、

「囝仔さん」と　よんだら、

「我不知」

キイ、キイ、ゴポ、ゴポ、スピード出した。

注・団仔＝台湾語にて、子供の意。
・我不知＝台湾語にて、知りませんの意。
・龍骨車＝灌漑用の揚水踏車。

この詩に対して台湾人である游珮芸は、以下のような感想を述べている。

生活感に溢れる子どもの姿から長閑な田園風景を連想させる一篇である。この作品からは、子供たちの動きをよく観察し、彼らの反応を温かく見守るまどの視線が感じ取れよう。／ここで登場した子どもたちは、明らかに〈国語〉が分からない。そういうことを察したまどは、台湾語で挨拶しようとした。ところが、まどが団仔に「さん」を付けたためなのか、聞き馴れないその和製台湾語に対して、子どもたちは「我不知」としか答えなかった。／しかし、子どもたちは、見知らぬまどにサトウキビを差し出したりして、言葉ではなく身体の動きでまどの挨拶に答えようとした。(15)

この詩を読んで、わたしも游珮芸と同様に日本語を解せずとまどう台湾人の子供たちに注がれる石田道雄の温かな眼差しを感じた。その石田道雄が、「台湾少国民文化」として「皇民化」を率先して推進しようしている。「皇民化」とは、天皇の赤子＝日本人になるために台湾人がさまざまな日本化のための習練をすることであり、その中心となるのが日本語の習得である。日本語を解せずとまどう台湾人の子供に温かな眼差しを向けた童謡作家石田道雄が、同じ子供たちに「台湾少国民文化」の形成という名の下に「皇民化」を強制する。一体どちらが真の石田道雄なのか――ひどい違和感に襲われる。

『全詩集』の「あとがきにかえて」で、まど・みちおは、先の「こだま」と「朝」の二篇の「戦争協力詩」に関して「書いたという記憶が全くなかった」と言い、書いた理由については、「私が無知で、ぐうたらで、臆病だったことを別にすれば、たぶん私は非常に昂っていた云々」と何とも曖昧な弁明をしているが、この二篇の詩文執筆についても「記憶に全くなかった」のであろうか。一九七四年（昭和四九年）、まど・みちおは、石田道雄として出席した『文芸台湾』の戦後の集まりで、「戦争協力詩」を多産した西川満や長崎浩を前にして「私の場合は、昔の自分の作品を読んでみても、内地へ帰ってのちにも、全然違和感はないですね。台湾にかぎらず、どこへ行ったたって、自分は地球人だとの認識の上にたって書いているから」と誇らかに宣言している。しかし、実際には妻に向かって「この戦争は石に噛りついても勝たねばならないのだよ」と語りかけ、また他人に率先して台湾人少国民への「皇民化」を常々主張していたことは、その宣言とは異なり、大きな「違和感」を感じる。石田道雄が終生一貫した真の平和主義者ならば、戦争に愛妻を引き込むような詩や台湾の少国民を皇民化できぬ現状を憤った文の執筆は思いつかなかっただろうし、ましてや公表などは脳裏になかっただろう。もし、たとえ当時の環境や時流に強いられて否応なく書かざるを得なかったとすれば、意に反して書いたという事実に対しては、忸怩たる罪悪感や後悔の念がいつまでも心に残ったはずであり、「書いたという記憶が全くなかった」ということはないはずだ。

四　ある結論

本稿は、戦前に石田道雄が「戦争協力詩」を書いたことを暴露し批判することが、目的ではない。本稿発表の理由を箇条書きにすれば、以下のようである。

一、戦前の台湾の公的雑誌に、『全詩集』未収の石田道雄の詩文があること。

二、未収の詩の中に「戦争協力詩」「こだま」の元となった「てのひら頌歌」という詩があったこと。

三、更にその未収詩文の中に、まど・みちおが自ら「戦争協力詩」と名づける傾向をもつ詩文が二篇あること。そして、新たな二篇の詩文の内容が以前の二篇の「戦争協力詩」よりも深刻なこと。

四、これらを踏まえて、まど・みちおが『全詩集』の「あとがきにかえて」の中で戦前の台湾で「戦争協力詩」を「書いたという記憶が全くなかった」と弁明していることに些か疑問をもったこと。

まど・みちおは、自らの詩を「戦争協力詩」といっているが、日本文学報国会に名を連ねた当時の文化人の殆どは戦争協力者であり、多くの詩人は「戦争協力詩」を書いている。詩人は聖人ではもちろんないし、詩的感性が鋭いことを除けば普通の生活人である。故に過ちを犯す普通の生活人としての詩人の存在は、別に恥辱でも軽蔑の対象でもない。詩人が普通の生活人だからこそ、わたしたちはその詩に感動し同調もするのである。将来が見通せない戦時という逼迫感の中で、長い期間を過ごせば人間はさまざまに変り、殆どの人間は国策に従う。心ならずも従う者、真に同調して従う者等――そして彼らが文芸家ならいずれも国策に沿った作品を発表し、戦争に協力する。そのような過ちを犯しても誰も彼らを咎めることはできまい。戦争を知らない戦後の人間はもちろん、同時代のほとんどの人間も咎めることはできない。いわば、日本の知的リーダーとは言え、文芸家たちも戦争の被害者であり、石田道雄もまた同様だと思う。戦後になり次第に自由な言論を手中にし出すと、文芸家たちは戦前に発表した作品が自己の汚点として感じられる。そこで、それには触れず、遠ざけ、隠し、自ら忘却に努める。しかし、書いた事実は決して消えないし、消してはいけないことだと思う。――石田道雄は前節でも述べたように「私の場合は、昔の自分の作品を読んでみても、内地へ帰ってのちにも、全然違和感はない」と、戦前戦後を通してその作品の一貫性に自信をもっており、更に谷悦子などのまど・みちお研究者が、繰り返しこの一貫性を賛美したので、このような作品の出現に際しては「書いたという記憶が全くなかった」といわざるを得なかったのではないかとも推測できる――

本稿は、以上の一～四の理由と共に、「書いたという記憶が全くなかった」という一言で、戦前の負の事実をすべて敗戦の彼方に埋没させてはならないとの考えから発表したのである。戦前の石田道雄がこのような「戦争協力詩」や文を発表したからといって、それらについて批判する資格はわたし自身にはないし、また、それによって戦後のまど・みちおの文芸活動に汚点が残るなどとは考えてもいないことは、おことわりしておく。

二〇〇一年に伊藤英治編の『全詩集』の新訂版が理論社から出た。ちょうどその頃『台湾文学小事典』を編集していたので、石田道雄の項執筆の参考資料として購入した。この時まど・みちおの「あとがきにかえて」を読んで驚くと共に、『全詩集』の編集者である伊藤英治が、巻末の「編集を終えて」の中で「ぼくは今回の仕事で、まどさんの台湾時代の作品二四〇篇を見ることができましたが戦争協力詩と言えるものはこの二篇だけでした。童話、随筆、詩論、童話論にも直接戦争にふれるものは他に存在しませんでした」と述べているのを読んで、なぜこのように断定できるのか不思議に思った。伊藤英治は「こだま」「朝」の詩発見以降、台湾の図書館等の現地調査を経た上で、このように断定したのであろうかという疑問をもった。問題となるような詩が発見されたならば、先ずその他にも類似の詩がないか博捜すべきであろう。台湾で発行された紙誌については、なぜか『文芸台湾』や『台湾日日新報』に限って調べたようだ。石田道雄は総督府や地方州庁に勤めており、前述のように総督府には職掌別に多数の雑誌が発行されており、それらにはほとんど「文芸欄」が付随していたのだ。これは地方州庁の場合でも同様であった。残念ながら編集者の眼はそこまでは届かなかったようだ。そこで、二〇〇五年に出版した拙編・著『日本統治期台湾文学小事典』（注（5）参照）の「石田道雄」の項に「～台湾時代に『台湾日日新報』『文芸台湾』や『台湾時報』等に二四〇篇の詩作等を発表し、また、皇民化への「台湾少国民文化」（『台湾時報』「近感雑記」四二年一二月号）を主張した～」と書き入れた。伊藤英治あるいはまど・みちおの研究家である谷悦子[16]が気づくかもしれないと考えたからだが、残念ながら思惑ははずれた。これが本稿発表に到った第五の理由なのである。

五　ある編集者の死について——編集者の責務

二〇一〇年の三月末、わたしの勤める大学の外国語学部の同僚と共同執筆した『ポスト／コロニアルの諸相』が彩流社から送られてきた。わたしも「忘れられた『戦争協力詩』——まど・みちおと台湾」という一文を発表したので、早速開封しようとすると、別にもう一通、大部の普通郵便が眼に入った。差出人は『まど・みちお全詩集』（理論社、一九九二年）の編集者・伊藤英治氏で、まど・みちお百歳記念の詩集が入っていたので驚いた。というのは、上記の拙文「まど・みちおと台湾」は、まど氏とその全詩集の編集者・伊藤氏を批判した文章であったからだ。その経緯は、以下の通りである。

まど・みちお（本名：石田道雄）は、「ぞうさん」の作詩で有名な童謡詩人。日本では「生き物と自然を愛する優しき平和主義者」として賞賛され、一九九四年には「小さなノーベル賞」ともいわれる国際アンデルセン賞を日本人として初めて受賞した。ところが近年、台湾時代に「朝」と「はるかなこだま」という二種の戦争協力詩を作詩していたことが明らかになり、伊藤英治編『まど・みちお全詩集』出版に当たって、まど氏はその「あとがき」で全面謝罪した。そして、編集者の伊藤氏は「～今回の仕事で、まどさんの台湾時代の作品を二四〇篇見ることができましたが戦争協力詩と言えるものはこの二篇だけでした。童話、随筆、詩論、童謡論にも直接戦争にふれるものは他に存在しませんでした」と断定した。そして、先の拙論は、まど氏の戦争協力の詩文はこの二篇に止まらず、戦前の台湾の雑誌の中にはより深刻な内容の作品が存在することを明らかにし、戦前も戦後も一貫して平和主義であるというまど氏に疑問を投げかけ、且つ編者の全集編纂に当たっての資料蒐集方針にも疑問を提示したものであった（拙文の意図は、まど氏のみを批判ことではない。詳しくは二〇一〇年一一月六日『朝日新聞』朝刊「文化」欄「まどさん　新たな戦争詩」参照）。そこで、わたしは届いたばかりの該書を伊藤氏に送った。伊藤氏がどのように反応されるかを知りたかったのだが、返事はなかった。

――それから約五ヶ月後の八月末に伊藤氏からの封書を受け取った。そこには、戦争協力詩を新たに見つけてくれた事へのお礼と共に拙論への今後の対応が、おおよそ次のように書かれていた。

「（A）これまでの『まど・みちお全詩集』の読者に対して、伊藤が編者責任について手記、談話を新聞・雑誌等に発表するか、または講演等で話す。

（B）これからの『まど・みちお全詩集』の読者に対して、『まど・みちお全詩集』の次に再版で、新たな「戦争協力詩」があることを明記し、『まど・みちお全詩集パートⅡ』を準備して、新たな「戦争協力詩」を収録して、伊藤が解説で詫びる。」

そして（A）については、九月に東京で開催される日本児童文学学会での講演を予定しており、（B）についても、既に協力者と共に詳細な内容を検討しており、解説も書きつつある、という内容だった。

わたしは、一介の研究者の論文に対する、伊藤氏のこのような対応に驚いた。そして、自らが批判した編集者としての伊藤氏に畏敬の想いが沸々と沸いてきた。わたしは伊藤氏に会いたくなって、一〇月末に東京の高田馬場で会うことを約束した。

一〇月二八日、喫茶店で待っていると伊藤氏がやってきた。予想に反して、痩身で杖をつき歩行もままならぬ様子なのでうろたえた。初対面の挨拶もそこそこに伊藤氏は、一冊のファイルを取り出し、わたしに見るようにと言った。表紙には自筆で『新たに発見された、まど・みちお「戦争協力詩」に関する資料』と書かれていた。そこには、拙論に基づいた資料が博捜され複写されていた。わたしがそれを見終えた時に、伊藤氏は淡々とした口調で「『まど・みちお全詩集パートⅡ』の出版は、五年後くらいになるでしょう。わたしは末期癌でとても見ることはできませんが、『解説』は書いています」といわれた。――伊藤氏は、余命幾ばくもないこの五ヶ月間をこれらの資料閲覧と蒐集、そして「解説」執筆に費やしていたのだ――。伊藤氏は、死の病に苦しみながら、そして死への恐怖感とも戦いながらも、死の直前まで全力で編集者の責務を全うしようとした。はじめての出会いであったが、わたしは伊藤氏への畏敬の想いを込めて、自らもかくあれと思わずにはいられなかった。

――高田馬場でお会いした約一ヶ月後の一二月三日、伊藤英治氏は亡くなった。

六　『続　まど・みちお全詩集』について

『まど・みちお全詩集』（以下「前著」と略称）の編輯者・伊藤英治氏が亡くなってから五年後の二〇一五年九月、（故）伊藤英治・市河紀子編の『続　まど・みちお全詩集』（以下「続編」と略称）が出た。装幀や詩の配列、索引等は前著を踏襲した五〇〇頁を越す大冊で、「前著」と併せてまど・みちおの全貌が判る一書である。わたしも台湾文学を専門としているので、「まど・みちお台湾紙誌発表作品目録」（本稿末に付録）及び入手困難な作品をいくつか提供した。

早速眼を通して見たが、若干気になる点があった。

たとえば、「桃樹《もも》にもたれて」（昭和一三年二月二二日『台湾日日新報』）という作品。これは本名の「石田道雄」でもなく、「まど・みちお」でもなく「はな・うしろ」という当時使用していた筆名で書かれた作品である。わたしも「はな・うしろ」が「まど・みちお」だということは知っていたので、この作品を『台湾日日新報』で見つけて目録に配列した。その後、高田の馬場で伊藤英治氏にお会いした時、わたしの作成した目録中のこの作品を見て、すでに「前著」に収録されているが、「前著」では〈初出・底本〉「昆虫列車」第7冊1938年3月1日　昆虫列車本部　＊＊一部改稿」とした。しかし『台湾日日新報』のほうが発表月日が早かったことを知って、この点についてはは「続編」では注記しておかなくては云々とのことを言われた。伊藤英治編とあるからには、この点について注記されているのかと思ったが、「続編」には何もなかった。もう一例を挙げるなら、はな・うしろ「童謡　お日様いうびん」も、初出は昭和一三年二月二六日『台湾日日新報』であり、やはり「前著」の「〈初出・底本〉「昆虫列車」第9冊1938年8月20日　昆虫列車本部」はそのままになっている。「前著」のこととはいえ、「続編」編集中に判った重要な事項は、「索引」でも注記すべきであろう。この類の事は多々あった。伊藤英治氏が存命であったら、必ず注記したと思われるので、甚だ残念であった。

「はな・うしろ」が「石田道雄」＝「まど・みちお」であることを教授してくれたのは、故西川満であった。昭和一三年当時、西川満は台湾日日新報社に勤めており、「文芸欄」を担当していた。詩人でもあった西川満は、どのような経緯かは忘れたが石田道雄を知り、『台湾日日新報』に詩を書くように勧めた。また、『文芸台湾』及びその前身である台湾詩人協会へも誘い、石田道雄も会員となった。故に西川満は、「かすか・ぼー」の筆名で昭和一三年三月二〇日の『台湾日日新報』に発表された詩「日没」が、石田道雄のものであることを知っており、わたしも教えられて稿末の目録に載せたのである。その経緯については、すでに伊藤英治氏にも連絡済み（伊藤氏には「まど・みちお台湾紙誌発表作品目録」を差し上げた）であったが、残念ながら、「続集」の編者は採りあげることはしなかった。

『前著』も『続編』も詩以外に散文も採られている。『前著』では「第二部：散文詩」の中に「幼年遅日抄・Ⅰ」のように散文が採られ、『続編』では、「第二部：補遺」の中に「散文」とあり「下男」及び「幼年遅日抄・Ⅱ」が採録されている。『続編』では、「第二部：補遺」に続いて「付録資料」とあり、まど・みちおの書いた重要だと思われる文章が七編収録されている。わたしが見つけた散文の「近感雑記」（『台湾時報』第二七六号）は収録されていなかったは大変残念だった。詳細は本稿の第二節で述べたので、そちらを見て戴くとしても、一時的にもまど・みちおが「台湾少国民文化」をこのように語ったということは、将来まど・みちおを研究する上では甚だ重要な資料になると思うからである。

注

（1）　該書は絶版になったので、一九九五年三月、台湾・前衛出版社から修訂増補を加えて『日拠時期台湾文学雑誌　総目・人名索引』と改題して第二版を出したが、これも絶版になった。尚、「台湾文学研究会」とは、一九八一年九月、天理大学の塚本照和を代表として設立された、日本で最も早期の台湾文学専門の研究会で、『台湾文学研究会会報』

を機関誌として発行していた。

（2）その後、中山侑と長崎浩については、その経歴等を調査して論文にまとめた。前者は「中山侑という人」（拙著『日本統治期台湾文学研究序説』緑蔭書房、二〇〇四年七月三一日）、後者は「日本人作家の系譜―詩魂の漂泊・長崎浩」（『日本統治期台湾文学研究　日本人作家の系譜』（研文出版、二〇一三年三月三一日）である。

（3）これらの雑誌記事も人名索引をつけて、以下のような総目録として刊行した。
『「台湾時報」総目録（著者名索引付）』（緑蔭書房　一九九七年二月）
『「台湾警察協会法」「台湾警察時報」総目録』（緑蔭書房　一九九八年八月　林原文子と共編）
『台法月報』（緑蔭書房　一九九九年九月　宋宜静と共編）
『「台湾民報」「台湾新民報」総合目録（附：「台湾青年」「台湾」）』（緑蔭書房　二〇〇〇年一二月）この雑誌は総督府系ではなく、初期の台湾人留学生が創刊した中国語総合誌。
『「台湾教育」総目録・著者索引』（台湾・南天書局　二〇〇一年一〇月　宋子紜と共編、後に不二出版から再版）

（4）後年、これらの総督府系雑誌及び先の一一種の文芸誌、そしてこれ以外の雑誌類から文芸作品を精選し、日本統治期の台湾文学基礎資料集として河原功・下村作次郎と共に緑蔭書房から影印出版したのが、以下の資料集である。
「日本統治期台湾文学　日本人作家作品集」（全六巻、一九九八年七月）
「日本統治期台湾文学　台湾人作家作品集」（全六巻、一九九九年七月）
「日本統治期台湾文学　文芸評論集」（全五巻、二〇〇一年七月）
「日本統治期台湾文学集成・第一期」（全二〇巻、二〇〇二年八月）
「日本統治期台湾文学集成・第二期」（全一〇巻、二〇〇七年二月）

（5）西川満・中山侑等は注（2）の緑蔭書房版に、西川満・長崎浩・川合三良・石田道雄・河野慶彦等については注（2）の研文出版版に論文として収載。また、その他の三〇名以上の日本人作家たちについては、拙編著『日本統治期台湾文学小事典』（緑蔭書房、二〇〇五年六月一五日）に項目としてまとめた。

（6）この時の聞き書きの一部は「インタビュー　西川満をめぐる人々」としてまとめ、西川満の校閲を経た後『咿唖』

第二七号（咿唖之会）に掲載した。

（7）「台湾詩人協会」及び「台湾文芸家協会」については、以下の拙稿を参照。「日本統治期台湾文学研究　日本人作家の擡頭――西川満と『台湾詩人協会』」（『岐阜聖徳学園大学紀要』第四四集〈外国語学部〉二〇〇五年二月）及び「日本統治期台湾文学研究　『台湾文芸家協会』の成立と『文芸台湾』――西川満『南方の烽火』から」（『岐阜聖徳学園大学紀要』第四五集〈外国語学部〉二〇〇六年二月）

（8）この時の座談会の様子をまとめたものが『アンドロメダ』昭和四九年九月号（昭和四九年七月二三日発行）に、「座談会　文芸台湾　外地に於ける日本文学」として掲載されている。因みに石田道雄の他の出席者は北原政吉、島田謹二、竹内実次、立石尚子、長崎浩、西川満である。

（9）たとえば昭和一三年八月一日『台湾日日新報』掲載の「童話　動物園のお話」や昭和一五年六月発行の『台湾地方行政』（第六巻第六号）の掲載の詩「六月のうた」は「まど・みちお」名義で発表している。

（10）一九九二年九月初版、その後、一九九四年一〇月に増補新装版が出ている。

（11）游珮芸『植民地台湾の児童文化』（明石書店　一九九九年二月二六日）。「まど・みちお」に関する記述は、「第Ⅱ部台湾在住〈内地人〉による児童文化運動」中の第五章。

（12）たとえば昭和一七年だけでも、『翼賛詩歌曲集』（柴山教育出版社）、『大詔の下に　大東亜聖戦詞華集』（大和書店）、日本放送協会編『愛国詩集』（日本放送協会）、大政翼賛会編『愛国詩集　大詔奉戴』（大政翼賛図書刊行会）、大日本詩人協会編『大日本詩集聖戦に歌ふ』（欧文社）、日本青年詩人連盟編『大東亜戦争　決戦詩集』、佐藤惣之助等編『国を挙げて（大東亜戦争詩集）』、島崎曙海編『撃滅詩集』（女性満州社・大連）等が、「少国民」対象には日本青年詩人連盟編『少国民海洋詩集』が刊行された。

（13）『KAWADE 夢ムック［文芸別冊］まど・みちお』（河出書房新社　二〇〇〇年一一月）

（14）初出は、昭和一二年七月一日『昆虫列車』（昆虫列車本部）第三輯。本文の引用は、『全詩集』から。

（15）注（11）に同じ。

（16）「戦争協力詩」「こだま」と「朝」を見つけたのはまど・みちお研究家の谷悦子である。谷悦子はその著書『まど・

みちお　詩と童謡』（創元社）の中で、「まど・みちおは、戦争になだれこんでいく時代にあっても、戦後民主主義一色の時代にあっても、集団的状況に便乗しないすぐれた常識人としての個的な眼差し――逸脱の精神や遊び心をもち続けていたといえる」、あるいは「まど・みちおにとって戦前と戦後は地続きなのだ」（「第二章・『昆虫列車』における「娯楽性」の主張」）と、まど・みちおの戦前戦後の一貫性を繰り返し述べている。この本の初版は一九八八年四月に出ており、この時点ではこの評価はやむを得ないが、「戦争協力詩」発見以降も――たとえば一九九四年一一月初版第三刷でも同様の評価だが、それでよいのだろうか。

石田道雄（まど・みちお）台湾紙誌発表作品目録

（注）下記著作目録は、『昆虫列車』等「内地」の雑誌への投稿や寄稿は除き、台湾で発行された紙誌への掲載のみとした。

【昭和四年】（一九二九）
一二月一五日、「風景」「プラトニツクラブ」「椿の花は」〈短詩〉（『無軌道時代』第一巻第四号・台北）

【昭和一三年】（一九三八）
二月一六日、「台湾童謡　二篇」（『台湾日日新報』）〈筆名：はな・うしろ〉
二月二二日、「桃樹《もも》にもたれて」〈詩〉（『台湾日日新報』）〈筆名：はな・うしろ〉
＊この詩は、若干の改訂を加え同年三月一日『昆虫列車』第七冊に〈「桃樹《もも》にもたれて」まど・みちお〉として掲載（伊藤英治氏示教）。
二月二六日、「童謡　お日様いうびん」（『台湾日日新報』）〈筆名：はな・うしろ〉
三月一四日、「あけの朝」〈詩〉（『台湾日日新報』）〈筆名：はな・うしろ〉

三月二〇日、「日没」〈詩〉（『台湾日日新報』）〈筆名：かすか・ぼー〉
三月二一日、「童謡　月の夜更」（『台湾日日新報』）〈筆名：はな・うしろ〉
四月一日、「幼年遅日抄」（『台湾日日新報』）
四月九日、「みじかいながい時間」（『台湾日日新報』）
四月一一日、「童謡　虹——白秋先生を思ふ」（『台湾日日新報』）
四月一一日、「阿媽《あま》」（寄稿）〈詩〉（色ある風社『色ある風』創刊号）〈筆名：まど・みちお〉
四月一四日、「夕はん」〈詩〉（『台湾日日新報』）
四月一五日、「童詩三首」（『台湾日日新報』）
四月二六日、「幼年遅日抄」（『台湾日日新報』）
五月一〇日、「幼年遅日抄」（『台湾日日新報』）
五月一一日、「幼年遅日抄」（『台湾日日新報』）
五月三一日、「幼年遅日抄」（『台湾日日新報』）
六月八日、「幼年遅日抄」（『台湾日日新報』）
六月一五日、「裸になりたい謡」（『台湾日日新報』）
七月二一日、「童謡　四季一景」（『台湾日日新報』）
七月二六日、「台湾童謡　龍眼肉」（『台湾日日新報』）
七月三一日、「幼年遅日抄」（『台湾日日新報』）
八月一日、「童話　動物園のお話」（『台湾日日新報』）〈筆名：まど・みちを〉

八月一日、「奉公牛」〈詩〉（『台湾日日新報』）
八月八日、「夏日遊歩（一）」（『台湾日日新報』）
八月八日、「一年生の病気」〈詩〉（『台湾日日新報』）
八月一一日、「夏日遊歩（二）」（『台湾日日新報』）
八月一四日、「夏日遊歩（三）」（『台湾日日新報』）
八月一六日、「夏日遊歩（四）」（『台湾日日新報』）
八月一八日、「夏日遊歩（五）」（『台湾日日新報』）
八月一九日、「夏日遊歩（六）」（『台湾日日新報』）
九月二日、「片仮名童謡」（『台湾日日新報』）
九月八日、「台湾の童謡　水牛のぢいさま」（『台湾日日新報』）
一二月一日、「林檎」〈童謡〉（ねむの木社『ねむの木』第一輯）
一二月二日、「童謡　雨の夜」（『台湾日日新報』）
一二月二三日、「童詩　曇つた日」（『台湾日日新報』）
一二月二七日、「米粉がほしてある」〈詩〉（『台湾日日新報』）

【昭和一四年】
一月二九日、「アメトオサル（コドモページ）」〈詩〉（『台湾日日新報』）
二月一日、「台湾童謡　れんぶ」（『台湾日日新報』）

二月四日、「お目がさめた王様――王様はうちのター坊チヤンなの（コドモページ）」〈詩〉（『台湾日日新報』）
二月一二日、「水牛おやぢ（コドモページ）」〈詩〉（『台湾日日新報』）
三月三日、「遠く澄んでる空でした」〈詩〉（『台湾日日新報』）
三月八日、「カタカナドウブツヱン（コドモページ）」〈詩〉（『台湾日日新報』）
三月九日、「おみかん」〈詩〉（『台湾日日新報』）
四月八日、「はがき随筆　生毛将軍」（『台湾日日新報』）〈肩書き「童謡詩人」〉
四月一〇日、「童謡　びは」（『台湾日日新報』）
五月二三日、「片片茶飯愁抄」（『台湾日日新報』）
五月三〇日、「炉辺《ゐねむりうた》睡郷歌」（『台湾日日新報』）
六月一六日、「オサルノヤキウ」〈詩〉（『台湾日日新報』）
七月七日、「やまのふところ」〈詩〉（『台湾日日新報』）
八月一日、「でで虫さんの小包」〈童話〉（『台湾日日新報』）
八月七日、「午愁洟描《はながきぐさ》（夏の作品集⑧）」（『台湾日日新報』）
＊一〇月末、台湾詩人協会の会員となる（『華麗島』創刊号「会員名簿」：台北市千歳町二ノ一）
一〇月二二日、「花箋」（日孝山房『台湾風土記』巻之参）
＊台湾の風物を石田独特の語り口で述べたもの。
一二月一日、「生誕記――をさなぶり」〈詩〉（台湾詩人協会『華麗島』創刊号）

【昭和一五年】

一月一日、「鳥愁」〈詩〉（台湾文芸家協会『文芸台湾』創刊号）

二月七日、「旅愁――炉辺睡郷歌《ゐねむりうた》」（『台湾日日新報』）

二月二七日、「桃のお花が」〈童謡〉（『台湾日日新報』）

三月一日、「花村午閑抄」〈詩〉（『文芸台湾』第一巻第二号）

三月三一日、「茶飯愁記」（『台湾日日新報』）

＊五月一日発行の『文芸台湾』附録の台湾文芸家協会「内報」参「会員名簿」に名あり。

五月、「花箋」〈随筆〉（日孝山房『台湾風土記』巻参）

五月一日、「鶴の雑記帳」〈詩〉（『文芸台湾』第一巻第三号）

五月三一日、「オブダウノウタ」〈詩〉（『台湾日日新報』）

六月一日、「六月のうた」〈詩〉（『台湾地方行政』第六巻第六号）〈筆名：まど・みちを〉

七月一日、「図」〈詩〉（『台湾地方行政』第六巻第七号）

七月一〇日、「幼年遅日抄」（『文芸台湾』第一巻第四号）

「鉛筆」「豆ランプ」「髯もじやもじや」「女の子」「バナナ」

一〇月一日、「幼年遅日抄」（『文芸台湾』第一巻第五号）

「女の子の着物」「活動写真」「お墓まゐり」「逃凧」

一二月一〇日、「幼年遅日抄」（『文芸台湾』第一巻第六号）

「涎」「アイウエオ」

＊『文芸台湾』第一巻第六号の「会員名簿」では「委員」となっている。

【昭和一六年】

二月一日、「坊主誕生」〈随筆〉（『台湾芸術』第二巻第二号）

三月一日、「涙の絵」〈詩〉（『文芸台湾』第二巻第一号）

「でで虫」「猫」「蟹」

三月一日、「苔」〈詩〉（『台湾芸術』第二巻第三号）

四月一三日、「兎吉と亀吉」〈児童劇〉（台湾総督府情報部編『手軽に出来る青少年脚本集　第一輯』）

五月二〇日、「はるかな歌──わが妻の生れし日のうた」〈詩〉（『文芸台湾』第二巻第二号）

六月一一日、「一つの緊要事」（『台湾日日新報』）

六月二〇日、「佇苑歌」〈詩〉（『文芸台湾』第二巻第三号）

＊この号発行前後に張文環等の『文芸台湾』離脱問題。

＊七月二〇日発行の『文芸台湾』第二巻第四号附録の「内報」の「文芸台湾同人」から名前がなくなる。

九月一日、「初秋読物・魚を喰べる」（『台湾地方行政』第七巻第九号）

【昭和一七年】

一月一日、「たたかひの春を迎へて」〈詩〉（『台湾地方行政』第八巻第一号）

八月一五日、「涙の絵」〈詩〉（大阪屋号書店、西川満編『台湾文学集』）

八月二〇日、「デデムシサンノコヅツミ（現代台湾詩集）」「一日（現代台湾詩集）」〈詩〉（『文芸台湾』第四巻第五号）

九月五日、「てのひら頌歌」〈詩〉（台湾時報発行所『台湾時報』第二七三号）
一〇月八日、「水墨抄（煙・日本星座／詩）」〈詩〉（『台湾時報』第二七四号）
一一月一〇日、「幼年抄」〈詩〉（『台湾時報』第二七五号）
一二月五日、「妻」〈詩〉「近感雑記」（『台湾時報』第二七六号）

【昭和一八年】

二月一日、「木についての牧歌」〈詩〉（『台湾芸術』第四巻第二号）
二月三日、「この頃――少国民のうたえる」（『新建設』第四号）
＊『朝』とほぼ同じ内容。

【昭和一九年】

一月一日、「前線便り」〈雑文〉（『民俗台湾』第三一号「点心」欄）
九月二五日、「はるかなこだま」「朝」〈詩〉（与田準一編『少国民のための大東亜戦争詩』国民図書刊行会）
一一月一日、「台北より」〈雑文〉（『民俗台湾』第四一号「点心」欄）
一二月二〇日、「花礁陣抄」〈短歌〉（『台湾時報』第二九九号）
一二月二〇日、「礁画箋抄」〈俳句〉（『台湾時報』第二九九号）

【昭和四九年】

七月二三日、「座談会　文芸台湾　外地に於ける日本文学」（『アンドロメダ』九月号No.五九）〈出席者：石田道雄、

北原政吉、島田謹二、竹内実次、立石尚子、長崎浩、西川満〉

あとがき

本書は、書名は異なるが、拙著『日本統治期台湾文学研究　日本人作家の研究』（研文出版、二〇一三年三月）の続編である。ただ、この度は、日本統治期台湾の児童文学界で活躍した日本人作家を扱ったので、『日本統治期台湾文学研究　台湾の児童文学と日本人』という書名にした。

本書の各論を執筆するにあたっては、本文でも何度も言及した游珮芸氏執筆の『植民地台湾の児童文化』（明石書店、一九九九年二月二六日）のお世話になった。特に第Ⅰ部第一章「巌谷小波の台湾行脚」、第五章「野口雨情の台湾行脚」、第Ⅱ部第二章「台湾における童話普及運動の中心人物・西岡英夫」は、甚だ参考になったし、本書執筆のエネルギーともなった。游珮芸氏には改めて御礼申し上げる。

第一章「台湾最初の児童文学家・西岡英夫研究序説」及び「西岡英夫著作目録」は、『岐阜聖徳学園大学紀要（外国語学部編）』第五一集・第五二集、二〇一五年二月二八日・二〇一六年二月二八日）に連載した。

最初に西岡英夫に興味をもったのは、西川満の『黄金の人』（新小説社、昭和三二年）を読んだ時である。金山王と呼ばれた日本統治期台湾の実業家・後宮信太郎を主人公とした物語であるが、信太郎の三番目の妹・末野（季野＝直江博子氏御教示）の夫が、西川英夫であった。その人物が何故か台湾文芸家協会の「会員名簿」に「賛助会員」として名前があったので、一体どのような人物なのか興味をもち、そして游珮芸氏の書を見て以降、調査し出したのである。

第二章「西川満と台湾の児童文学」及び第三章「日高紅椿覚え書き」は、この度新たに書いた書下ろしである。第二章の西川満については、資料が揃っていたのでそれほど苦労せずに書くことが出来た。ただし、『福井新聞』に掲載された初期の童話について、どのような意図があっての執筆かは、結局判らずしまいになってしまった。第三章の日高紅椿については、最晩年の住所が判っていたので、比較的簡単に調べることができると思っていたが、残念ながらその縁戚や彼の知友や知己がことごとく鬼籍に入っており、徹底した調査はできなかった。「覚え書き」の所以である。

第四章「まど・みちおと台湾」は、岐阜聖徳学園大学外国語学部編『ポスト／コロニアルの諸相』（彩流社、二〇一〇年三月三一日）が初出であり、前著の『日本統治期台湾文学　日本人作家の系譜』（研文出版）にも収めたが、この度『まど・みちお全集』の続集（この続集が出る経緯については、本論を参照）が出たので、その書評を書き足したので再度収録したことをお断りしておく。

各章の末尾には前著『日本人作家の研究』と同様に、その作家の年譜風の著作目録を付録した。これは、この分野の若い研究者がそれを何かの足掛かりにしてくれるのではないかと、参考のために付けたものである。

なお、本書第一章の執筆にあたっては、平成二七年度岐阜聖徳学園大学研究助成金を受けての研究成果である。また、本書は平成二八年度・岐阜聖徳学園大学学術図書出版助成金を受けての出版である。出版に関しては、今回もまた研文出版社主・山本實氏にお世話になった。併せて感謝する次第である。

二〇一七年二月一日

中島利郎

中島利郎（なかじま　としを）
一九四七年生。関西大学大学院博士課程修了
岐阜聖徳学園大学外国語学部教授
編著訳書『日本統治期台湾文学研究序説』（緑蔭書房、２００４）、『日本統治期台湾文学小事典』（緑蔭書房、２００５）、『日本統治期台湾文学研究　日本人作家の系譜』（研文出版、２０１３）、『よみがえる台湾文学』（共編著、東方書店）、『台湾時報総目録』（緑蔭書房）、「台湾警察協会雑誌・台湾警察時報総目録」（共編著、緑蔭書房）、『台湾新文学と魯迅』（編著、東方書店）、『周金波日本語作品集』及び『同作品集Ⅱ』『日本統治期台湾文学集成全三〇巻』（以上、緑蔭書房）、『台湾近現代文学史』（共編共著、研文出版）など

日本統治期台湾文学研究
台湾の児童文学と日本人

二〇一七年二月二〇日　第一版第一刷印刷
二〇一七年三月　三日　第一版第一刷発行

定価［本体四八〇〇円＋税］

著　者©中　島　利　郎
発行者　山　本　實
発行所　研文出版（山本書店出版部）
〒101-0051
東京都千代田区神田神保町二-七
ＴＥＬ０３（３２６１）９３３７
ＦＡＸ０３（３２６１）６２７６
印刷　モリモト印刷
製本　塙　製　本

ISBN 978-4-87636-419-0

台湾郷土文学選集 全5巻

Ⅰ **永遠のルピナス**（魯冰花）　**鍾肇政著　中島利郎訳**　2000円

Ⅱ **怒濤**　**鍾肇政著　澤井律之訳**　2700円

Ⅲ **たばこ小屋・故郷　鍾理和中短篇集　野間信幸訳**　2300円
同姓結婚／野茫茫／竹頭庄／山火事／阿煌おじさん／義兄と山歌／たばこ小屋／雨

Ⅳ **シラヤ族の末裔・潘銀花　葉石濤短篇集　中島利郎訳**　2300円
シラヤ族の末裔／野菊の花／黎明の別れ／潘銀花の五番目の男／潘銀花と義姉妹たち／獄中記／ある医者の物語／葫蘆巷の春夢／壁／福祐宮焼香記
付録：林からの手紙／春　怨／米機敗走

Ⅴ **曠野にひとり　李喬短篇集　三木直大・明田川聡士訳**　2300円
曠野にひとり／蕃仔林の物語／人間のボール／ジャック・ホー／昨日のヒル／皇民梅本一夫／父さんの新しい布団／慈悲の剣／「死産児」と私／家へ帰る方法

研文出版
＊表示はすべて本体価格です

台湾近現代文学史　中島利郎・河原功・下村作次郎編　8000円

日本人による初めての台湾文学史の誕生！　台湾新文学の揺籃期から一九七〇年代まで、台湾原住民族文学をも含めた通史。詳細な年表も収める。

〈執筆者〉下村作次郎／河原功／中島利郎／野間信幸／岡崎郁子／澤井律之／池上貞子／三木直大／魚住悦子

日本人作家の系譜　日本統治期台湾文学研究　中島利郎著　5500円

翻弄された台湾文学　検閲と抵抗の系譜　河原功著　6000円

台湾新文学運動の展開　日本文学との接点　河原功著　2800円

黄霊芝物語　ある日文台湾作家の軌跡　岡崎郁子著　7000円

台湾文学のおもしろさ　松永正義著　2800円

台湾を考えるむずかしさ　松永正義著　2800円

研文出版

＊表示はすべて本体価格です

台湾抗日運動史研究〈増補版〉　若林正丈著　7000円

現代台湾政治を読み解く　若林正丈編　4000円

台湾原住民社会の地方化　マイノリティの20世紀　松岡格著　7000円

阿里山の神木　台湾の創作童話　鄭清文著／岡崎郁子編訳　2000円

台湾抗日小説選　陳逸雄編訳　1800円

台湾現代小説選　全4巻別巻1

Ⅰ　彩鳳の夢　〈解説〉松永正義　1700円

Ⅱ　終戦の賠償　〈解説〉松永正義　1700円

Ⅲ　三本足の馬　〈解説〉若林正丈　1700円

Ⅳ　鳥になった男　〈解説〉中村ふじゑ　1900円

別巻　デイゴ燃ゆ　〈解説〉岡崎郁子　2400円

研文出版
＊表示はすべて本体価格です